MULHERES QUE AMAM PSICOPATAS

Sandra L. Brown, M.A.

MULHERES QUE AMAM PSICOPATAS

Como identificar homens com distúrbios de personalidade e se livrar de um relacionamento abusivo

Tradução
Claudia Gerpe Duarte
Eduardo Gerpe Duarte

Editora
Cultrix
SÃO PAULO

Título do original: *Women Who Love Psychopaths.*
Copyright © 2009 Sandra L. Brown, M.A.
Publicado mediante acordo com Columbine Communications & Publications, Walmut Creek, California, USA, www.columbinecommunications.com.
Copyright da edição brasileira © 2018 Editora Pensamento-Cultrix Ltda.
Texto de acordo com as novas regras ortográficasdalínguaportuguesa.
1ª edição 2018./ 1ª reimpressão 2022.
Todos os direitos reservados. Nenhuma parte desta obra pode ser reproduzida ou usada de qualquer forma ou por qualquer meio, eletrônico ou mecânico, inclusive fotocópias, gravações ou sistema de armazenamento em banco de dados, sem permissão por escrito, exceto nos casos de trechos curtos citados em resenhas críticas ou artigos de revistas.
A Editora Cultrix não se responsabiliza por eventuais mudanças ocorridas nos endereços convencionais ou eletrônicos citados neste livro.
Sandra L. Brown, M.A.
www.saferelationshipsmagazine.com

Editor: Adilson Silva Ramachandra
Editora de texto: Denise de Carvalho Rocha
Gerente editorial: Roseli de S. Ferraz
Preparação de originais: Bárbara Parente
Produção editorial: Indiara Faria Kayo
Editoração eletrônica: Join Bureau
Revisão: Vivian Miwa Matsushita

Dados Internacionais de Catalogação na Publicação (CIP)
(Câmara Brasileira do Livro, SP, Brasil)

M.A. Brown, Sandra L.
 Mulheres que amam psicopatas: como se livrar de um relacionamento abusivo/Sandra L. Brown, M.A.; tradução Eduardo Gerpe Duarte, Claudia Gerpe Duarte. – São Paulo: Cultrix, 2018.

 Título original: Women who love psychopaths.
 ISBN 978-85-316-1459-0

 1. Amor – Aspectos psicológicos 2. Homem-mulher – Relacionamento – Aspectos psicológicos 3. Psicopatias 4. Relações amorosas I. Título.

18-15891   CDD-155.633

Índices para catálogo sistemático:
 1. Mulheres: Relacionamentos amorosos: Psicologia   155.633
 Iolanda Rodrigues Biode – Bibliotecária – CRB-8/10014

Direitos de tradução para o Brasil adquiridos com exclusividade pela
EDITORA PENSAMENTO-CULTRIX LTDA., que se reserva a
propriedade literária desta tradução.
Rua Dr. Mário Vicente, 368 — 04270-000 — São Paulo, SP
Fone: (11) 2066-9000
http://www.editoracultrix.com.br
E-mail: atendimento@editoracultrix.com.br
Foi feito o depósito legal.

NOTA IMPORTANTE

O objetivo deste livro é fornecer informações precisas e fidedignas sobre o assunto tratado. O autor e todos os colaboradores envidaram todos os esforços para garantir que as informações estejam corretas e completas. Entretanto, nem o editor nem a autora têm a intenção de oferecer aconselhamento ou serviços profissionais ao leitor. Este livro não substitui o tratamento de saúde mental. Se você precisa de tratamento dessa natureza, deve procurar os serviços de um profissional de saúde mental competente.

O objetivo do material deste livro é ajudar as mulheres a identificar relacionamentos perigosos e potencialmente perigosos. Foram empregados todos os esforços para fornecer informações precisas e confiáveis sobre o transtorno e a dinâmica dos relacionamentos. O conteúdo deste livro foi compilado por meio de pesquisas sérias realizadas por profissionais da área de saúde mental. No entanto, o leitor deve ter ciência de que os profissionais da área têm opiniões divergentes.

Portanto, a autora e os editores, bem como os profissionais citados no livro, não podem ser responsabilizados por nenhum erro, omissão, discordância profissional ou material datado. Os autores e o editor não assumem nenhuma responsabilidade por qualquer consequência da aplicação das informações contidas neste livro em um programa de autocuidados ou sob a orientação de um psicoterapeuta licenciado. Se você tiver dúvidas quanto à aplicação das informações aqui apresentadas, consulte um psicoterapeuta. Se estiver em um relacionamento violento ou violento em potencial, ligue para uma linha direta de combate à violência doméstica ou para a polícia.

DEDICATÓRIA

Dedico este livro a todas as pessoas que tiveram a vida arruinada por um psicopata e também à minha mãe, Joyce Brown, uma grande incentivadora deste trabalho, que morreu durante a elaboração deste livro. Eu te amo, mamãe. Obrigada por ser uma pioneira neste trabalho e por expor com tanta coragem seus próprios relacionamentos patológicos. Grande parte da minha vida que compartilhamos ficará vazia para sempre...

Agradeço à minha família – Ken, Lindsay, Lauren e meus netos Aliyah, Bryce e o "novo bebê", que dão equilíbrio à minha vida, e ao meu filho adotivo, Cody, que morreu logo depois do lançamento do livro e que me mostrou claramente o que é ser um jovem bom, amoroso e mentalmente sadio.

Obrigada, Cody, por ter sido, e continuar sendo, meu mestre nesta vida.

Meus agradecimentos sinceros também a Dixie Lang, não apenas por seu apoio em relação aos conceitos de psicopatologia, mas também pela sua grande ajuda com os originais.

SANDRA L. BROWN, M.A.

Sandra L. Brown, M.A., CEO do Institute for Relational Harm Reduction & Public Pathology Education [Instituto para Redução de Danos Relacionais e Educação Pública em Patologia], é psicóloga clínica, especialista no desenvolvimento de programas, psicopatologista, palestrante e escritora premiada. Entre seus livros, destacam-se *Counseling Victims of Violence* (1991, 2006), *How to Spot a Dangerous Man* (2005) e *The Moody Pews* (2005).

Sandra é reconhecida pelo seu trabalho pioneiro em questões femininas relacionadas aos danos causados por relacionamentos com homens que têm transtornos do Grupo B/Eixo II e é especialista no desenvolvimento e na implementação de treinamento e atendimento clínico para Relacionamentos Amorosos Patológicos. Seu trabalho, seus inúmeros livros, CDs e DVDs, bem como outros materiais de treinamento e artigos publicados, têm sido usados em centros de reabilitação de drogas, organizações femininas, abrigos para mulheres, programas para detentas, presídios femininos, programas escolares, projetos para bairros de baixa renda, faculdades e vários programas de psicologia e sociologia em quase todo o mundo.

Sua pesquisa participativa sobre *Mulheres que Amam Psicopatas* foi apresentada recentemente na Society for the Scientific Study of Psychopathy. Seu trabalho tem sido apresentado em palestras em todos os Estados Unidos, inclusive na série de palestras intitulada "Mulheres e a Legislação sobre Violência Doméstica" de Ruth Ginsberg, juíza da Suprema Corte norte-americana, bem como em programas voltados para perpetradores de violência doméstica e treinamento de intervenção para agressores, programas esses que enfatizam seu foco exclusivo em relacionamentos amorosos patológicos.

Além disso, seu trabalho à frente do Instituto inclui a criação de uma abrangente revista *on-line* sobre psicopatologia que entrevista alguns dos principais pesquisadores de transtornos da personalidade e patologia, a instituição de um programa de credenciamento de psicoterapeutas de relacionamentos amorosos patológicos, um programa de *coaching* com apoio de colegas da área e a elaboração de um modelo de abordagem de cuidados para centros de tratamento.

Entre 1987 e 1997, Sandra fundou e dirigiu o Bridgework Counseling Center, um programa com sede na Flórida que abrangia um centro de tratamento de saúde mental para transtornos traumáticos e transtornos da personalidade, e um dos primeiros programas residenciais nos Estados Unidos para mulheres com transtorno de identidade dissociativa. Ela também participou, como patologista, do Woman's Trauma Inpatient Hospital Program, do Manors Psychiatric Hospital. Sandra atuou como facilitadora de grupos de transtorno de estresse pós-traumático (TEPT) e terapia comportamental dialética, bem como de tratamento individual. Ela tem mestrado em psicologia.

SUMÁRIO

Introdução   A vítima negligenciada 13

Capítulo 1   Uma explicação sobre os nomes relacionados com a psicopatia – A patologia e o próprio psicopata 21

Capítulo 2   Qual é a causa da psicopatologia? Vamos falar sobre criação 42

Capítulo 3   Ele está voando abaixo do radar para ser descoberto – Por que ela não reconhece os indícios 59

Capítulo 4   A neurociência da patologia dele – Diferenças na função cerebral 73

Capítulo 5   Eles não falam a mesma língua – Guia para a linguagem do psicopata e barreiras de comunicação 85

Capítulo 6   O homem psicopático dela – Envolvimentos psicopáticos – Por que acontecem e com quem ela esteve 102

Capítulo 7 O temperamento dela – O temperamento das mulheres que amam os psicopatas 123

Capítulo 8 Ela – O caráter dela 150

Capítulo 9 A intensa atração, o apego e o vínculo afetivo.......... 179

Capítulo 10 O uso do transe, da hipnose e da sugestionabilidade... 204

Capítulo 11 Enganar e acreditar: o estágio da sedução e da lua de mel 222

Capítulo 12 Sofrer e se apegar – A dinâmica da fase intermediária do relacionamento quando a máscara está caindo 242

Capítulo 13 Perceber e partir – O fim da dinâmica do relacionamento enquanto ela e o relacionamento se desintegram................................ 262

Capítulo 14 O alívio e a consecução – Recuperando-se das sequelas 274

Capítulo 15 Como fica o dano inevitável às crianças? 292

As histórias das mulheres 304

Apêndice – Comparação da sociopatia com a psicopatia 315

Informações e recursos 317

INTRODUÇÃO

A VÍTIMA NEGLIGENCIADA

"Se você for se importar com cada pardal abatido, não poderá escolher quem será o pardal. Todos são pardais."

– Madeline L'Engle

Todos nós temos consciência de que um número incalculável de horas e milhões de dólares foram gastos em pesquisas e textos sobre psicopatas. Muitos leitores estão prontos para devorar qualquer coisa que for escrita sobre o assunto. Provavelmente porque, para muitas pessoas, o psicopata é uma combinação única dos traços "perigoso e fascinante" que suscita "curiosidade e medo". Essas pesquisas multimilionárias produziram dezenas, ou até mesmo centenas, de artigos que tentam explicar a psique dessa pessoa misteriosa e bastante perturbada.

Apesar de todo o dinheiro gasto em pesquisas, os acadêmicos e pesquisadores ainda se envolvem em intermináveis discussões sobre como chamar os psicopatas, como avaliá-los, qual é o diagnóstico correto e o que fazer com os psicopatas que estão entre nós. O grande interesse parece incitar mais perguntas do que respostas.

❖ "Como essa pessoa ficou assim?"
❖ "A psicopatia é ou não é uma doença?"

- ❖ "É possível ajudá-los?"
- ❖ "Eles são tão raros assim?"

Embora os acadêmicos e pesquisadores tenham produzido um grande corpo de conhecimentos sobre os psicopatas, aparentemente esses conhecimentos não têm ajudado suas vítimas a se recuperar das consequências de ter conhecido psicopatas. As pesquisas, os programas e os livros atuais evitam tratar de um problema profundo relacionado com a psicopatia – suas vítimas.

Pouquíssima atenção é dada às vítimas de relacionamentos com psicopatas, embora estes causem danos a quase todas as pessoas que cruzam seu caminho e arruínem a vida das mulheres e crianças que tentam amá-los. As pesquisas, os artigos e textos sobre psicopatia não tratam da recuperação das vítimas. O foco, como uma espécie de fascínio cultural, é sempre o que o psicopata faz e o que há de errado com ele. Infelizmente, as pessoas tentam se recuperar dos extraordinários danos sofridos pelos psicopatas sem ter informações reais a respeito das sequelas e de como ficar curadas. O público parece ter uma sede insaciável por programas de TV sobre crimes cometidos por psicopatas. Os livros voltados para as vítimas ainda são, em grande parte, autobiografias (por exemplo, *My Life With a Psychopath*), que descrevem o transtorno através de uma história real, entretanto não contribuem para a recuperação das vítimas. No final, muitas desistem de compreender o problema e de buscar tratamento.

Uma das razões para isso é que nem todo psicoterapeuta sabe reconhecer as vítimas de relacionamentos com psicopatas. Os profissionais na área geral da psicologia não querem lidar com a psicopatia e a psicopatologia.

A psicopatia ainda é uma das subcategorias (ou subterrenos!) da psicologia que não atrai os psicoterapeutas, e os profissionais que trabalham com saúde mental não são devidamente treinados para lidar com esse transtorno. Sem treinamento adequado, é bem provável que os psicoterapeutas não reconheçam o transtorno do psicopata e a resultante vitimização da mulher.

Em termos históricos, os profissionais costumam colocar as vítimas de psicopatas junto com sobreviventes de violência doméstica, com pessoas que estão se recuperando da codependência e com viciados em sexo ou em relacionamentos e diagnosticá-las como portadoras de transtorno da personalidade dependente, nenhum dos quais ajudou as vítimas a encontrar um tratamento específico para a dinâmica distinta do relacionamento com um psicopata. Por conseguinte, elas adquirem outro trauma devido à falta de tratamento especializado para a sua exposição singular à vitimização.

MEU ENVOLVIMENTO NO CAMPO DA PATOLOGIA

Eu me envolvi com a patologia há vinte anos, "tratando" homens e mulheres com transtorno da personalidade. Depois de décadas trabalhando com esses transtornos persistentes, adquiri uma nova compreensão do grau de devastação permanente que eles causam, não apenas para quem tem o transtorno, mas também para as pessoas que os cercam: familiares, companheiros, amigos, patrões, filhos e até mesmo psicoterapeutas. Percebi que esse tipo de patologia é, em muitos aspectos, um terreno improdutivo. O progresso feito pelas pessoas que sofrem desse transtorno é medido em milímetros, enquanto a devastação que elas deixam atrás de si é medida em quilômetros. Isso fez com que eu deixasse de trabalhar com os portadores do transtorno e passasse a trabalhar com suas famílias e as pessoas do seu círculo íntimo.

Além disso, comecei a fornecer informações sobre psicopatia e psicopatologia para o público em geral. Anos mais tarde, escrevi o livro *How to Spot a Dangerous Man Before You Get Involved* para ajudar pessoas leigas a reconhecer os sinais e os sintomas de transtornos mentais relacionados, sobretudo, com os transtornos da personalidade. Depois que o livro foi publicado, percebi que as experiências com o "homem perigoso" das quais elas estavam tentando se recuperar eram, em grande parte, causadas por dois tipos de homens com transtornos patológicos: o transtorno da personalidade narcisista e toda a "extremidade antissocial do espectro da patologia", que inclui o transtorno da personalidade antissocial, os sociopatas e os psicopatas. Não admira que em uma escala de 1 a 10, esses dois transtornos mentais sejam os que causam maior devastação na vida das outras pessoas.

Ao trabalhar com essas mulheres, percebi que elas tinham traços de personalidade extraordinariamente semelhantes, que a história da dinâmica dos seus relacionamentos era compatível e que até mesmo os efeitos dos seus sintomas eram idênticos! Eu queria desenvolver um tratamento para esse grupo de vítimas em particular. Quando procurei livros e pesquisas sobre o assunto, não encontrei nada a respeito de mulheres que amavam psicopatas. Será que as semelhanças que eu havia encontrado encerravam alguma coisa? Decidi testar minha teoria fazendo perguntas como:

1. Será que as mulheres que amam psicopatas têm o mesmo "perfil"?
2. Será que existem fatores que contribuem para que as mulheres se relacionem com psicopatas?
3. Será que todas as dinâmicas de relacionamento com psicopatas são semelhantes?
4. Existe um efeito geral e previsível de sintomas quando o relacionamento termina?
5. Se existe, podemos usar essas informações para desenvolver uma abordagem de tratamento para a vítima e também promover Educação Pública sobre Psicopatia para todas as pessoas?

Em seguida, publiquei anúncios pedindo a mulheres que entrassem em contato comigo para contar suas histórias. Diante do grande número de mulheres que me procurou, descobri que o transtorno da personalidade narcisista, o transtorno da personalidade antissocial, a sociopatia e a psicopatia não são *tão* raros.

Depois de ler meus anúncios, a dra. Liane J. Leedom entrou em contato comigo. A dra. Leedom é uma psiquiatra que teve uma experiência pessoal com um psicopata que tinha conhecido na internet e com quem se casou. Embora ainda existam algumas questões pendentes no seu caso, esse relacionamento destruiu a vida e a carreira da dra. Leedom. Seu ex-marido foi preso, e ela está proibida de exercer a medicina até segunda ordem.

A dra. Liane se ofereceu para ajudar buscando instrumentos de pesquisa e, depois, reuniu informações sobre os traços de temperamento das mulheres, procurando a causa da vulnerabilidade delas para relacionamentos patológicos. Fiquei grata por ela ter se oferecido para ajudar. Com base na sua formação profissional, Liane ajudou na elaboração de um questionário para *Mulheres que Amam Psicopatas*, que foi respondido por mais de 75 mulheres no mundo inteiro. Essa pesquisa intensiva coletou dados, histórias, sintomas e traços de temperamento das mulheres, bem como informações sobre a dinâmica das suas interações com esses indivíduos a quem chamarei de psicopatas. Mais adiante, apresentarei as razões que me levaram a descrevê-los como psicopatas. Este livro reflete as constatações do estudo, bem como minha própria perspectiva ao longo de mais de vinte anos de trabalho na área.

O QUE AS VÍTIMAS PODEM NOS ENSINAR SOBRE PSICOPATIA

Levando-se em consideração os desafios que os pesquisadores têm enfrentado para descrever as idiossincrasias do transtorno, e o que os psicopatas "são" e "fazem", por que não estudar o comportamento deles através de suas vítimas? Se os pesquisadores queriam um ângulo diversificado ou uma visão inexplorada dos psicopatas, temos então que perguntar: *"Quem adquiriu mais conhecimento sobre o assunto do que suas companheiras, que foram seriamente prejudicadas por eles?"*. Na minha opinião, ao estudar as vítimas dos psicopatas, os pesquisadores vão obter mais informações sobre eles, sobre seu modo de pensar em um relacionamento, sobre suas motivações e o que eles poderão fazer no futuro. Além disso, a compreensão das sequelas deixadas pelo relacionamento com um psicopata poderia lançar uma nova luz a respeito de como ajudar suas vítimas. As pesquisas baseadas nas vítimas podem ter um grande impacto nas questões relacionadas à psicopatia. Com esse intuito, neste livro você vai:

- ❖ Enxergar os psicopatas através dos olhos de mulheres que os amaram.
- ❖ Conhecer essas mulheres, ler suas histórias e descobrir o temperamento de muitas delas, instruídas e bem-sucedidas, que se envolveram com homens sem consciência e sem empatia.
- ❖ Saber como começa o relacionamento com um psicopata, como é estar apaixonada por um psicopata, qual é a dinâmica de "Médico e Monstro" que faz com que a mulher fique dividida emocionalmente e quais são as consequências do relacionamento.

- Ler sobre as novas descobertas da neurociência que nos ajudam a compreender as diferenças cerebrais dos psicopatas.
- Tomar conhecimento do papel do apego intenso, do medo e do sexo no relacionamento com psicopatas.
- Responder à velha questão: "Será que os psicopatas criam vínculos e laços afetivos?" A resposta não é a que você imagina!
- Compreender a dinâmica de relacionamento "enlouquecedora" observada apenas em relacionamentos amorosos patológicos e que contribui para o desenvolvimento de dissonância cognitiva em suas vítimas.
- Descobrir o que está por trás da atração exercida pelo psicopata. E o que dizer do "olhar hipnótico" que ele usa para derreter e congelar ao mesmo tempo? Qual é o papel da hipnose, do transe e da sugestionabilidade na maneira como as mulheres ficam "presas" a esses relacionamentos?
- Conhecer a verdade fascinante sobre como os pontos fortes e fracos da personalidade de uma mulher podem ser uma excelente combinação para os pontos fortes e fracos do psicopata.

UMA ATUALIZAÇÃO DESDE A PUBLICAÇÃO DA PRIMEIRA EDIÇÃO DESTE LIVRO

Depois da primeira edição deste livro, passei mais de um ano usando essas informações específicas e desenvolvendo novas abordagens em nossos programas terapêuticos. Elaborei os programas exclusivamente para mulheres que estão saindo de um relacionamento com homens que apresentam comportamentos psicopáticos. Depois de tratar dezenas de pacientes, aprendi muito sobre os aspectos distintos das consequências desse relacionamento nas mulheres. Mais adiante neste livro, vou apresentar novos dados relacionados com minhas descobertas e a minha compreensão dessas consequências.

Minha interpretação do transtorno e a experiência pessoal das minhas pacientes com a psicopatia diferem de diversos textos convencionais e até mesmo de textos clínicos sobre psicopatas. Levando em consideração a maneira como essas mulheres ficaram sabendo o que sabem hoje, *tinha* mesmo que ser diferente. Minha interpretação do transtorno foi obtida com o tratamento de vítimas de psicopatas que relataram as lições amargas aprendidas com a experiência. Quando você analisa a psicopatia pelo resultado da vitimização das mulheres, passa a enxergar o problema sob outro ângulo.

Minha opinião pode ser diferente da opinião de outros profissionais, como pesquisadores sobre psicopatia que trabalham sobretudo com criminosos no sistema carcerário ou pesquisadores que trabalham em laboratório. Minha opinião também pode ser diferente da opinião dos professores de psicopatologia das universidades.

Na maioria dos casos, os únicos psicopatas disponíveis para estudo ou registrados são aqueles que foram apanhados ou encarcerados.

Nos casos apresentados neste livro, os psicopatas basicamente não estão, e nunca estiveram, presos.

Isso mostra uma diferença no enfoque deste livro. Os perfis psicopatas foram baseados em informações fornecidas pelas companheiras desses homens, e não em abordagens padronizadas de pesquisas. As mulheres responderam a perguntas detalhadas sobre o comportamento do companheiro e sobre a dinâmica do relacionamento. A experiência me ensinou que podemos aprender muito com a maneira como as vítimas e as testemunhas descrevem as emoções e o comportamento dos psicopatas.

Escrevi este livro para ajudar as vítimas de psicopatas a compreender a sua situação de risco excepcional e sem precedente – no passado, no presente e no futuro. Espero que ele possa lhes ensinar a se proteger de outros predadores e da devastação causada pela psicopatia. Ao longo de vinte anos de orientação psicológica, lamentavelmente vi centenas (ou até mesmo milhares) de vidas serem destruídas por níveis variados de patologia e psicopatia. Essa patologia que está aumentando em nível global é um dos principais problemas de saúde pública mental que o mundo está enfrentando hoje, por causa do número de vítimas que ela afetará de forma inevitável – pois é isso o que a psicopatia "faz".

E o que é mais importante, acredito que este livro tenha iniciado um processo nos Estados Unidos em direção à Educação Pública sobre Psicopatia. Acredito que a maneira de evitar as sequelas causadas por relacionamentos com psicopatas é a conscientização da população.

Essa conscientização poderá ajudar as mulheres a escolher pais melhores para seus filhos, ao explicar:

- ❖ O risco de pais psicopatas transmitirem geneticamente seu transtorno.
- ❖ Os danos emocionais que pais psicopatas causam aos filhos.

Uma paternidade doentia sempre deixa sua marca de brutalidade e perturbação mental em almas impressionáveis.

Para causar um impacto no conhecimento futuro da população, as mulheres precisam saber quais são os traços psicopáticos nos homens. Elas só conseguirão identificar um psicopata se aprenderem como este se parece, de que modo age e como se oculta a patologia no psicopata.

Apesar de ser técnica, a próxima seção explicará a natureza do psicopata e fornecerá mais informações sobre sua patologia. Além disso, ela vai ressaltar as características atípicas do relacionamento quando eu falar sobre a dinâmica do relacionamento psicopático.

Se você leu este livro, seja um "Embaixador da Mudança" na sua comunidade, transmitindo a jovens e adultos tudo o que você aprendeu. Ajude a disseminar informações por meio de um Projeto de Educação Pública sobre Psicopatia na sua comunidade ou organizando grupos de apoio para pessoas que estão saindo de um relacionamento patológico. O Instituto oferece treinamento personalizado para *coaches*, orientadores psicológicos e psicoterapeutas que queiram formar grupos de apoio para vítimas de Relacionamentos Amorosos Patológicos nas suas comunidades.

Além disso, por que não doar este livro a uma organização feminina, a um programa para vítimas de violência doméstica, centro de atendimento às vítimas de estupro, *campus* universitário ou qualquer outra organização de defesa que oriente mulheres em situação de risco? Ou organizar um *workshop* sobre Relacionamento Patológico na sua comunidade e mudar a vida de uma mulher de cada vez.

"Cada Um Ensina Um" (Each One, Teach One) – entre em contato conosco através do site, em inglês, www.saferelationshipsmagazine.com, para obter mais informações!

1

UMA EXPLICAÇÃO SOBRE OS NOMES RELACIONADOS COM A PSICOPATIA
A PATOLOGIA E O PRÓPRIO PSICOPATA

"Conhecereis a verdade e a verdade vos enlouquecerá."
– Aldous Huxley

Até mesmo no campo da psicologia, é difícil entender:

❖ como chamar esses transtornos
❖ onde fica a linha divisória do comportamento e dos traços
❖ quem se encaixa na definição

... e quem não se encaixa.

Se os profissionais divergem, como as vítimas poderão compreender as particularidades e por que elas são importantes?

Este capítulo vai ajudar a esclarecer parte da discussão sobre esses transtornos. Além disso, vai definir termos para ajudar os leitores leigos, inclusive as vítimas, a entender como vou me referir a esses transtornos.

Antes de passar para a "fraseologia", preciso explicar algumas das categorias que os profissionais costumam usar para se referir aos psicopatas, com e sem o termo "psicopata".

Começarei com o grupo de transtornos do chamado Eixo II ou transtornos da personalidade.

TRANSTORNOS DA PERSONALIDADE

Existem três grupos de transtornos da personalidade, que formam a categoria de transtornos da personalidade:

❖ **Grupo A – Transtornos esquisitos ou excêntricos:**
- Transtorno da personalidade paranoide
- Transtorno da personalidade esquizoide
- Transtorno da personalidade esquizotípica

❖ **Grupo B – Transtornos dramáticos e erráticos:**
- Transtorno da personalidade antissocial
- Transtorno da personalidade *borderline*
- Transtorno da personalidade histriônica
- Transtorno da personalidade narcisista

❖ **Grupo C – Transtornos ansiosos e medrosos:**
- Transtorno da personalidade evitativa
- Transtorno da personalidade dependente
- Transtorno da personalidade obsessivo-compulsiva

Este livro se concentra em três transtornos do grupo B: Transtornos da personalidade antissocial, *borderline* e narcisista.

Durante muitos anos, os psicoterapeutas atribuíram os transtornos da personalidade, sobretudo, à falta de afeto durante a infância. Eles acreditavam que o desenvolvimento do transtorno era causado por abuso, negligência ou alguma outra coisa infligida pelo ambiente social da criança. Ainda hoje existe o debate sobre a causa da patologia, chamado de "natureza *versus* criação". Na atualidade, a neurociência nos forneceu novos dados sobre malformações biológicas, genéticas e cerebrais. Esses dados revelam por que a personalidade não se desenvolve e o cérebro não reage de forma correta, produzindo como resultado a patologia e a psicopatia.

Isso não significa que o campo da psicologia esteja totalmente atualizado em relação a esses transtornos. Na verdade, ainda hoje, inúmeros psicoterapeutas não interpretam bem os transtornos da personalidade e evitam tratá-los ou diagnosticá-los, pois não os compreendem ou não sabem se podem ser tratados. E isso se partirmos do princípio de que, para início de conversa, eles *reconhecem* o transtorno de fato. Quando dou aula para outros terapeutas, costumo fazer um teste: pergunto quanto eles se lembram de ter estudado esses transtornos na época da faculdade. Quando a maioria deles se dá "mal" no teste, pergunto quanto tempo seus professores dedicaram aos transtornos da personalidade no curso de graduação ou pós-graduação. Lamentavelmente, até os psicólogos dizem que os professores trataram de todos os dez transtornos da personalidade em apenas uma semana de aula. Isso representa apenas algumas horas de estudo sobre os transtornos da personalidade – transtornos esses que podem afetar com gravidade a vida de outras pessoas. Os psiquiatras também dizem que não se sentem bem preparados para compreender esse grupo de transtornos altamente impactantes.

A falta de compreensão dos transtornos da personalidade por parte dos terapeutas é em especial alarmante se levarmos em consideração que um recente estudo financiado pelo National Institute of Health [Instituto Nacional de Saúde] (NIH)[1] dos Estados Unidos descobriu que um em cada cinco adultos jovens tem transtorno da personalidade,[2] e outros profissionais da área afirmam que um em cada 25 tem um dos transtornos caracterizados por pouca/nenhuma consciência relacionados com a sociopatia.[3]

Dois "itens" que os terapeutas muitas vezes esquecem são:

❖ A questão central identificada no Eixo II
❖ O que é "permitido" diagnosticar nessa linha

---

[1] Blanco, C.; Okuda, M.; Wright, C.; Hasin, D.; Grant, B.; Liu-SM; Olfson, M. (Dezembro de 2008). Mental Health of College Students and Their Non-College Attending Peers, Results from a National Epidemiologic Study on Alcohol and Related Conditions. *Archives of General Psychiatry*, 65(12):1429-1437.

[2] Inclui qualquer um dos dez transtornos da personalidade, não apenas os do Grupo B.

[3] Stout, M. *The Sociopath Next Door.* Nova York: Broadway, 2006.

O modelo de eixo é uma lista das maneiras que os terapeutas usam para identificar fatores que irão influenciar o resultado da terapia. Ele ajuda o psicoterapeuta a avaliar uma série de fatores na vida da pessoa que podem ajudar ou prejudicar a sua recuperação.

Por exemplo, o Eixo I se refere ao "problema de apresentação" como "Estou deprimido porque meu relacionamento é destrutivo". Para o psicoterapeuta, depressão e problemas de relacionamento seriam os motivos que levariam a pessoa a procurar ajuda profissional. Os outros itens do Eixo analisam questões como condições médicas gerais que poderiam afetar a saúde mental da pessoa, quaisquer problemas sociais ou ambientais que a estão impactando e fazem uma análise geral da sua capacidade funcional. O que os terapeutas geralmente não levam em consideração, no entanto, é o Eixo II. Quando pergunto aos terapeutas para que serve o Eixo II, a maioria deles se lembra de que ele trata dos transtornos de personalidade, mas nada além disso.

Os terapeutas usam o Eixo II para avaliar o que o DSM (Manual Diagnóstico e Estatístico de Transtornos Mentais – DSM-5) chama de "padrão persistente e difuso".

Persistente significa "perpétuo, permanente, vitalício".

Difuso significa "disseminado".

Essas definições indicam quanto os transtornos da personalidade podem ser permanentes. Eles influenciam muitos aspectos da personalidade e podem acabar comprometendo a qualidade de vida da pessoa. Isso acontece porque a personalidade é inata – nós nascemos com ela. A personalidade está associada ao modo como a pessoa pensa, se relaciona e se comporta.

Um transtorno difuso relacionado com essa personalidade inata afetaria todos estes aspectos: os pensamentos, os sentimentos, a maneira de se relacionar e o comportamento. Os transtornos da personalidade são uma categoria de transtornos difusos.

Os terapeutas podem se esquecer de que *outros* transtornos difusos estão colocados na linha do Eixo II. O Eixo II é usado para as duas principais categorias de transtornos difusos – qualquer um dos dez transtornos da personalidade e deficiência intelectual! Os transtornos do desenvolvimento (deficiência intelectual, autismo etc.) são tão difusos quanto os transtornos da personalidade, e têm um efeito global semelhante na pessoa. Temos de nos perguntar: "O que o DSM quer dizer exatamente com isso? Por que o DSM coloca transtornos da personalidade junto com deficiência intelectual?".

O DSM coloca esses transtornos na mesma lista porque, de certa forma, ambos são transtornos do desenvolvimento. Os transtornos da personalidade nem sempre são considerados "do desenvolvimento". Um transtorno envolve a personalidade, e o outro envolve sobretudo a cognição. O caráter difuso é tão global que afeta literalmente todos os aspectos da vida da pessoa, inclusive sua maneira de pensar, sentir, se relacionar e se comportar.

As vítimas nunca pensariam em pedir a um deficiente intelectual que mudasse a sua maneira de ser, que agisse de uma maneira diferente ou que encarasse e reagisse às coisas de outra forma, pois compreendem o impacto do transtorno sobre o cérebro. No entanto, quase todas as vítimas, sem perceber, esperavam isso de uma pessoa gravemente afetada por um transtorno antissocial. Quando elas compreendem o "caráter difuso" desses transtornos, conseguem superar o vínculo emocional (e físico).

Os transtornos da personalidade abrangem atrasos no desenvolvimento da personalidade e, com maior frequência, déficits biológicos e neurológicos que contribuíram para o desenvolvimento do seu transtorno difuso. A seguir, vou falar sobre os problemas de desenvolvimento associados aos transtornos da personalidade *borderline*, narcisista e antissocial, que fazem parte dos dez transtornos da personalidade. A psicopatia, embora tenha características semelhantes, não faz parte dos dez transtornos da personalidade. Ela é considerada um transtorno por si só.

O QUE UM NOME ENCERRA?

Os especialistas costumam discordar sobre como chamar as pessoas com o grupo de traços de personalidade e comportamento aos quais nos referimos como ***psicopáticos***. Alguns clínicos os chamam de:

- ❖ Psicopatas
- ❖ Narcisistas patológicos

- Sociopatas
- Indivíduos com transtorno da personalidade antissocial
- "Borderpatas"* (uma junção de transtorno da personalidade *bordeline* e psicopatia)

Esses transtornos apresentam semelhanças e diferenças entre si.

TRANSTORNO DA PERSONALIDADE ANTISSOCIAL

Embora o transtorno da personalidade antissocial (TPAS) e a psicopatia tenham o que algumas vítimas chamariam de características semelhantes, o TPAS se concentra sobretudo em comportamentos verificáveis externos e/ou criminosos. Já a psicopatia se concentra em traços emocionais e de temperamento menos mensuráveis que o TPAS, e em geral menos detectados. Felizmente, o DSM-5 descreve melhor o grupo de transtornos difíceis de identificar a que me refiro, que são caracterizados por "pouca ou nenhuma empatia e consciência".

Sintomas de TPAS

O DSM-5 afirma que os sintomas de TPAS mostram um padrão "difuso" de desrespeito e violação dos direitos alheios:

- Fracasso em ajustar-se às normas sociais relativas a comportamentos legais, conforme indicado pela repetição de atos que constituem motivos de detenção.
- Tendência à falsidade, conforme indicado por mentiras repetidas, uso de nomes falsos ou de trapaça para ganho ou prazer pessoal.
- Impulsividade ou fracasso em fazer planos para o futuro.
- Irritabilidade e agressividade, conforme indicado por repetidas lutas corporais ou agressões físicas.

---

* *Borderpaths*, em inglês. (N. T.)

- ❖ Descaso pela segurança de si ou de outros.
- ❖ Irresponsabilidade reiterada, conforme indicado por falha repetida em manter uma conduta consistente no trabalho ou honrar obrigações financeiras.
- ❖ Ausência de remorso, conforme indicado pela indiferença ou racionalização em relação a ter ferido, maltratado ou roubado outras pessoas.

O transtorno da personalidade antissocial (TPAS) se encaixa na categoria de transtorno da personalidade do Grupo B chamado de grupo "dramático e errático". Os indivíduos com TPAS apresentam um comportamento criminoso que se torna mais óbvio com o tempo. Sua conduta ilícita, criminosa ou impulsiva chama bastante a atenção, o que os tornam mais fáceis de ser identificados do que os psicopatas.

PSICOPATIA

Em contrapartida, a psicopatia pode ser considerada uma espécie de categoria secundária, que abrange os piores traços de TPAS, **além de** outros exclusivos da psicopatia.

Vale ressaltar que essa é uma questão controversa entre os pesquisadores: a verdadeira psicopatia tem alguma relação com as semelhanças do TPAS ou é um transtorno totalmente distinto? Para tranquilizar as vítimas, estamos analisando a psicopatia dentro de todo o espectro de transtornos caracterizados por pouca ou nenhuma consciência, portanto esses pontos não são fundamentais para nós neste momento.

Os pesquisadores estudam a psicopatia há pelo menos um século ou mais. Referências obscuras remontam a uma época ainda anterior da história – à Bíblia. Dois pesquisadores proeminentes da psicopatia são Hervey Cleckley (da década de 1940) e Robert Hare (dos dias atuais).

Enquanto o TPAS está associado à conduta ilícita e/ou criminosa, a psicopatia (como descrita anteriormente por Cleckley)[4] não se limita à

---

[4] Cleckley, H. (1941, primeira edição.)

conduta criminosa, incluindo também as seguintes características da personalidade:[5]

- ❖ manipulação
- ❖ falsidade
- ❖ egocentrismo
- ❖ ausência de sentimento de culpa

O enfoque original de Cleckley[6] na psicopatia era um "tipo" de personalidade não apenas entre criminosos, mas também entre indivíduos bem-sucedidos na sociedade. Seu trabalho ensinou tanto clínicos quanto vítimas a reconhecer melhor os psicopatas com TPAS que não são criminosos ou contraventores. Ainda hoje, os pesquisadores estudam as diferenças entre os psicopatas que respeitam as leis (embora não os princípios éticos) e os infratores. Esses pesquisadores se preocupam com o fato de que psicopatas bem-sucedidos de colarinho branco que não têm um comportamento violento ou criminoso (isto é, como os portadores de TPAS) permanecerão sem ser identificados.

Apesar de muitos psicopatas na nossa sociedade nunca serem identificados, Robert Hare trabalhou principalmente com psicopatas que se tornaram criminosos e acabaram no sistema carcerário. Ele criou a Escala Hare de Psicopatia (Revisada), chamada de PCL-R, que ajuda a diferenciar a psicopatia de um mero TPAS, embora quando os psicopatas são avaliados por essa escala eles já estejam presos ou em algum lugar do sistema legal. Lembre-se, porém, de que um grande número de psicopatas nunca vão para a prisão.

Características da psicopatia[7]

Hare define as características da psicopatia como:

- ❖ loquacidade e charme superficial
- ❖ autoestima exagerada

---

[5] *The Mask of Sanity: An Attempt to Reinterpret the So-Called Psychopathic Personality*. St Louis, MO: C.V. Mosby.

[6] Cleckley, H. (1941, primeira edição.)

[7] Hare, R. D. *The Hare Psychopathy Checklist-Revised*. Toronto: Multi-Health Systems, 1991.

- necessidade de estimulação
- mentira patológica
- esperteza e manipulação
- ausência de remorso ou culpa
- insensibilidade emocional
- indiferença e falta de empatia
- estilo de vida parasitário
- descontroles comportamentais
- promiscuidade sexual
- problemas graves de conduta na infância
- ausência de metas realistas de longo prazo
- impulsividade
- irresponsabilidade
- incapacidade de arcar com a responsabilidade pelos próprios atos
- casamentos ou relacionamentos de curta duração
- delinquência juvenil
- violação da liberdade condicional
- versatilidade criminal

Consulte o Apêndice para obter mais informações sobre as semelhanças e diferenças entre TPAS, sociopatia e psicopatia.

Algumas dessas características mostram peculiaridades do TPAS. É por isso que muitas vezes elas são mencionadas na mesma frase (não por pesquisadores).

A psicopatia subdivide-se ainda em "tipos" de psicopatas que ajudam a definir as diferenças entre eles.[8]

Psicopata paranoide:
- sente-se constantemente discriminado por todos
- está sempre tenso e alerta sobre reações adversas em relação a ele
- passa muito tempo focado no que está errado

---
[8] Bromberg, W. *Crime and Mind*. Filadélfia: J. B. Lippincott, 1948.

Psicopata esquizoide:
- pode ser totalmente psicótico (rompimento com a realidade) ou apenas distante e introvertido
- costuma evitar problemas
- é solitário

Psicopata agressivo:
- tem temperamento explosivo
- irrita-se facilmente
- é destrutivo
- é socialmente agressivo

Psicopata vigarista:
- mente, rouba, trapaceia e não cumpre promessas desde criança
- é extremamente egoísta
- é insensível à bondade e à amabilidade
- é irresponsável

Psicopata sexual:
- apresenta distorção de impulsos sexuais
- precisa de gratificação imediata de impulsos sexuais
- em geral tem um bom grau de instrução e um bom emprego
- pode ser sádico e capaz de cometer crimes hediondos

Os pesquisadores têm estudado os aspectos biológicos e neurológicos dos psicopatas por meio de exames de neuroimagem e outras formas de exames minuciosos. A neurociência está ajudando a detectar diferenças cerebrais em grande parte da patologia, inclusive a psicopatia. Falarei sobre essas descobertas fascinantes mais adiante neste livro.

SOCIOPATAS

Os sociólogos usam a denominação sociopata, sociopático ou sociopatia quando se referem ao espectro de transtornos caracterizados por pouca ou nenhuma consciência que estão relacionados com o comportamento adquirido, em oposição às tendências patológicas inatas dos psicopatas. Segundo a velha teoria da "natureza *versus* criação", algumas pessoas que têm transtorno de falta de consciência nascem assim, enquanto outras aprendem a ficar assim.

Os sociólogos acreditam que os sociopatas não nascem com predisposição para anomalias genéticas e neurológicas que dão lugar à psicopatia inata, mas que adquirem o transtorno por meio de um condicionamento aprendido, como a convivência com um pai/mãe abusivo, maus-tratos, negligência, exposição a gangues ou ambientes antissociais. A sociopatia, assim como a psicopatia, não é considerada um transtorno da personalidade. A lista de sintomas da sociopatia seria semelhante à da psicopatia que acabei de mencionar. Mais tarde, vamos falar sobre as questões relacionadas com as causas de vários transtornos caracterizados por pouca ou nenhuma consciência. Os especialistas geralmente divergem em relação a colocar os sociopatas junto com os portadores de TPAS ou os psicopatas.

BORDERLINE E "BORDERPATA"

Borderline é uma das categorias dos transtornos da personalidade "dramáticos e erráticos" do Grupo B, que também inclui o diagnóstico de TPAS. Alguns aspectos dos grupos muitas vezes se sobrepõem. Por exemplo, algumas pessoas com TPAS podem ter características do transtorno *borderline* ou narcisista; algumas pessoas com transtorno da personalidade *borderline* podem ter características do transtorno narcisista ou antissocial; e algumas pessoas narcisistas podem ter características do transtorno *borderline* ou antissocial. E para complicar ainda mais a situação, elas também podem ter traços de *mais* de um transtorno da personalidade, bem como de *outros* transtornos mentais.

As pessoas que têm transtorno da personalidade *borderline* também se enquadram no espectro da falta de empatia, e sabe-se agora que elas têm anomalias neurológicas semelhantes observadas também no espectro psicopático. Novas evidências indicam que algumas mulheres diagnosticadas como portadoras de transtorno da personalidade *borderline* (o número de mulheres diagnosticadas com esse transtorno é maior do que o de homens) têm, na verdade, TPAS ou psicopatia. Essas novas evidências nos dão uma ideia da semelhança das características dos transtornos e por que elas parecem idênticas sob a óptica do comportamento nas pessoas. Isso deu origem ao termo "borderpata", que incorpora sintomas de transtorno da personalidade *borderline* e da psicopatia.

	Características/ transtornos *borderline*	e/ou	Características/ transtornos narcisistas	e/ou	Características/ transtornos TPAS
Quem tem TPAS também pode ter...	X		X		
Quem tem transtorno *borderline* também pode ter...			X		X
Os narcisistas também podem ter...	X				X

Sintomas *borderline*

Segundo o DSM-5, os sintomas de transtorno da personalidade *borderline* incluem:[9]

- ❖ Esforços desesperados para evitar abandono real ou imaginado.
- ❖ Um padrão de relacionamentos interpessoais instáveis e intensos caracterizado pela alternância entre extremos de idealização e desvalorização.
- ❖ Perturbação da identidade: instabilidade acentuada e persistente da autoimagem ou da percepção de si mesmo.

---

[9] Associação Americana de Psiquiatria. *Manual Diagnóstico e Estatístico de Transtornos Mentais*. 5ª edição. Washington, D.C.: Associação Americana de Psiquiatria, 2013.

- Impulsividade em pelo menos duas áreas potencialmente autodestrutivas (por exemplo, gastos, sexo, abuso de substância, direção irresponsável, compulsão alimentar).
- Recorrência de comportamento, gestos ou ameaças suicidas ou de comportamento automutilante.
- Instabilidade afetiva devido a uma acentuada reatividade de humor (por exemplo, disforia episódica, instabilidade ou ansiedade intensa com duração de poucas horas e apenas raramente de mais de alguns dias).
- Sentimentos crônicos de vazio.
- Raiva intensa e inapropriada ou dificuldade em controlá-la.
- Ideação paranoide transitória associada a estresse ou sintomas dissociativos intensos.

Alguns sintomas *borderline* são semelhantes aos de TPAS, psicopatia e sociopatia e têm alguns dos padrões de enfrentamento e mecanismos de defesa observados nos espectros caracterizados por pouca ou nenhuma consciência, ou seja, TPAS, psicopatia, sociopatia e narcisismo. Entre os mecanismos de enfrentamento e defesa estão os seguintes:

- comportamento claramente camaleônico
- atribuição sistemática de culpa
- sentimento narcisista irritante de merecimento
- exploração de um relacionamento vitimizante
- cautela extrema, "pisando em ovos" devido à hipersensibilidade no relacionamento
- *gaslighting**
- alto grau de projeção psicológica
- dissociação criativa de identidade
- comportamento altamente controlador crônico

---

* Abuso psicológico em que um dos parceiros distorce informações ou as inventa no intuito de

NARCISISMO OU NARCISISMO PATOLÓGICO

Nos últimos anos, houve um aumento no número de pessoas e de organizações que criaram sites, blogs e outras iniciativas de conscientização pública para discutir o transtorno "Tudo Gira em Torno de Você" – o transtorno da personalidade narcisista (TPN). Este é um dos transtornos da personalidade "dramáticos e erráticos" do Grupo B. Os narcisistas têm alguns sintomas e traços dos transtornos da personalidade *borderline* e antissocial (TPASs), mas também de psicopatia, que não é um transtorno da personalidade.

O narcisismo, quando comparado aos outros transtornos do Grupo B, tem mais probabilidade de ser visto como um transtorno da personalidade primário, secundário ou adicional devido ao seu elevado índice de transmissão genética. Segundo estimativas, um grande percentual das pessoas que têm um transtorno da personalidade também pode ter outros desses transtornos. O narcisismo muitas vezes é visto em combinação com outros transtornos da personalidade do Grupo B.

Sintomas de narcisismo

Segundo o DSM-5, os sintomas de narcisismo incluem:[10]

- ❖ Tem uma sensação grandiosa da própria importância, exagera conquistas e talentos, espera ser reconhecido como superior sem que tenha as conquistas correspondentes.
- ❖ É preocupado com fantasias de sucesso ilimitado, poder, brilho, beleza ou amor ideal.
- ❖ Acredita ser especial e único e que pode ser apenas compreendido por, ou associado a, outras pessoas ou instituições especiais ou de condição elevada.
- ❖ Demanda admiração excessiva.

---

[10] Associação Americana de Psiquiatria. *Manual Diagnóstico e Estatístico de Transtornos Mentais.* 5ª edição. Washington, D.C.: Associação Americana de Psiquiatria, 2013.

- Apresenta um sentimento de possuir direitos, isto é, expectativas irracionais de tratamento, em especial favorável ou que estejam automaticamente de acordo com as próprias expectativas.
- É explorador em relações interpessoais (isto é, tira vantagem de outros para atingir os próprios fins).
- Carece de empatia: reluta em reconhecer ou identificar-se com os sentimentos e as necessidades dos outros.
- É muitas vezes invejoso em relação aos outros ou acredita que os outros o invejam.
- Demonstra comportamentos ou atitudes arrogantes e insolentes.
- Os transtornos da personalidade antissocial, narcisista e *borderline*, psicopatia e sociopatia representam um espectro de transtornos mais frequentemente associados a problemas de impulsividade, exploração interpessoal, distorções cognitivas, pouca ou nenhuma empatia e vários níveis de consciência e remorso insuficientes ou inexistentes. Eu me refiro a esses grupos como "transtornos do espectro caracterizado por pouca empatia/consciência". Para uma vítima, isso significa simplesmente "***dano inevitável***".

Figura 1.1   Espectro de Pouca Empatia/Consciência

Psicopatia
Sociopatia
Transtorno da Personalidade Antissocial
Transtorno da Personalidade Narcisista
Combinações dos Transtornos da Personalidade *Borderline*/"Borderpata"

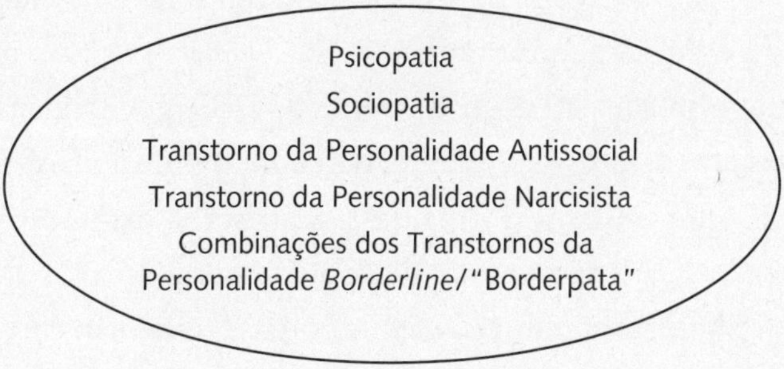

Os transtornos do espectro de pouca empatia/consciência mostram como a questão da patologia relacionada com empatia e/ou consciência afeta diversos transtornos. Todos esses transtornos fazem com que a pessoa seja capaz de prejudicar outras por causa da sua pouca ou nenhuma empatia, consciência, remorso e outros déficits emocionais. Embora os psicopatas sejam os que têm menor grau de empatia, os outros transtornos também carecem de graus normais de empatia e de espectros emocionais relacionados.

E SE ELES NÃO FOREM TOTALMENTE PSICOPATAS? POR QUE OS TRAÇOS SÃO IMPORTANTES?

Alguns homens são diagnosticados com *"traços"* psicopáticos ou narcisistas, e não propriamente com o "TPAS", "sociopatia" ou "psicopatia". Muitas mulheres não entendem o que são "traços psicopáticos" e nem por que são importantes.

Muitas mulheres interpretam mal os critérios de avaliação. Elas acham que um número menor de sintomas significa segurança. Se o homem não preenche um número suficiente dos critérios listados no DSM para TPAS ou narcisismo para que seja feito um diagnóstico oficial, ele não é perigoso. Mas basta a presença de algumas características para que a maioria das pessoas, mais dia ou menos dia, seja capaz de *sentir* os "efeitos" negativos da psicopatia (e outras formas de psicopatologia) no seu relacionamento. Algumas mulheres afirmaram que o relacionamento com um psicopata era incrivelmente diferente e mais danoso do que qualquer outro relacionamento. A razão tem a ver com os "traços" da sua psicopatologia.

Infelizmente, as mulheres logo aprendem que até mesmo algumas características podem causar danos significativos. Os "traços" evidentes (ou identificados posteriormente) são apenas a ponta do iceberg. Grande parte da vida dos psicopatas está oculta. As mulheres descobrem muito mais tarde o que o psicopata tem feito de fato, depois da sua arriscada exposição emocional, sexual ou financeira. Algumas nunca descobrem toda a extensão do problema. Na opinião de alguns especialistas, não importa se o homem é um sociopata/psicopata rematado ou se, segundo a mulher, tem apenas alguns traços psicopáticos, pois ainda assim ele pode arruinar a vida dela!

Conclusão: todos os traços psicopáticos indicam algum nível ou tipo de psicopatia. As mulheres precisam se fazer a seguinte pergunta: "Por que estou disposta a namorar um cara que tem traços psicopáticos, mesmo que sejam poucos?".

COMBINAÇÕES DE TRANSTORNOS

O que de fato sabemos é que os transtornos da personalidade e outras formas de psicopatologia representam uma combinação complexa de vários transtornos. A maioria das pessoas não tem "apenas" um transtorno – seja da personalidade ou não. Não só é comum que as pessoas tenham mais de um transtorno da personalidade (pois eles são reunidos em grupos e apresentam características semelhantes e sobrepostas), mas também *outros* transtornos perifericamente associados aos transtornos da personalidade. As pessoas com transtorno da personalidade também costumam ter vícios relacionados com substância (drogas ou álcool) e compulsão (sexo, pornografia, jogos, gastos etc.). É bastante provável que também tenham transtornos do humor, como transtornos depressivos, de ansiedade ou bipolar, ou outros transtornos do humor cíclicos. Muitas têm problemas de raiva e irritação associados a distúrbios de impulsividade. Uma lista completa da saúde mental de uma pessoa com transtorno caracterizado por pouca empatia/consciência poderia ser mais ou menos assim:

- ❖ Transtorno da personalidade antissocial (Primário)
- ❖ Transtorno da personalidade narcisista
- ❖ Traços *borderline*
- ❖ Transtorno por abuso de substância
- ❖ Compulsão sexual
- ❖ Transtorno da raiva explosiva intermitente
- ❖ Transtorno bipolar ou transtorno do humor

É bastante provável que uma pessoa no espectro dos transtornos de pouca consciência tenha uma combinação de transtornos mentais associados. Isso não apenas torna mais complexo tentar manter um relacionamento normal com alguém que tenha essa grave patologia, mas também aumenta exponencialmente o *risco de letalidade* para o parceiro. Quanto maior o número de problemas mentais uma pessoa tiver, maior o risco de danos causados pelo relacionamento.

CRIAÇÃO DE UM TERMO ABRANGENTE

Embora cada um desses transtornos tenha seus próprios aspectos singulares e os pesquisadores e acadêmicos gostem de discutir as diferenças, descobri que a maioria das vítimas não acha que as diferenças sejam tão importantes no que se refere às consequências *no caso particular delas*. Por que deveriam ser? Dano é dano, transtorno de estresse pós-traumático (TEPT) é transtorno de estresse pós-traumático. Dissonância cognitiva, pensamentos intrusivos, ruína financeira, lembranças, obsessões – tudo isso é devastador e atordoante para a mulher que está passando por isso. Para a vítima, não adianta ficar discutindo "se ele tem esse ou aquele tipo de transtorno de pouca/nenhuma consciência". Muitas já acham suficientemente difícil tentar identificar o transtorno dele (por isso meu ponto sobre *Combinações de transtornos*).

As vítimas sofrem do que denominei *"dano inevitável"*. Para abordar o ensino sobre esse "grupo" de psicopatologia que é uma visão agregada do transtorno:

~Antissociais-sociopatas-narcisistas-patológicos-psicopatas-borderlines/"borderpatas"~

Reuni esses transtornos de maneira a facilitar a compreensão por parte da maioria das vítimas. Concordo com as pesquisas recentes que chegaram à seguinte conclusão:[11]

"Nossos resultados fornecem evidências empíricas de que a psicopatia constitui um constructo de personalidade formado por diferentes características dos transtornos da personalidade antisocial, narcisista e borderline *do DSM* [...]. *Uma implicação clínica dos nossos resultados é que, nos casos em que é diagnosticado um transtorno da personalidade*

---

[11] Huchzemeier, C.; Friedemann, G.; Brub, E.; Godt, N.; Kohler, D.; Hinrichs, G. e Aldenhoff, J. The Relationship Between DSM-5 Cluster B Personality Disorders and Psychopathy According to Hare's Criteria: Clarification and Resolution of Previous Contradictions. *Behavioral Sciences and the Law*, 25:901-911, 2007.

do Grupo B, deve-se esperar um alto grau de psicopatia, sobretudo quando se trata de transtorno da personalidade antissocial, narcisista ou borderline."

Decidi usar a palavra "psicopata" no título do livro porque muitas pessoas associam esse nome a níveis severos de danos a outros. Além disso, é a palavra que a maioria das mulheres costuma usar ao procurar ajuda na internet. Para encontrar o maior número possível de vítimas em busca de ajuda, eu selecionei a palavra-chave "psicopata", representando todo o espectro de homens com características psicopáticas. Refiro-me também às características psicopáticas (relacionadas aos transtornos da personalidade e à psicopatia) como "patológicas", o que significa que elas têm uma patologia relacionada com pouca/nenhuma consciência e também com resultados ruins do tratamento.

UMA OBSERVAÇÃO SOBRE GÊNERO

Transtornos da personalidade antissocial, narcisista, *borderline*/"borderpata", psicopatia, sociopatia e qualquer combinação desses transtornos são problemas mentais. Não são problemas relacionados com o gênero. As mulheres são as principais clientes do Institute for Relational Harm Reduction & Public Pathology Education, e é por esse motivo que escrevi sobre psicopatas do sexo masculino e vítimas/sobreviventes do sexo feminino. No entanto, obviamente, reconheço que esses mesmos transtornos acometem as mulheres, produzindo consequências devastadoras também para os homens. A revista do Instituto, disponível em: <www.saferelationshipsmagazine.com>, traz um *e-book* em inglês para os homens chamado *How to Avoid Dating Damaged and Destructive Women*. O livro analisa mulheres com esses tipos de transtorno da personalidade e outras psicopatologias. Dê uma olhada se estiver precisando de informações para homens.

ENTÃO, QUANTOS ENTRE NÓS?

Com base no meu trabalho com as vítimas, os psicopatas que nunca são apanhados (aqueles que não cruzam a linha da contravenção ou são espertos o bastante para evitar ser presos) representam uma população muito maior do que muitas pessoas jamais imaginariam. Os psicopatas são impostores tão bons que conseguem viver a vida toda por trás do que Hervey Cleckley chamou de "Máscara da Sanidade" sem nunca ser identificados. Um psicopata é capaz de ludibriar quase todo mundo. Só aqueles que, com o tempo, têm experiências negativas com o psicopata acabam descobrindo o verdadeiro "homem por trás da cortina". O restante da sociedade provavelmente acredita que nunca conheceu um psicopata na vida. Na verdade já conheceu, mas não tem consciência disso. Por esse motivo é difícil calcular o número de psicopatas.

Quantos psicopatas e pessoas com variações de psicopatia existem por aí? Aqueles que não estão na prisão passam despercebidos e não são computados, pois não são reconhecidos. Eles estão andando livres pelas ruas da sua cidade, sentados na carteira ao lado da sua durante a aula, trabalhando na sua empresa e talvez até mesmo namorando a sua irmã. Segundo alguns especialistas, porém, de 3% a 4% da população norte-americana ou, possivelmente, 8 milhões de indivíduos (6 milhões de homens e 2 milhões de mulheres) são "sociopatas o bastante" para receber um diagnóstico ou prejudicar com gravidade outras pessoas – se algum dia reconhecermos quem são eles.

Além desses 8 milhões, um número ainda maior de pessoas apresenta traços de transtorno caracterizado por pouca consciência. Como alguns clínicos em geral restringem o diagnóstico ao comportamento criminoso, muitos não diagnosticariam um verdadeiro psicopata que se escondesse atrás de uma "Máscara da Sanidade" bem construída e não criminosa. No máximo, o clínico que sucumbisse ao feitiço da máscara só veria o psicopata como "um pouco egoísta".

Sem um histórico criminal rastreável, ele vai passar, ao que tudo indica, despercebido no radar do avaliador. Mas e o número de vítimas que ele deixa para trás independentemente de ser ou não identificado?

Com base em estimativas recentes, se agruparmos os portadores de transtorno da personalidade antissocial, os psicopatas, os sociopatas, os narcisistas e os "borderpatas", cerca de 100 milhões de pessoas serão afetadas de forma negativa por esses indivíduos com transtornos associados a pouca ou nenhuma empatia/consciência. Essas vítimas podem ser amigos, colegas de trabalho, familiares ou companheiros, que cruzaram o caminho de pessoas com esse grupo de transtornos.

Esse número não inclui as crianças que sofreram a influência negativa de pais patológicos ou foram expostas a adultos patológicos. Isso deixa uma enorme lacuna na lista daqueles que precisam de ajuda para se recuperar da exposição à psicopatologia alheia.

CONCLUSÃO

Um dos maiores desafios para o Instituto e para as vítimas é encontrar terapeutas que consigam reconhecer os psicopatas camaleônicos e que compreendam o Eixo II, o Grupo B e o problema da psicopatia. Nossas clientes nos dizem como o "charmoso psicopata" vai à sessão de psicoterapia com ela, apenas para enganar o psicoterapeuta, que nunca identifica seu diagnóstico. A falta de profissionais clínicos devidamente treinados é, de longe, o maior impedimento à recuperação das vítimas.

Com milhões de "sociopatas o suficiente" fazendo vítimas aos montes, está na hora de começarmos a conscientizar a população. Alguém precisa ensinar às pessoas como identificar os psicopatas, e ensinar os terapeutas a tratar as vítimas devastadas por eles.

Neste capítulo, falamos sobre a denominação das psicopatologias. No próximo capítulo, analisaremos como um psicopata se torna um psicopata:

- ❖ O que faz com que uma pessoa que tem um transtorno seja diferente daquelas que consideramos normais?
- ❖ O que causa um transtorno da personalidade e psicopatia?
- ❖ Por que os transtornos são tão destrutivos para quem os tem?
- ❖ Por que essas pessoas não podem ser "curadas"?

2

QUAL É A CAUSA DA PSICOPATOLOGIA?
VAMOS FALAR SOBRE CRIAÇÃO

"Como não podemos mudar a realidade, vamos mudar os olhos com os quais a vemos."

– Mikos Kazantizakis

Embora poucos especialistas entrem em um acordo com relação ao nome dos grupos de transtornos caracterizados por pouca ou nenhuma consciência, um número ainda menor concorda sobre suas causas. Vamos examinar as várias teorias sobre as causas de algumas psicopatologias (inclusive transtornos da personalidade e psicopatia). Para analisar todos os aspectos das teorias, vou dar a minha opinião a respeito das causas desses transtornos.

Antes de descrever as teorias sobre as causas dos transtornos, preciso definir o termo "personalidade", para que possamos saber quando existe um transtorno da personalidade. Personalidade é a maneira especial e peculiar que a pessoa tem de se relacionar com os outros e com o mundo. A "personalidade", como eu disse no capítulo anterior, está associada ao modo como a pessoa *pensa, sente, se relaciona e se comporta*, e é inata (nós nascemos com ela).

A personalidade vem programada com suas próprias características, que fazem da pessoa quem ela é e quem ela se torna, para o bem ou para o mal. Influências ao longo do caminho alteram o que a pessoa se torna. Há muita teoria entre quem a pessoa é e quem ela acaba se tornando no decorrer do tempo!

Lá vamos nós outra vez – Natureza *versus* criação

É difícil deixar de fora o debate sobre natureza *versus* criação quando falamos a respeito de transtornos da personalidade e/ou psicopatia. Isso porque, na verdade, só existem três modos de encarar esses transtornos singulares:

- ❖ Você nasceu assim.
- ❖ Você não nasceu assim, mas o seu ambiente o deixou assim.
- ❖ Você nasceu assim E o seu ambiente piorou as coisas.

Criação ou a falta dela

Se perguntassem a um sociólogo como esses transtornos surgem, é bem provável que ele incluísse uma discussão sobre "criação" e como o ambiente favorece ou não o desenvolvimento da mente e da personalidade infantil. Os sociólogos acreditam que o grupo de transtornos caracterizados por pouca ou nenhuma consciência é, em grande medida, produzido por exposições sociais e ambientais negativas e emocionalmente tóxicas. É por isso que os sociólogos chamam esses tipos de transtornos de "sociopatia", em oposição à "psicopatia", pois eles acreditam que foram produzidos por fatores sociais, e não por fatores genéticos ou biológicos.

O que pode sair errado na primeira infância que acaba contribuindo para a formação desses transtornos? Erik Erikson, que esculpiu a nossa visão sobre o desenvolvimento da personalidade por meio de estágios da vida, nos falou sobre as "fases de desenvolvimento" que devem ocorrer para que a personalidade se desenvolva sem problemas e sem déficits. Cada fase de desenvolvimento de Erikson se baseia na tarefa anterior para "formar" uma estrutura de personalidade normal e sadia.

Por exemplo, a primeira tarefa de desenvolvimento que uma pessoa conclui quando é bebê é criar um vínculo afetivo. Se o bebê não conseguir criar um vínculo afetivo, é provável que o próximo estágio de desenvolvimento seja afetado de maneira negativa pelo primeiro processo. Na "teoria" dos transtornos da personalidade, os especialistas acreditaram, durante muito tempo, que vários deles estavam relacionados com um apego ou vínculo "excessivo" ou "insuficiente". Por exemplo, os especialistas presumiam que o transtorno da personalidade *borderline* era causado por problemas de apego, produzindo seus aspectos "dramáticos e erráticos". A psicopatia muitas vezes é chamada de "transtorno do supremo apego".

O próximo estágio de desenvolvimento pelo qual a criança passa depois da criação do vínculo é o da individuação e autonomia, durante o qual ela começa a explorar o seu mundo. Os especialistas acreditam que, se a criança for apegada e carente, ela pode ter tido problemas com a primeira tarefa do desenvolvimento, a criação de vínculo afetivo, ou em algum ponto da segunda tarefa, a conquista da autonomia. As teorias sobre os transtornos da personalidade muitas vezes se baseiam no desenvolvimento ou não desenvolvimento na primeira infância.

A teoria de Erikson de estágios de desenvolvimento nos conduz "do berço ao túmulo", empilhando fases de desenvolvimento concluídas como torres de personalidade construída. Até mesmo a denominação "transtorno da personalidade" remete a uma teoria causal – como a personalidade se formou ou não se formou.

Eu também atribuí *algumas* das várias características do transtorno da personalidade a uma malformação no desenvolvimento da personalidade, coisas que não ocorreram, mas que deixaram "buracos na alma".[12] Essas malformações e esses buracos no desenvolvimento se tornam bastante evidentes quando os adultos têm a mentalidade emocional de um adolescente e conjuntos de habilidades correspondentes aos de um adolescente. Eu sempre afirmei que não existem indivíduos com transtorno da personalidade/psicopata que, emocionalmente, tenham mais de 14 anos de idade. Os seguintes traços estão imbuídos na personalidade mal desenvolvida:

- ausência de vínculo
- problemas de abandono às vezes distorcidos
- uma grande necessidade de buscar divertimento/emoções

---

[12] "Buracos na alma", conceito de John Bradshaw.

- ❖ pensamento empobrecido acerca de certo e errado e da tomada de decisões morais
- ❖ grande impulsividade, incapacidade de aprender com as consequências de seus atos

... só para citar alguns. Todos esses traços são típicos de um adolescente.

As fases de desenvolvimento que não foram concluídas assumem a forma de uma armadura de irresponsabilidade, tédio e busca por emoções que permeiam a adolescência e a vida adulta dos psicopatas. Como pais, eles são até mesmo "imaturos". Imagine um "adolescente emotivo de 14 anos" tentando ensinar raciocínio moral, que nem ele mesmo entende, para uma criança. Suas reflexões de adulto espelham os aspectos "emperrados" da sua mentalidade de adolescente. Sua infidelidade crônica indica a incapacidade de criar vínculos e laços afetivos normais. Em alguns transtornos da personalidade, o intenso abandono e a necessidade de vigiar, ou "ficar de olho" o tempo todo no companheiro ou companheira, revelam falta de desenvolvimento na primeira infância. A propensão para correr riscos em muitas áreas da vida reflete uma busca por emoções e uma impulsividade típicas da adolescência, e também revela incapacidade de aprender com a punição. O hábito de roubar, mentir e trapacear revela dificuldade em tomar decisões morais. Tudo isso poderia ser visto, a partir de uma abordagem eriksoniana de desenvolvimento, como aspectos da personalidade que não se formaram corretamente.[13]

Essas fases de desenvolvimento não concluídas criam déficits emocionais na criança. Mas o mundo não para porque as necessidades emocionais ou psicológicas de uma criança não foram atendidas. O mundo interior e o exterior seguem em frente, e a criança também tem que seguir. O seu crescimento emocional "se adapta" aos seus déficits, assim como uma árvore cresce contornando um obstáculo que surge em seu caminho, como uma calçada ou um banco de jardim. A árvore se adapta criando protuberâncias nodosas em

---

[13] Em alguns materiais do Instituto, usei o Modelo de Desenvolvimento de Erikson para mostrar como cada tarefa de desenvolvimento não concluída mais tarde pode se manifestar em padrões de relacionamentos amorosos patológicos na vida adulta.

lugares estranhos. Ela se retorce toda e rompe o concreto que tentava deter seu crescimento. Mesmo com tantos obstáculos, a árvore continuou a crescer e a se desenvolver. Hoje, ela está atrofiada aqui, artrítica ali, reta desse lado e torta daquele, mas vive e sobrevive para contar a história da sua própria jornada tortuosa.

Psicopatologia, transtorno da personalidade, psicopatia, não importa como você chame o transtorno, de certa maneira é estranhamente adaptável, e talvez um tributo a esse forte *padrão persistente* do mau comportamento. Por mais malformada que seja a personalidade do indivíduo, a capacidade que ele tem de seguir em frente apesar de suas carências e déficits na verdade revela algo sobre o transtorno, ou sobre ele próprio.

Como você deve ter imaginado, a questão da "criação" na psicopatologia em geral está relacionada com maus-tratos e negligência. Durante o desenvolvimento da criança, existem momentos em que ela precisa de apoio emocional e psicológico. Se suas necessidades não forem atendidas nesses momentos, poderá ocorrer um déficit.

No longo prazo, os déficits criam distúrbios, como transtornos da personalidade ou psicopatologia.

Quando analisavam a "teoria da criação", os especialistas sempre achavam que as pessoas que tinham transtornos da personalidade ou alguma psicopatologia eram, sobretudo, vítimas de abuso ou problema crônico de pobreza extrema e negligência na primeira infância. Embora esses fatores **de fato** contribuam para o desenvolvimento da psicopatologia e transtornos da personalidade (bem como transtornos associados a traumas), em geral eles não são a *única* contribuição para as formações patológicas. Alguns psicopatas e portadores de outras patologias nasceram em famílias amorosas e normais. Isso não significa que a "criação" não influencia o desenvolvimento da patologia. Influencia, sim, talvez mais do que imaginamos. A "criação" faz parte de uma complexa série de causas sociais, ambientais e biológicas. Essas causas se juntam, provocando danos indevidos ao pobre indivíduo e a todos os que o cercam.

Até que ponto a "natureza", ou seja, os fatores biológicos e genéticos, contribui para o desenvolvimento de patologias? Acho que você se surpreenderá com a resposta.

VAMOS FALAR SOBRE "NATUREZA"

De acordo com a teoria da "Natureza", os seres humanos nascem com certas características de personalidade inatas ou permanentes. Algumas dessas características têm a ver com o estilo de temperamento que afeta a mente da pessoa. Outras têm a ver com o cérebro como órgão, em oposição à mente como estrutura. Vou falar separadamente sobre aspectos do temperamento e do cérebro.

As pessoas nascem com aspectos inatos da personalidade. Alguns desses aspectos estão relacionados com o temperamento. Muitas mães conseguem dizer depois de poucas semanas ou meses que "tipo" de temperamento o filho terá; por exemplo, se ele será obediente ou decidido, afável ou exigente. O temperamento afeta muitas qualidades da personalidade em desenvolvimento. Falaremos mais adiante sobre as diferenças de temperamento tanto nos psicopatas quanto nas mulheres. Mas impulsos motivacionais também são inatos na nossa personalidade. Vamos dar uma olhada...

Impulsos motivacionais

Os impulsos motivacionais fazem parte das características inatas da personalidade. Todo mundo vem ao mundo com impulsos motivacionais. Eles ajudam as pessoas a regular suas necessidades e interesses e as empurram em direção ao prazer e para longe da dor. As necessidades e os interesses das mulheres, originários de seus impulsos motivacionais, são *determinados de uma maneira muito diferente* das necessidades e dos interesses dos psicopatas e portadores de outras patologias.

Os impulsos motivacionais normais são:

- ❖ comida
- ❖ conforto
- ❖ bens materiais
- ❖ entretenimento
- ❖ sexo
- ❖ afeto
- ❖ dominância social/*status*/poder[14]

---

[14] Contribuição da dra. Liane J. Leedom.

Impulsos motivacionais superaumentados

A parte inferior da lista de impulsos motivacionais é muito mais importante para os psicopatas, o que faz com que eles fiquem superaumentados em uma extremidade, enquanto nas outras pessoas esses impulsos são mais equilibrados.

Os psicopatas são altamente motivados a obter prazer e buscam o tempo todo aquilo de que gostam. Por exemplo, muitos bens materiais que denotam *status* social elevado, necessidade constante de diversão e distração, hipersexualidade, desejo de ter prestígio no seu círculo social e, com certeza, muito poder. Qualquer um dos seus impulsos motivacionais pode ser considerado excessivo em comparação com o das pessoas normais. A incapacidade que os psicopatas têm de regular a sua busca por prazer será abordada nos próximos capítulos.

Basta dizer que seus impulsos motivacionais exacerbados os levam a correr riscos altíssimos (financeiros, emocionais, sexuais, físicos etc.) para obter aquilo que desejam. A maioria das mulheres que conviveu com psicopatas descreve esse "comportamento de risco" e quanto isso dava prazer a eles. O impulso por diversão dos psicopatas, também chamado de "busca de sensações, busca de emoções ou busca de novidades", contribui para o prazer que eles sentem em estar sempre ativos, explorando coisas novas, pessoas novas e oportunidades novas e indo atrás de experiências diferentes que em geral levam à infidelidade. Muitas mulheres se perguntam por que os psicopatas nunca são monógamos. O impulso de diversão do psicopata é tão forte que ele está sempre em busca de algo ou alguém novo e excitante. É por isso que muitos psicopatas também apresentam grandes desvios de comportamento sexual – sempre em busca de uma experiência sexual mais arriscada. Mais adiante neste livro, vou dizer como essa "busca de emoções" serve como um "atrativo" para as mulheres que amam psicopatas.

Acrescente a tudo isso:

❖ um impulso sexual tipicamente muito intenso
❖ satisfação sexual gerada por poder e controle tanto quanto pelo ato sexual em si

... e teremos uma combinação de apetite sexual insaciável.

Comportamento de risco
+ Grande apetite sexual
+ Grande impulso por diversão
_____

= Infidelidade em um psicopata

Chamado de "*busca de poder antissocial*", o impulso dos psicopatas em direção à dominância social, *status* e poder[15] é bastante conhecido. Essa "busca de poder" é a força propulsora que faz com que alguns deles sejam líderes proeminentes. É por isso também que muitas vezes vemos psicopatas em carreiras de prestígio, como direito e medicina, assim como no meio empresarial. Além disso, a busca de poder os torna bastante competitivos, fazendo com que os bem-sucedidos atinjam o topo nas suas áreas.

Para Rieber e Vetter,[16] "os psicopatas são extremamente sensíveis às relações de poder e querem deter o poder máximo. Mas também querem usar o poder de forma destrutiva". Os psicopatas gostam mais do poder quando ele produz vítimas. A vitória não terá o mesmo sabor se a vítima lhe der o que ele quer. Ele prefere vitimizá-la em algum ponto do processo. Para se sentir mais poderoso, ele precisa sentir que alguém é mais fraco do que ele. Muitos psicopatas, quando discutem seus sentimentos em relação à fraqueza, dizem que o fraco "quer ser explorado".[17] A violência resultante nem sempre é um traço dos psicopatas, e muitas vezes eles buscam mais o poder (e a consequente vitimização emocional) do que exercem violência. Isso não significa que os psicopatas nunca sejam violentos – eles são. Os presídios estão cheios deles.

O impulso de dominância do psicopata é uma força que está por trás da sua patologia. Essa dominância pode ser representada pela agressividade explícita e exigência de controle de todo o seu ambiente ou ser camuflada pelo uso de culpa passivo-agressiva, carência patética ou pena, para controlar as emoções da mulher. O resultado final é o mesmo, a capacidade de controlar as

---

[15] Rieber, R. W.; Vetter, H. The Language of the Psychopath. *Journal of Psycholinguistic Research*, v. 23, nº 1, 1994.

[16] *Ibid.*

[17] *Ibid.*

emoções de alguém e, desse modo, controlar seu mundo interior. Essa questão será tratada ao longo de toda a discussão da dinâmica patológica dos relacionamentos dos psicopatas, porque sua busca de dominância, *status* e poder está totalmente fora de controle. Ele tentará controlar tudo, até mesmo as pequeninas coisas da vida que não deveriam ser importantes.

Embora no início ele possa ser extrovertido e charmoso, a mulher acabará descobrindo que esses traços de temperamento irresistíveis são os exemplos mais contundentes da sua psicopatia. A ausência da conscientização pública sobre esse uso patológico de dominância e poder é uma das razões pelas quais os psicopatas conseguem enganar todo mundo, até mesmo profissionais treinados. Como a maioria das pessoas não tem nenhuma razão para se tornar "plenamente" consciente dos problemas de um homem superforte e dominante, o psicopata parece nada mais que um líder carismático e reverenciado por muitos.

Apesar de também poder camuflar essa dominância para o mundo exterior passando a impressão de ser mais passivo do que poderoso, a portas fechadas ele exerce sua dominância controlando a mulher por todos os meios que puder utilizar, como humilhação sexual, carência sufocante, aprovação ou desaprovação de tudo o que ela faz, *gaslighting* para controlar a realidade dela, qualquer coisa explícita ou dissimulada.

A sede dele de poder e domínio é tão ininterrupta que, para a mulher, parece insaciável. Os psicopatas ferem as pessoas porque se sentem muito mais satisfeitos em deter o poder por meio de vitimização. Eles são emocionalmente recompensados pelos danos que causam. Até mesmo os psicopatas de colarinho branco, movidos pela sede de poder, "esmagam" quem possa estar à sua frente em sua ascensão na escada corporativa.

Além desses impulsos de poder, *status* e dominância, a maioria dos psicopatas (embora não a totalidade) costuma ser extrovertida. O "extrovertido" é uma pessoa:[18]

- ❖ que tem uma personalidade forte
- ❖ socialmente expansiva
- ❖ com fortes impulsos motivacionais internos

---

[18] Contribuições da dra. Liane J. Leedom.

Os psicopatas têm todos esses traços. Sua extroversão pode ser vista por meio da sua:

- ❖ capacidade de liderança
- ❖ capacidade de trabalhar bem em equipe (ou trabalhar a equipe!)

É por isso que os psicopatas com frequência chegam ao topo (nem que seja por meios inescrupulosos) de qualquer carreira ou grupo ao qual estejam vinculados.

As pessoas extrovertidas:

- ❖ Preferem estar na companhia de outros a ficar sozinhas (esse é um dos motivos pelos quais os psicopatas substituem rápido os relacionamentos românticos e odeiam ficar sozinhos).
- ❖ Gostam de correr riscos.
- ❖ Adoram adrenalina e mudança.
- ❖ Têm uma forte queda por diversão (necessidade de estar ativas, distraídas ou envolvidas).

Embora essas características não sejam exclusivas dos psicopatas, *no psicopata* elas são extremamente acentuadas, o que o levam a buscar as recompensas que deseja, que pode ser o controle emocional sobre alguém ou a manipulação física, sexual ou financeira. Essa busca por recompensa é um traço clássico da psicopatia e influencia de maneira significativa o comportamento desses indivíduos.

A extroversão também está ligada à impulsividade, e as pessoas extrovertidas muitas vezes não conseguem resistir a um impulso ou a uma tentação, mesmo que isso seja prejudicial para si mesmas ou para os outros. A impulsividade também está associada a outros transtornos, como:

- ❖ transtorno de déficit de atenção e hiperatividade (TDAH)
- ❖ abuso de substância
- ❖ jogo patológico

- transtorno explosivo intermitente
- cleptomania
- piromania
- automutilação
- impulsividade sexual

... bem como alguns transtornos da personalidade e psicopatia.[19]

Como todos esses impulsos motivacionais empurram os seres humanos "para" o prazer e os psicopatas são bastante voltados para o prazer, **eles não aprendem com as experiências dolorosas**. Isso os diferencia das pessoas normais, que aprendem com a dor. Como buscadores de recompensa, os psicopatas sempre tentarão obter o que desejam sem pensar muito na questão da dor ou da punição (nem terão motivação suficiente para isso). É por esse motivo que a prisão não foi um fator de dissuasão para os psicopatas que acabaram atrás das grades! Os psicopatas impulsivos param com pouca frequência para analisar as consequências das suas ações a longo prazo e repetidamente deixam de enxergar que **suas ações equivalem às suas consequências**. Eles não conseguem determinar quando uma punição é maior do que a recompensa tentadora percebida, e não conseguem resistir a uma tentação danosa. Se conseguissem, não iriam fracassar sempre nos seus relacionamentos por causa da infidelidade, mentira, trapaça e outros comportamentos compulsivos. Quer a consequência seja ir para a cadeia ou ser expulso da cama da mulher, ele não vai aprender nem com uma nem com a outra.

Esses impulsos motivacionais também estão relacionados com a teoria de que a psicopatia é inata ou que o psicopata "nasceu assim".

Mais natureza

Durante muitos anos, a única compreensão que os especialistas tinham dos transtornos da personalidade e de várias patologias era a "Teoria da Criação", apesar de suspeitarem que talvez a "natureza" tivesse um papel. Por exemplo,

---

[19] Transtornos do Impulso, Associação Americana de Psiquiatria. *Manual Diagnóstico e Estatístico de Transtornos Mentais*. 5ª edição. Washington, D.C.: Associação Americana de Psiquiatria, 2013.

e os psicopatas que nasceram no seio de famílias verdadeiramente amorosas e não sofreram abuso? E se todas as suas necessidades foram atendidas e suas fases de desenvolvimento foram concluídas? Por que eles têm um transtorno se este *só* é produzido por abuso, negligência ou necessidades não atendidas?

A neurociência apresenta outra visão possível. Alguns trabalhos importantes que tentaram compreender as diferenças cerebrais na psicopatologia surgiram não apenas das pesquisas neurocientíficas, mas de imagens de ressonância magnética (RM) e tomografia por emissão de pósitrons (TEP). Como poderíamos saber que, na verdade, era possível *ver* as diferenças que explicam alguns dos comportamentos observados na patologia? Isso produziu algumas reflexões importantes sobre os possíveis fatores neurológicos, biológicos, químicos e até mesmo genéticos que contribuem para a malformação da personalidade e do cérebro e que influenciam a personalidade. Quer dizer, o cérebro como "órgão", e não apenas a "mente" como a estrutura que pode ter um distúrbio. O problema, na opinião de muitas pessoas, é que essas reflexões analisam apenas a mente e tentam compreender a psicopatia como um problema mental, e não também como um problema orgânico.

Por que isso é importante? Do ponto de vista do Instituto é muito importante, porque as vítimas em geral acreditam que seja o que for que esteja errado com o psicopata, é apenas "obstinação" ou teimosia. A ideia de "obstinação" infelizmente há muito é corroborada por áreas da psicologia e outros campos não especializados em patologia, como:

❖ Terapeutas de relacionamento que tentam usar a dinâmica normal dos relacionamentos na mais conturbada das relações ao tratar a obstinação ou falta de comprometimento do psicopata como um desafio usual nos relacionamentos.
❖ A Igreja em geral, que rotula todos os comportamentos como "pecaminosos" e, portanto, "obstinados". Se é apenas obstinação, então é uma atitude espiritual e pode ser mudada.
❖ As filosofias da Nova Era centradas na "psicologia positiva", que supõem ser possível mudar as coisas pelo poder do pensamento.

As mulheres chegam ao Instituto muito confusas sobre o que seus companheiros podem e não podem fazer com relação à própria biologia. Antes mesmo que surgissem as últimas descobertas da neurociência sobre esses transtornos, os especialistas já tinham esse interessante conceito de Eixo II e *"transtornos difusos"* associados apenas com transtornos da personalidade e deficiência intelectual. Isso, por si só, sugere um elemento de estrutura *perene* que não é superado pelo esforço da mente sobre a matéria. Infelizmente, muitas mulheres passaram tempo demais lendo livros de psicologia sobre relacionamentos normais e assistindo a programas vespertinos de televisão com teleterapeutas para acreditar que o que estava errado com o psicopata não pode ser mudado. Elas se apegam à crença de que, de alguma maneira, ele poderia ser diferente.

Só uma desculpa para o mau comportamento

As pessoas não gostam do argumento da "explicação baseada no cérebro" para esclarecer a psicopatia ou os transtornos da personalidade, pois acham que ela é uma "brecha", ou seja, uma saída para justificar o comportamento patológico. Se for um problema localizado no cérebro, os psicopatas "não são responsáveis" por algo que não podem controlar. É muito "cômodo" que o comportamento dos psicopatas não seja associado simplesmente a uma "obstinação" – algo a respeito de que eles, de fato, poderiam *FAZER* alguma coisa.

Grande parte do comportamento dos psicopatas está associada à função cerebral. Entretanto, ainda existem aspectos do comportamento deles que são manipulativos e, nesse sentido, obstinados. A explicação baseada no cérebro como um todo é às vezes ofensiva a uma parcela da comunidade de violência doméstica que considera a declaração de patologia uma desculpa para o comportamento desses homens. (Não vou nem entrar no mérito de como os advogados de defesa distorcem e manipulam o transtorno para provar que seu cliente não é responsável por seus atos. Essa questão neurobiológica deu origem a uma área de estudo chamada Neuroética. Não se sabe qual será o seu papel no âmbito jurídico, mas é assustador.)

Deixe-me esclarecer a *posição* do Instituto sobre o assunto:

Isso não justifica de maneira alguma o comportamento dos psicopatas. Não há desculpa para o abuso e a manipulação comportamental, sempre obstinada, das suas vítimas. Isso não significa que as mulheres devam sentir pena do psicopata e levar adiante o relacionamento porque "ele não consegue evitar o que faz". O que ele não consegue evitar não o torna menos letal. Isso é simplesmente entender que "não foi ela que o tornou assim, e ela tampouco pode consertá-lo". O que vai determinar o futuro dele é o que há e o que não há dentro de seu cérebro. E não ela. Existe uma diferença entre dar uma desculpa para o comportamento de alguém e compreender o que está por trás desse comportamento.

Para o Instituto, a compreensão dos problemas da função cerebral na patologia *fecha* essa lacuna. Isso deve facilitar a admissão. Nos casos em que a função cerebral está perigosamente alterada de forma permanente, a abordagem deveria ser diferenciada e rigorosa. Incapazes de controlar a impulsividade nociva e desenfreada associada à patologia, esses psicopatas devem ser responsabilizados por todos os seus atos, punidos e contidos, pois **não será diferente da próxima vez**. Enviá-los a programas de intervenção para agressores, controle da raiva ou outro tratamento é um desperdício de recursos e dá às mulheres uma falsa impressão de que eles foram "tratados", quando o que está errado com eles na realidade é intratável em alto grau ou resistente ao tratamento. Portanto, o Instituto acredita que aqueles que têm graves disfunções cerebrais precisam das intervenções mais rigorosas, tanto na esfera jurídica quanto na criminal, pois o melhor indicador do futuro desses homens não é apenas o seu comportamento passado, mas também o seu comportamento permanente.

Muita gente não sabe que meu pai foi assassinado por um psicopata. Eu também sou uma vítima como muitas mulheres que vão ler este livro, mas que estão vivas para fazer escolhas diferentes com relação à psicopatia das que meu pai tinha disponíveis. Minha jornada de mais de 25 anos *tentando* entender a psicopatia chegou ao fim quando compreendi a biologia que está por trás desse transtorno insidioso. Era muito difícil entender o comportamento do "senhor Manley", que cravou uma faca no abdômen do meu pai, rompendo sua aorta, à luz da "teoria de uma infância ruim". Durante mais de 25 anos, vinte deles como psicoterapeuta na área da patologia, muitas coisas simplesmente "não faziam sentido" para mim nessa teoria com relação a "por que" a patologia faz com que as pessoas ajam de determinadas maneiras, não apenas violentas. Depois de muitas centenas de pacientes, passei a ter a mais absoluta certeza de que alguma coisa a "mais" estava em jogo. A infância ruim, o problema de alcoolismo e o comportamento obstinado do Sr. Manley eram coisas que tornavam ainda pior o que fermentava debaixo da superfície no órgão cerebral.

No momento atual, existem muitos dados científicos sobre a condição predeterminada e estrutural da patologia, que vamos analisar de forma mais detalhada em outro capítulo do livro. A ciência me ajudou a "ligar os pontos" da teoria que antes não fazia sentido para mim. Hoje, acredito que a psicopatia, e também os transtornos da personalidade do Grupo B, resulta de uma combinação complexa de vários fatores, como malformações biológicas, neurológicas e cerebrais, alterações químicas, problemas dos circuitos cerebrais, fases de desenvolvimento incompletas e, muitas vezes, abuso e negligência, que formam uma estrutura bastante alterada de patologia inata e criada.

IMPLICAÇÕES

Quais são as implicações de um transtorno que pode ser baseado tanto na natureza quanto na criação? Em primeiro lugar, ele deve aliviar a sensação de culpa que as mulheres, os pais e outras pessoas têm por achar que "eu fiz alguma coisa que provocou isso" ou "eu tornei essa pessoa pior". O Instituto recebe centenas de e-mails por ano de mães que se sentem culpadas e responsáveis por terem filhos adultos patológicos que fraudam o sistema, que não cuidam dos próprios filhos e que não se parecem com ninguém na família no que diz respeito à consciência, aos princípios éticos e à empatia.

As mulheres acham que "se pelo menos tivessem sido um pouco mais tolerantes, pacientes, generosas, sensuais etc.", o relacionamento teria dado certo. Não existem abordagens, teorias nem manuais sobre *Como Fazer com que um Relacionamento com um Psicopata Dê Certo*. Parece ridículo, não é? No entanto, muitas mulheres acreditam que ele será "feliz" com outra pessoa, pois a culpa do fracasso do relacionamento é dela, ou do que ela fez ou deixou de fazer (e é claro que ele lhe disse isso). Mas ele não será feliz; o psicopata não tem a capacidade de ligar e desligar sua patologia a seu bel-prazer para que a nova relação seja mais saudável. A mulher não é culpada pelo fim do relacionamento, assim como não é culpada por qualquer que seja o transtorno congênito com o qual ele possa ter nascido. O transtorno dele não está associado ao relacionamento com ela, apenas se *manifestou* nele.

As mães em geral se sentem culpadas por manter seus filhos longe dele, embora ele seja o pai biológico. O que é que um psicopata tem de sadio ou produtivo para dar aos filhos? Se os pais, as esposas e as outras pessoas compreenderem todos os aspectos da patologia, poderão tomar decisões mais seguras para seu futuro e o de seus filhos.

Espera-se que essas informações sobre "natureza *versus* criação" aliviem o fardo das vítimas em relação a:

- Ela não é forte o bastante para "superar" a propensão genética dele para a patologia.
- Ela não vai reparar o problema genético dele com "amor".
- Ela não vai corrigir as alterações neurológicas dele com "compreensão".
- Ela não vai melhorar a neurobiologia dele "por meio de orações".

Além da incapacidade que ela tem de "consertá-lo", há a questão mais importante: como essa patologia "afetará" o funcionamento dele no futuro. Chamo isso de "As Três Incapacidades" que ajudam as mulheres a equilibrar suas expectativas futuras com relação ao psicopata (não a equilibrar o futuro **com** o psicopata, mas harmonizar suas expectativas com a realidade tendo em vista o transtorno dele).

As três incapacidades

1. A incapacidade de adquirir alguma profundidade emocional e espiritual autêntica.
2. A incapacidade de sustentar mudanças positivas.
3. A incapacidade de perceber como seu comportamento negativo afeta as outras pessoas.

Essas três incapacidades representam o possível futuro de qualquer relacionamento. As pessoas normais crescem emocional e espiritualmente, mantêm as mudanças emocionais e comportamentais positivas que fazem e têm consciência de que seu comportamento afeta os outros, enquanto o psicopata não faz isso, nem consegue fazer. A orientação psicológica só é eficaz quando a pessoa consegue crescer emocionalmente, manter as mudanças positivas que é estimulada a fazer e compreender que seu comportamento afeta as outras pessoas. Até mesmo a orientação espiritual depende da capacidade de crescer, mudar e ter discernimento. Sem essas três capacidades fundamentais, nada mais poderá acontecer neles ou nos seus relacionamentos. É por isso que, em grande medida, o grau de patologia não é curável. Para que haja algum progresso, a pessoa tem que começar com as capacidades fundamentais de mudança, crescimento e discernimento. Nos próximos capítulos, vamos conhecer as muitas razões dos déficits de desenvolvimento emocional dos psicopatas, suas alterações neurológicas, seu funcionamento cerebral e por que esse grupo de transtornos caracterizados por pouca ou nenhuma consciência não sustenta mudanças, não cresce e nem desenvolve um verdadeiro discernimento.

CONCLUSÃO

A compreensão das causas da patologia prepara o terreno para analisarmos, no restante do livro, o comportamento, os processos de comunicação e a dinâmica dos relacionamentos associados a ela.

Neste capítulo, analisamos o debate sobre "natureza *versus* criação"; no próximo capítulo, vamos falar a respeito de por que é difícil identificar a psicopatia – a começar por seus traços inatos singulares.

3

ELE ESTÁ VOANDO ABAIXO DO RADAR PARA SER DESCOBERTO
POR QUE ELA NÃO RECONHECE OS INDÍCIOS

"As pessoas não mudam, elas só trocam de roupa."
― *Gene Moore*

O que torna a psicopatia tão diferente, tão surreal, como se a mulher tivesse levado uma bofetada e quase caído no chão?

❖ A sensação de ter sido emocionalmente "atacada" por trás.
❖ A incapacidade de entender a violência emocional, física, espiritual e sexual que ela acabou de sofrer quando achava que estava com a pessoa mais maravilhosa do mundo.

Não dá para entender como um perigoso psicopata ficava encolhido ao lado dela como um gato manso. Metade da recuperação se baseia em apenas tentar descobrir "o que era AQUILO"?

A parte mais demorada da terapia é sempre ajudar a mulher a entender "o que" o psicopata *é*. O que ele faz, o que ele diz, como ele se sente, como ele raciocina, o que se passa em seu íntimo – todos esses traços estão muito distantes da experiência da pessoa comum. Para compreender o que aconteceu consigo, ela precisa aprender a entender os traços peculiares dele. A maioria das pessoas, não apenas ela, não consegue reconhecer esses traços e identificar a psicopatologia.

IRRECONHECÍVEL! EU NÃO ESPERAVA UM CAMALEÃO

Essas mulheres costumam ver as outras pessoas como um reflexo de si mesmas, ou seja, confiáveis e abertas. O psicopata entra na vida delas porque o governo não procura informar o público em geral sobre a psicopatia: o que ela é, o que ela causa e como ela afeta os outros. Ninguém consegue identificar aquilo que não sabe que existe. Sem informação adequada, a ideia que temos de como reconhecer psicopatas é a que vemos na mídia, nos livros, na televisão e nos filmes. Como resultado, embora os frequentadores de cinema e os espectadores de TV consigam reconhecer Jason em uma máscara de hóquei,* decerto eles só vão reconhecer um psicopata de verdade depois que o mal tiver sido feito. O verdadeiro psicopata tem características específicas contraditórias, dicotômicas e, sem dúvida, anormais, porém muito bem ocultadas!

Muitas vezes, a mulher se sente ridícula por ter deixado alguém com um distúrbio *tão grande* entrar na sua vida, e ela só reconhece os sintomas quando já não aguenta mais e está emocionalmente destruída. Bem-vindo ao mundo da psicopatia, onde muitas mulheres – a maioria, na verdade – não reconhecem os psicopatas! A principal característica desse transtorno é o comportamento social e a capacidade de ocultar a sua verdadeira natureza. Os psicopatas se entrosam, passam por "normais" e manipulam as pessoas, fazendo com que elas acreditem neles. Graças a esses traços camaleônicos singulares, eles conseguem circular livres sem ser reconhecidos. É por isso que Cleckley chamou esses traços de "Máscara da Sanidade", porque os psicopatas podem parecer uma pessoa normal e agir como uma pessoa normal (pelo menos durante um certo período). Até mesmo Robert Hare, especialista em psicopatia, sempre conta histórias de seus próprios equívocos com psicopatas e como foi enganado por eles. Quando vai a um presídio trabalhar, Hare *espera* que pelo menos um psicopata tente ludibriá-lo, e *ainda assim* se deixa enganar.

---

* Jason Voorhees, personagem fictício de *Sexta-feira 13*, série de filmes de terror. (N. T.)

De modo geral, as mulheres não acham que um psicopata vai aparecer na vida delas como um possível namorado. Elas acham que todos os Hannibal Lecters* estão trancafiados e que, nas reuniões sociais, é fácil identificar e evitar os psicopatas que assaltam bancos à mão armada. Como consequência, as pessoas não costumam "ficar alertas" em relação a eles. Se você perguntar às pessoas na rua se elas já conheceram um psicopata, a maioria dirá que não e que espera nunca conhecer. Existe uma ideia equivocada, porém comum, de que os psicopatas:

- ❖ são raros
- ❖ são essencialmente assassinos
- ❖ são no mínimo criminosos
- ❖ são incapazes de ter êxito na força de trabalho ou em ambientes sociais
- ❖ provavelmente têm "um carimbo na testa", como Charles Manson, que tinha uma suástica tatuada entre os olhos

Parece claro, com base no depoimento das vítimas, que o número de psicopatas que *não* são criminosos é bem maior do que muitas pessoas imaginam. Vestindo terno Armani e carregando uma pasta de 500 dólares, com energia contagiante ou talvez paixão por atividades ao ar livre, eles passam despercebidos no radar de uma mulher, ***porque não correspondem às expectativas dela de como se parece e se comporta um psicopata***. Calcula-se que um em cada 25 sofra de um "transtorno caracterizado por falta de consciência". Da próxima vez que estiver em um *happy hour*, saiba que, para cada 25 pessoas presentes, uma deve ser psicopata!

Além de não reconhecer os psicopatas, as pessoas comuns se deixam enganar por outros aspectos da psicopatia, como a carreira sempre bem--sucedida, a atitude não violenta, as raras emoções, o comportamento

---

* Hannibal Lecter é um célebre personagem de ficção criado pelo escritor Thomas Harris, que apareceu pela primeira vez no livro *Dragão Vermelho*, de 1981. No cinema, Hannibal estreou no filme *Caçador de Assassinos*, de 1986, mas foi apenas no filme *O Silêncio dos Inocentes*, de 1991, que o personagem, interpretado por Anthony Hopkins, ficou famoso. (N. T.)

manipulativo, o funcionamento cerebral anormal e a manifestação espiritual do "mal". Vamos analisar tudo isso neste e nos próximos capítulos.

AFORTUNADOS

As mulheres ficam impressionadas com o sucesso real ou aparente do psicopata e, por conseguinte, não enxergam a sua psicopatia. Existem milhões de personalidades patológicas que destroem a vida das pessoas, infringindo ou não as leis. Essas pessoas infelizmente nunca vão para a prisão, portanto, sua verdadeira natureza criminosa nunca é desmascarada. Elas são à primeira vista bem-sucedidas e podem ocupar a presidência em empresas, cargos elevados na política e posições respeitadas na área jurídica, na medicina e nas forças armadas. As mulheres que acreditam que todos os psicopatas são criminosos não os procuram no púlpito, no luxuoso escritório de cobertura nem no prédio do Congresso.

Cleckley observou que os psicopatas preferem posições que tenham poder sobre outras pessoas:

- ❖ médicos
- ❖ psiquiatras ou outras posições dentro de campos diversos da psicologia
- ❖ líderes religiosos
- ❖ líderes políticos
- ❖ advogados etc.

Os monstros de poder patológicos procuram qualquer lugar onde possam ter um cliente, um eleitor, um paciente, uma congregação ou seguidores. Algumas áreas, como a da medicina, da psicologia e da teologia, requerem empatia. Com base nessa premissa, psicopatas sem consciência podem se esconder entre profissionais verdadeiramente empáticos. Outras carreiras populares que os psicopatas usam para encobrir a sua falta de empatia são a política, o direito e a justiça criminal. Os psicopatas se entrosam tão bem nas áreas de serviço social que costumam "passar despercebidos" até mesmo entre os próprios colegas.

No entanto, nem todos os psicopatas são bem-sucedidos. Ironicamente, as mulheres na nossa pesquisa conheceram psicopatas com um tipo de carreira um pouco diferente. Mas quero que os leitores saibam que diversos psicopatas são muito bem-sucedidos. Quanto mais bem-sucedidos, mais se entrosam e mais difícil fica para qualquer pessoa reconhecer ou acreditar que eles sejam extremamente patológicos.

ASTUTOS, PORÉM NEM SEMPRE VIOLENTOS

Em geral, as mulheres não reconhecem o psicopata porque acham que as pessoas com transtornos perigosos são sempre violentas. De acordo com nossas pacientes, existem várias maneiras de ferir uma pessoa amada sem espancá-la ou matá-la. Apesar de nunca ter encostado a mão nelas, o dano psicológico, espiritual, sexual, financeiro e emocional causado por ele gera o transtorno de estresse pós-traumático e outros transtornos de longa duração. As vítimas em geral descrevem esse dano como horrível.

Quando não há violência física no relacionamento, muitas mulheres não percebem outros sinais de psicopatologia. Elas culpam a dinâmica do relacionamento ou a si mesmas, e a psicopatia do homem passa totalmente despercebida. Elas só o veem como ele de fato é quando já foram prejudicadas demais.

VIGARISTAS ARROGANTES

Uma mulher não suspeita que seu companheiro seja um psicopata porque jamais pensou que um homem fosse arruiná-la financeiramente. Ela acredita que em um relacionamento deve haver colaboração mútua, inclusive financeira, de modo que ela não procurou um vigarista. Muitos psicopatas são golpistas, espertalhões que confiscam recursos financeiros, apropriam-se de economias de toda uma vida, roubam fundos de pensão e, no entanto, nunca são pegos. Um dos sinais de psicopatologia é o estilo de vida "parasitário"; eles vivem à custa dos outros, mesmo que não precisem de dinheiro. Desde o início deste século, o noticiário está repleto de exemplos de vigaristas, serpentes de colarinho branco e trapaceiros, todos psicopatas. Quase 90% das mulheres que saíram de um relacionamento com um psicopata foram à falência. Muitas não conseguem entender por que o cara pegou o dinheiro e fugiu se tinha capacidade de ganhar o próprio dinheiro ou já tinha seu próprio dinheiro. Antes de julgá-los, lembre-se da capacidade de persuasão impressionante de Bernie Madoff, o maior fraudador do mercado financeiro norte-americano.

JOGOS MENTAIS AMEAÇADORES

As mulheres julgaram mal a patologia do companheiro devido a seus prolíficos jogos mentais. Ele usava técnicas de *gaslighting* para convencê-las de que estavam loucas. Algumas vítimas chamaram isso de "Tortura Mental", que fez com que proeminentes executivas, advogadas e médicas fossem internadas em instituições psiquiátricas para se recuperar. Coerção, guerra psicológica e sintomas da Síndrome de Estocolmo deixaram as vítimas traumatizadas, por obra de terroristas psicológicos de sorriso largo e fala mansa. Em vez de perceber que nunca se sentiu tão doente psicologicamente, ela se pergunta por que não está à altura do relacionamento. Deve haver alguma coisa errada com ela, como ele mesmo disse. As pessoas normais aceitam a culpa por seu comportamento, mas não um psicopata. Essa é uma característica da psicopatia. Ele mantém a mulher mentalmente desequilibrada ao projetar nela a culpa por seu próprio comportamento. Ela, então, gasta a maior parte da sua energia mental concentrada nele, tentando entender por que ele está fazendo isso com ela. Além disso, a mulher não percebe a habilidade que ele tem de mentir enquanto a olha nos olhos, pois essa não é uma característica normal das pessoas. Na verdade, o psicopata mente sem pestanejar, embora saiba que pode acabar sendo descoberto. Seus jogos mentais ameaçadores ajudam a fazer com que a sua patologia passe despercebida.

ÉTICA EXPLORADORA

As mulheres ficam confusas com o comportamento dicotômico do psicopata, pois seus atos não condizem com suas palavras. Embora ele possa *abraçar* um sistema de crenças ético, seu comportamento é diametralmente oposto a essas éticas. Apesar de ser muito persuasivo, o psicopata só pode responder aos valores éticos verbal e superficialmente. Sua atividade profissional não tem nada a ver com sua ética – ele pode ser um orientador de jovens, um professor de educação especial ou um médico missionário e ter a ética de uma serpente. As mulheres não percebem quem ele de fato é quando o ouvem falar sobre aquilo em que diz acreditar.

GERENCIAMENTO DE IMAGEM, APESAR DA FALTA DE CONSCIÊNCIA

A mulher fica desarmada pela capacidade que o psicopata tem de "se fazer de bonzinho" mesmo enquanto a explora. Ela não percebe que por trás de todo aquele charme ele está mentindo. Com seu carisma, senso de humor e otimismo (superficial), ele cai nas graças de todo mundo e ascende socialmente. Se sua máscara escorregar um pouquinho, ele dá um jeito de administrar a situação e recuperar a credibilidade.

O psicopata faz com que a mulher acredite que gerenciamento de imagem é sinônimo de bom caráter. Ela, por sua vez, não reconhece que, no fundo, ele não tem capacidade (com base nas suas funções cerebrais) de desenvolver consciência. Em vez disso, ele compensa com uma boa lábia, um bom gerenciamento de imagem e, em geral, sucesso e inteligência. Toda vez que ela ameaça descobrir seu verdadeiro comportamento, o psicopata recorre ao *gaslighting*. E ele voa tão abaixo do radar dela, que ela leva meses, ou anos, para cair na real. Depois que isso acontece, as outras pessoas, inclusive os familiares e amigos, também levam muitos anos para perceber a situação, se é que algum dia o fazem.

Voar abaixo do radar e esconder sua psicopatia não são as únicas coisas inusitadas no psicopata. Uma palavra muito usada para descrever o psicopata também ajuda a explicar por que ele parece desafiar a sua identificação – durante o namoro, quem é que está procurando o *"maligno"*?

EXPERIÊNCIA ESPIRITUAL DO MAL

Por último, um traço distinto que esconde da mulher a psicopatia é a "distorção" espiritual do psicopata. Nenhuma mulher no mundo achou que estava procurando o demônio para namorar. Muito provavelmente ela projetou nele a própria espiritualidade, dando-lhe uma qualidade que ele não tinha.[20] Em *People of the Lie*,[21] livro clássico sobre a maldade, M. Scott Peck descreve como o mal se esconde:

"Vemos o sorriso que esconde o ódio, o jeito manso e untuoso que mascara a raiva e a luva de veludo que cobre o punho. Como são grandes especialistas em disfarces, raramente é possível descobrir a natureza exata da sua maldade. O disfarce em geral é impenetrável."

Independentemente das crenças espirituais das mulheres – ateias, pagãs, cristãs, judias, budistas –, o adjetivo que elas mais usavam para descrever um psicopata era "maligno".

Elas com frequência descreviam o psicopata nada mais nada menos do que como um Assassino da Alma. Ele matava a essência existencial delas, o seu "eu" espiritual. De forma intuitiva, as mulheres rotulavam a experiência do dano causado por ele como "espiritualmente maligno", não apenas no contexto de outro traço de personalidade negativo, mas algo só vivenciado pelo espírito.

Será que o mal causado por esse Assassino da Alma é apenas psicológico, espiritual ou ambos? Todos aqueles que escrevem sobre o psicopata demonizado tentaram explicar no campo espiritual o que ele "*é*". Eles os descreveram como "desumanos" e "um catálogo de maldade humana". Peck dedicou um capítulo inteiro do seu livro *People of the Lie* a esse assunto. No capítulo "Toward a Psychology of the Evil", ele analisou se é um mal psicológico, espiritual, ambos ou algo totalmente não reconhecido.

---

[20] Lembre-se de que uma das incapacidades mencionadas é a incapacidade de desenvolver uma espiritualidade autêntica.

[21] Peck, M. Scott. *People of the Lie: The Hope For Healing Human Evil.* Nova York: Simon & Schuster, 1983.

"A maldade humana é importante demais para uma compreensão unilateral. E é uma realidade grande demais para ser compreendida com base em um único parâmetro [...]. Ainda não existe um corpo de conhecimento científico sobre a maldade humana que mereça ser chamado de psicologia. Por que não? Até agora ele está praticamente ausente da nossa ciência da psicologia."

Na psicologia, a nossa incapacidade cultural de definir a maldade do psicopata também tem constituído um empecilho para as mulheres que são vítimas desses indivíduos – elas também não conseguem reconhecer a maldade do psicopata. Como resultado, acabam com uma personificação do mal.

O psicopata muitas vezes é comparado com o Demônio, Satanás, Lúcifer, com a Escuridão Espiritual, com o Anjo Caído e muitas outras referências a manifestações religiosas da maldade.

Reiber e Vetter se referiram ao "demônio" como a encarnação da falta de consciência – tudo o que o psicopata "é". Para o psicopata, o demoníaco é um modo de vida e evoluiu através dos séculos, adquirindo uma "série de representações que vão desde o verdadeiramente bestial até o fino, sofisticado e bem-vestido".

A "Síndrome de Mefistófeles", na verdade, poderia ser também a síndrome psicopática. Ela é descrita como a personificação do demônio, da mesma forma que a psicopatia. Mefistófeles é um personagem do drama de Goethe, um clássico da literatura, em que o demônio que comprou a alma de Fausto se descreve como "uma parte daquela força que sempre deseja o mal" (atitude obviamente compartilhada pelo psicopata).

Na peça, embora Mefistófeles apareça para Fausto como demônio, um colaborador de Satanás, os críticos afirmam que ele não procura homens para corromper, mas que vem para ajudar, e no final arrebatar, a alma daqueles que já estão condenados. Mefistófeles não aparece para Fausto como um demônio sobre a Terra que vem tentar e corromper qualquer um que encontre pela frente. Ele aparece para Fausto porque o diabo pressente que *ele já é corrupto*, que por certo já está *correndo o risco da danação eterna*.

Talvez seja neste ponto que o mal psicológico e o mal espiritual se encontrem – no meio da via expressa da predisposição genética e do domínio espiritual. O psicopata também usa uma máscara, e se esconde atrás dela não apenas como *O Médico e o Monstro*, mas também como Satanás. Independentemente de o psicopata ter sido sempre ruim ou ter se tornado ruim, como alega Peck em *People of the Lie*, a maioria das pessoas que conheceu um psicopata está segura da sua natureza "satânica".

Não deveríamos ficar surpresos ao ver que o Velho Testamento (A Torá, judaica) e o Novo Testamento (A Bíblia, cristã) estão repletos de exemplos de patologia. Se acreditarmos que somos trinos – representados por corpo, mente e espírito –, de fato os textos espirituais também nos mostrarão como a mente e o espírito podem se extraviar e se transformar no mal.

Sempre perguntam ao Instituto se isso está, ou não, corroborado na doutrina espiritual, ou seja, o cristianismo. Embora o Instituto tenha a intenção de publicar um livro sobre como a patologia é mencionada nas Escrituras e está registrada desde o Jardim do Éden, pensei em usar alguns parágrafos para abordar a questão do mal psicológico e espiritual como documentado nas doutrinas judaica e cristã.

Recapitulando, o DSM-5, *Mulheres que Amam Psicopatas* e outros textos publicados descreveram o psicopata como alguém que:

- não obedece às leis ou normas/tem um comportamento ilícito, antiético e imoral
- é inescrupuloso
- mente
- trapaceia por diversão ou para obter lucro
- é impulsivo
- se quer alguma coisa, toma-a
- se vê alguma coisa, também o toma
- é agressivo
- tem descaso pela segurança alheia
- coloca as outras pessoas em risco
- é irresponsável, não oferece apoio aos outros

- não sente remorso
- racionaliza o roubo e a mentira
- finge ser uma pessoa maravilhosa, prestativa e solidária

Essa descrição também corresponde às referências ao demônio disfarçado de *"Anjo de Luz"* ou *"Satanás"* em algumas de suas formas mais atraentes e bonitas, chamando os outros para si antes de mostrar quem ele é de fato.

A tabela a seguir compara os traços de psicopatologia lado a lado. O conteúdo da primeira coluna foi extraído do DSM-5, que descreve as características dos transtornos da personalidade/sociopatia/psicopatia do Grupo B, de *Mulheres que Amam Psicopatas* e de outros textos publicados sobre patologia que fazem menção às características.

A segunda coluna foi extraída do Velho Testamento (da fé judaica) e do Novo Testamento (da fé cristã), como exemplos da definição do "mal". Definições semelhantes podem ser encontradas também em textos religiosos de outras religiões.

Tabela 3.1 Exemplos de psicopatologia
DSM-5, *Mulheres que Amam Psicopatas* e outros textos publicados *versus* Sagradas Escrituras

DSM-5, *Mulheres que Amam Psicopatas* e outros textos publicados	Sagradas Escrituras
Tem uma sensação grandiosa da própria importância e preocupa-se consigo mesmo	Quer ser venerado
Tem fantasias de poder, brilho, sucesso e dinheiro	Diz a Deus: "Eu SUBIREI, Eu ASCENDEREI [...]" (mostrando fantasias de poder)
Exige admiração excessiva	Ele diz: "Tu te PROSTARÁS diante de mim"
Acredita ser merecedor	Quer ter o mesmo poder de Deus, sente-se tão poderoso quanto Deus
Explora todos os relacionamentos	Tenta induzir os outros a fazer seu trabalho sujo no mundo
Carece de empatia	Tem inveja dos outros

DSM-5, *Mulheres que Amam Psicopatas* e outros textos publicados	Sagradas Escrituras
Tem uma atitude superior diante dos outros	Tem mais poder e autoridade que outros anjos
Despreza as outras pessoas, principalmente as autoridades	Luta contra Deus e quer o Seu Poder
Exerce poder e autoridade sobre os outros	É chamado de "Príncipe do Poder"
É orgulhoso	Seu coração está cheio de orgulho e desprezo
Joga as pessoas umas contra as outras	Fez com que 1/3 dos anjos se voltassem contra Deus e o seguissem
Destrói e engana as outras pessoas (e sente prazer nisso)	É chamado de "O Destruidor" e "O Enganador"
Com frequência é charmoso ou atraente	Lúcifer era chamado de "o mais belo", seu nome significa "portador de luz"
Com frequência é rejeitado, expulso, demitido, ou seu relacionamento é desfeito, por causa do seu comportamento	Deus o expulsou do Céu
São criados locais para contê-los, como cadeias, presídios e instituições mentais; além de modos de cerceamento, como liberdade condicional	Criou um local para contê-lo no futuro, o "Lago de Fogo"
Luta contra quaisquer regras e com as pessoas que tentam fazer com que ele as obedeça	Luta contra Deus para arruinar e impedir os planos Dele
Disfarça-se de qualquer coisa que você quer que ele seja	Disfarça-se de "Anjo de Luz"
Gosta de atemorizar e demonstrar poder para que tenham medo dele	Ronda como um leão que ruge
É ousado, astuto e ambicioso	Ousadia, astúcia sutil
É obstinado e arrogante	Narcisista, quer ser melhor que todo mundo. Disse: "Serei semelhante ao Altíssimo"

DSM-5, *Mulheres que Amam Psicopatas* e outros textos publicados	Sagradas Escrituras
Finge ser uma pessoa maravilhosa, prestativa e virtuosa	Muitos falsos profetas passaram pelo mundo (como ele) realizando "falsos sinais e maravilhas"
Acusa os outros	Chamado de "O acusador"
Torna-se adversário, inimigo, de qualquer um que se volte contra ele	Chamado de Serpente ou "Adversário"
É mentiroso, sedutor, ladrão	Satanás era chamado de mentiroso, ladrão e sedutor
Seus motivos são destrutivos para as outras pessoas	Seus motivos são enganar e afligir

Alguns textos espirituais deixam claro que o mal espiritual praticamente não pode ser separado do mal psicológico e vice-versa. No final, existem algumas coisas que não compreendemos por completo; por exemplo, como a esfera do espírito pode afetar a esfera psicológica ou como a patologia pode macular o espírito de alguém. Mas, para mim, e para centenas de vítimas, está claro que o "mal" abarca vocabulários e mundos de definições psicológicas e espirituais. A união espiritual de almas, quando unidas a um psicopata, não tem igual. Aqueles que se uniram na esfera espiritual podem atestar o mal presenciado nesse compartilhamento. Ainda temos muito a aprender sobre como a psicologia e a teologia se fundiram. Uma coisa é certa: a "maldade" passou despercebida no radar porque ninguém espera estar saindo com Mefistófeles.

CONCLUSÃO

Neste capítulo, abordamos algumas das questões relacionadas com os traços peculiares do psicopata e por que esses indivíduos conseguem enganar tantas pessoas durante tanto tempo. As mulheres muitas vezes precisam se perdoar por terem sido ludibriadas por alguém tão doente. Com toda a sinceridade, esse transtorno se oculta muito bem no seio da sociedade. Aceitação provavelmente é mais adequada do que perdão.

O capítulo incluiu os seguintes traços singulares nos psicopatas:

- são irreconhecíveis, se ocultam muito bem
- nem sempre são violentos
- arruínam financeiramente as mulheres
- fazem jogos mentais prolíficos
- possuem ética exploradora
- gerenciam a própria imagem, apesar da falta de consciência
- são uma experiência espiritual do mal

Com sintomas atípicos que a maioria das pessoas não procura em ninguém, o psicopata está livre para entrar e sair da vida das pessoas, deixando para trás muitas mulheres feridas. No entanto, o comportamento e as emoções não são os únicos aspectos inusitados de um psicopata. As diferenças biológicas em seu cérebro representam um novo território a ser explorado.

4

A NEUROCIÊNCIA DA PATOLOGIA DELE
DIFERENÇAS NA FUNÇÃO CEREBRAL

"Se quiser realmente entender uma coisa, tente mudá-la."
— Kurt Lewin

O cérebro tem a mesma propensão para apresentar alterações congênitas que o coração, os pulmões ou o sistema imunológico. Não questionamos o fato de uma criança nascer com um problema cardíaco, mas não acreditamos que uma criança possa nascer com um defeito no cérebro que afeta, sobretudo, o seu comportamento. É difícil entender que a melhor maneira de *enxergar* esse distúrbio é *ver* essa disfunção nos relacionamentos. Isso explica, em parte, por que as pessoas não suspeitam da psicopatia: porque elas não desconfiam que alguém aparentemente normal e em geral muito inteligente possa ter problemas cerebrais. A compreensão das diferenças cerebrais teve um enorme impacto na abordagem do Instituto para conscientizar a população da patologia. Talvez esse seja o aspecto mais importante que ensinamos para mudar a ideia que as mulheres têm dos psicopatas e a intensidade da conexão entre os dois.

Vamos analisar o funcionamento do cérebro e seu impacto na patologia. As descobertas das pesquisas mencionadas abaixo estão relacionadas com o cérebro de:

- ❖ psicopatas malsucedidos (aqueles que são apanhados)
- ❖ pessoas com transtorno da personalidade antissocial

- outros tipos psicopáticos
- pessoas com transtornos da personalidade do Grupo B
- e/ou perpetradores violentos

No termo abrangente que usamos para os psicopatas no Capítulo 1, agrupei esses transtornos para a compreensão das mulheres. Seguindo essa mesma abordagem, vou agrupar os problemas do cérebro para uma visão geral da extensa série de problemas associados ao grupo de transtornos caracterizados por pouca ou nenhuma consciência. *Observe como problemas semelhantes de impulsividade e incapacidade de aprender com as consequências negativas se repetem em várias regiões do cérebro e funções cerebrais, reforçando a disfunção.*

SISTEMA LÍMBICO

A região límbica do cérebro está relacionada:

- com a linguagem emocional
- com a comunicação
- com o processamento emocional

A região límbica inclui o hipocampo e a amígdala, que são descritos abaixo.

A região límbica é fraca nos psicopatas; por esse motivo eles têm que se esforçar para entender (porém, ironicamente, mesmo assim ainda manipulando) a linguagem emocional. Embora não entendam por completo alguns aspectos da linguagem emocional (pois ao que parece eles não têm todo o espectro emocional de sentimentos), esses déficits tornam-se bastante evidentes mais tarde no relacionamento, quando a mulher por fim percebe que ele não consegue compreender e/ou expressar de fato emoções reais. Apesar de aprender a "imitar e reproduzir" palavras emotivas para ela, não é a mesma coisa que ter inteligência emocional, compreensão e a linguagem emocional correspondente.

Em geral, o sistema límbico permite que as pessoas regulem de forma consciente e deliberada suas respostas emocionais. Porém, em um sistema límbico fraco, como o do psicopata, a incapacidade de autorregular os impulsos e as reações emocionais está repleta de possibilidades desastrosas.

HIPOCAMPO

O hipocampo é a parte do cérebro que:

* regula a agressividade e a impulsividade
* converte as informações em memória
* ajuda as pessoas a aprender em que situações devem ter medo

A questão da agressividade e da impulsividade não controladas está relacionada com várias regiões do cérebro e funções cerebrais, inclusive o hipocampo. O hipocampo estimula a periculosidade do psicopata e, em alguns aspectos, está associado à sua "incapacidade de manter mudanças positivas". Essa disfunção cerebral em particular é uma das principais características da psicopatia, bem como de outros transtornos da personalidade.

Os psicopatas têm dificuldade em transformar informações em emoções e formar novas memórias. Aqueles que apresenta déficits no hipocampo têm dificuldade para viver no momento presente e ficam presos às antigas memórias do passado.[22]

Muitos psicopatas falam bastante sobre o passado, mas apenas vagamente sobre o futuro e a parte que a mulher ocupa nele. Será que eles são incapazes de se preocupar com o futuro porque não estão muito interessados no que vai acontecer com o relacionamento?

Essa incapacidade de transformar informações sobre os relacionamentos em emoções também pode estar associada ao fato de seus vínculos parecerem tão superficiais. Eu me refiro a isso nas Incapacidades quando menciono a incapacidade de adquirir qualquer profundidade emocional ou espiritual. A incapacidade do sistema emocional de viver no momento presente, vivenciando

---

[22] Raine, A.; Ishikawa, S. S.; Arce, E.; Lencz, T.; Knuth, K. H.; Bihrle, S.; LaCasse, L.; Colletti, P. Hippocampal Structural Asymmetry in Unsuccessful Psychopaths. *Bio Psychiatry*, 55(2): 185-91, janeiro de 2004.

a emoção daquele momento, tem muito a ver com a incapacidade que eles têm de adquirir alguma profundidade emocional. Partes do seu espectro emocional têm deficiência das emoções que eles não vivenciam ou não estão aptos a sentir (como empatia, consciência, remorso, medo, tristeza e repulsa).

O processo de aprender quais situações devem ser temidas, chamado de "condicionamento do medo contextual", também é afetado negativamente. Raine comparou os psicopatas bem-sucedidos (que não foram apanhados) com os psicopatas malsucedidos (que foram apanhados). Nos psicopatas malsucedidos, o condicionamento do medo desempenha um papel no aprendizado dos conceitos do que fazer e do que não fazer – como aprender com as consequências das suas escolhas erradas. Aqueles que têm maior dano no hipocampo parecem não perceber os sinais que os ajudaram a prever punição e a reagir mudando seu comportamento. Raine também notou diferenças no tamanho e no formato do hipocampo dos psicopatas malsucedidos. A diferença de tamanho pode ser decorrente de uma anormalidade no processo de neurodesenvolvimento, que resultou em dificuldade de regulação emocional e falta de medo ou preocupação de ser descoberto.[23]

As mulheres têm dificuldade em entender *por que ele não mantém as mudanças positivas*. Um aspecto disso é a incapacidade que esses indivíduos têm de se beneficiar das suas experiências negativas, aprendendo com elas para não cometer novos equívocos.

Por fim, estruturalmente há uma alteração no circuito que liga o hipocampo à região cerebral vizinha, que contribui não apenas para a impulsividade e a falta de controle já mencionadas, mas também para as anormalidades emocionais de modo geral.[24]

Os problemas do hipocampo e a impulsividade resultante não são observados apenas em psicopatas, mas também em alguns transtornos da personalidade, intensificando os comportamentos relacionados com mentira, roubo e infidelidade. Tudo isso acaba prejudicando seus relacionamentos.[25]

---

[23] *Ibid.*

[24] *Ibid.*

[25] Oakley, Barbara. *Evil Genes: Why Rome Fell, Hitler Rose, Enron Failed, and My Sister Stole My Mother's Boyfriend*. Nova York: Prometheus Books, 2007.

É por isso que esses comportamentos são vistos com tanta frequência no grupo de transtornos caracterizados por pouca consciência.

CORPO CALOSO

A região do corpo caloso é um feixe de fibras nervosas que conectam os dois hemisférios do cérebro, fazendo com que funcionem em harmonia para:

- ❖ processar informações
- ❖ produzir emoções e conexão social
- ❖ regular o comportamento

Na maior parte das vezes, o hemisfério esquerdo processa informações de forma analítica e sequencial e auxilia na compreensão e no uso da linguagem, enquanto o hemisfério direito processa informações e auxilia na percepção da experiência emocional.[26]

No entanto, existem algumas diferenças nos psicopatas.

Por exemplo, essa região do cérebro dos psicopatas é mais ou menos 23% maior e 7% mais longa do que a do cérebro de outras pessoas. A velocidade com que os psicopatas transmitem informações de um hemisfério ao outro demonstrou ser anormalmente alta, prejudicando a forma como elas são processadas.[27]

Essa rapidez na transmissão de informações pode fazer com que o indivíduo não perceba as dicas e pistas emocionais e cometa erros na leitura das situações, respondendo a elas sem refletir. Como essas duas regiões do cérebro dos psicopatas têm menor capacidade de enviar informações e responder de modo correto a elas, a competição entre os dois hemisférios dificulta a compreensão e a produção da linguagem.[28] (Entretanto, é preciso dizer que os psicopatas conseguem captar muito bem outros tipos de dicas e pistas, que serão analisadas mais adiante.)

---

[26] *Ibid.*

[27] USC Study Finds Faulty Wiring In Psychopaths, *Science Daily*, março de 2011.

[28] O Capítulo 5 é dedicado à comunicação e à linguagem.

Isso não é diferente do que acontece em casos graves de epilepsia, em que essa é a área do cérebro afetada pela doença. Nesses casos graves, o corpo caloso às vezes é seccionado cirurgicamente, produzindo o que chamamos de "pacientes com cérebro dividido". É interessante notar que esses pacientes parecem ter sintomas semelhantes aos dos psicopatas, cuja transferência de informações também é "cortada" de maneira menos cirúrgica em seu cérebro deficiente. Em alguns casos, os pacientes com cérebro seccionado desenvolvem patologias bizarras. Uma delas é chamada de "Síndrome da Mão Alienígena" ou "Síndrome da Mão Alheia", em que uma das mãos adquire vida própria. E quando mostram ao paciente um objeto que está em seu campo visual esquerdo, ele não consegue dizer o nome do objeto, apesar de reconhecê-lo. O centro da linguagem e os campos visuais não conseguem se comunicar ou retransmitir essa informação.

Eis a parte interessante: a falta de comunicação entre os hemisférios cerebrais (muito semelhante ao que o psicopata enfrenta) faz com que esses indivíduos desenvolvam "uma personalidade dupla, cada uma delas vagamente associada a cada hemisfério, uma espécie de efeito do Médico e o Monstro".

De maneira interessante, o psicopata costuma ser chamado de "o Médico e o Monstro", pois também parece ter personalidade dupla, talvez pela falta de processamentos de informações entre os dois hemisférios.

De longe, a consequência mais assustadora relacionada ao tamanho aumentado do corpo caloso é o fato de ele produzir menos remorso, menos emoções, menos reações emocionais e menos conexão social. Todas essas são características clássicas de um psicopata, segundo Raine.

Os psicopatas têm uma forte reação a agressões e podem se tornar rapidamente agressivos nos relacionamentos. Defeituoso, o "sinal vermelho" que regula o comportamento não responde bem à própria crescente agressividade do psicopata. Esse fator por si só aumenta o problema da letalidade nesses relacionamentos.

Por fim, o corpo caloso prejudicou a capacidade de ele regular outros comportamentos impulsivos, como vícios, compulsão por jogo ou sexo. Vamos analisar como os problemas de impulsividade também se repetem na amígdala.

AMÍGDALA

A parte do cérebro que corresponde à amígdala também:

- regula a impulsividade
- regula as reações de lutar ou fugir

... e demonstrou ser menos reativa nos psicopatas. Essa reação lenta está relacionada com suas respostas de lutar ou fugir, que fazem com que eles sintam a inquietação que vimos em um capítulo anterior associada aos seus impulsos motivacionais.[29]

A amígdala produz uma necessidade de "reforçar" essa busca por excitação e comportamento de risco do psicopata. O psicopata pode reagir de modo não deliberado a qualquer impulso que sentir e ir de "zero a um comportamento impulsivo" em segundos. Muitas mulheres disseram que viram reações automáticas em que a capacidade de refletir sobre opções parece passar com rapidez para um comportamento puramente impulsivo. As mulheres começaram a entender que essa ação reativa está associada a um incrível comportamento impulsivo relacionado com sexo, gastos e até mesmo abuso de substância.

O controle dos impulsos em geral tem uma reação temperamental involuntária chamada *Evitação de danos*, decorrente do sentimento de medo. O medo controla os nossos impulsos e opera nosso **"sinal vermelho"** interno mais do que qualquer outra força ou sentimento. Os cientistas concordam em que, embora os psicopatas às vezes sintam medo e ansiedade (apesar de em um grau muito menor do que as outras pessoas), essas emoções não *influenciam* o seu comportamento, como ocorre nos indivíduos normais. O **"sinal vermelho"** não funciona direito nos psicopatas, e é por isso que eles buscam o prazer sem ligar para as consequências.[30] Mais tarde, falaremos em mais detalhes sobre essa reação de medo. O que eu gostaria

---

[29] Oakley, Barbara. *Evil Genes: Why Rome Fell, Hitler Rose, Enron Failed, and My Sister Stole My Mother's Boyfriend*. Nova York: Prometheus Books, 2007.

[30] Contribuição da dra. Liane J. Leedom.

que você entendesse, no entanto, é que com o hipocampo e a amígdala deficientes, estruturas que regulam a impulsividade, podemos ver *por que* a impulsividade é uma característica sempre presente no grupo de transtornos de pouca ou nenhuma consciência!

REGIÃO ORBITOFRONTAL DO CÉREBRO

A região orbitofrontal do cérebro:

- ❖ organiza o comportamento
- ❖ ajuda a aprender com a punição
- ❖ está relacionada com a motivação
- ❖ é responsável pela empatia e discernimento
- ❖ controla a impulsividade e a irresponsabilidade

Essa área afetada faz com que os psicopatas tenham dificuldade em organizar o próprio comportamento, que de qualquer maneira parece estar bastante desregulado, nos seus relacionamentos. Ela reduz a capacidade do psicopata de controlar seus impulsos e sua motivação. Embora não seja nenhuma surpresa, ela também parece impedir que esses indivíduos aprendam com a punição e tenham discernimento.[31] Como você se lembra, na lista de Incapacidades está "a incapacidade de perceber como seu comportamento negativo afeta as outras pessoas". Esta é uma possível razão biológica para isso.

Os psicopatas não aprendem com a punição; no passado, acreditava-se que esse fato estava mais associado à "teoria da criação" de influência do ambiente social – um comportamento obstinado ou de pura dominação. Entretanto, a região orbitofrontal sem dúvida contribui para esses comportamentos.

Relacionados com o fato de o psicopata não aprender com as consequências negativas dos seus atos estão as múltiplas regiões do cérebro que afetam seu raciocínio moral, e o motivo pelo qual eles agem dessa maneira.

---

[31] Kiehl, K.; Bates, A.; Laurens, K.; Hare, R.; Liddle, Peter F. Clinical Cognitive Neuroscience Laboratory (impresso). Brain Potentials Implicate Temporal Lobe Abnormalities in Criminal Psychopaths.

MÚLTIPLAS REGIÕES DO CÉREBRO RELACIONADAS COM O JUÍZO MORAL AFETADO

Não demora muito para que as mulheres percebam que a bússola moral interna do psicopata não está funcionando. Existem deficiências funcionais e/ou estruturais que afetam o raciocínio moral das pessoas com transtorno antissocial. Esse problema está relacionado com o comportamento de infringir regras ativado no juízo moral. As pessoas com transtorno antissocial têm mais dificuldade em *sentir* o que é moral do que em *saber* o que é moral. Elas sabem distinguir o certo do errado, mas o reconhecimento cognitivo, ao que tudo indica, não inclui a inibição do comportamento. Ou seja, não detém o comportamento. Elas continuam propensas a fazer o que é errado do ponto de vista moral.[32] Esse aspecto por si só causa danos inevitáveis às mulheres que estão se relacionando com alguém cuja bússola moral está biologicamente quebrada, deixando-o (e a ela) predisposto aos seus comportamentos sexuais, criminosos e ilegais.

Cleckley havia observado previamente que esses indivíduos têm uma excelente capacidade de juízo moral quando discutem situações *hipotéticas*, mas não conseguem aplicar esse excelente conceito moral para nortear o seu comportamento.[33] Muitos defendem teorias éticas como seu sistema de crenças, porém eles mesmos não seguem nenhuma dessas condutas éticas e não veem contradição em acreditar em algo que eles mesmos não fazem.

Não é apenas a função dos princípios éticos que foi afetada. Os problemas funcionais e estruturais relacionados com essas diversas regiões do cérebro abrangeram a redução do metabolismo da glicose, um fluxo sanguíneo menor em algumas áreas e a redução da massa (ou substância) cinzenta nos indivíduos agressivos/violentos/antissociais.[34]

---

[32] Raine, A.; Yang, Y. Neural Foundations to Moral Reasoning and Antisocial Behavior. *Social Cognitive Affect Neuroscience Journal*, 1(3):203-13, dezembro de 2006.

[33] Isso é semelhante ao que foi mencionado antes: que eles são bons com ética hipotética, mas não com ética comportamental real.

[34] Raine, A. e Yang, Y. Neural Foundations to Moral Reasoning and Antisocial Behavior. *Social Cognitive Affect Neuroscience Journal*, 1(3):203-13, dezembro de 2006.

Outros estudos descobriram que 64% das pessoas violentas têm lobo frontal anormal, 50% apresentam níveis de atrofia cerebral e 40% apresentam alterações eletroencefalográficas (EEG).[35]

As regiões cerebrais não são as únicas áreas afetadas. Vamos dar uma olhada também em outras áreas problemáticas.

QUÍMICA CEREBRAL

A região cerebral não é o único problema na psicopatia e em alguns transtornos da personalidade. A química cerebral é da mesma forma afetada. A recepção de serotonina (5-HT) desempenha um papel no controle da agressividade (ou não!) e predispõe as pessoas à impulsividade e à instabilidade emocional, que, como vimos, estão abundantemente ativas nesses transtornos caracterizados por pouca consciência.[36]

A serotonina é importante porque regula o controle dos impulsos, a ingestão de álcool, o humor e a agressividade. Quando os níveis de serotonina estão baixos, ocorre um aumento de problemas relacionados com impulsos, violência, hiperatividade, alcoolismo, agressividade e abuso de drogas.[37]

Existem algumas correlações interessantes entre níveis alterados de enzimas cerebrais e comportamento patológico. Quanto mais baixos os níveis de monoaminoxidase (MAO) cerebral, mais eles tiram vantagem dos outros e mais temperamentais e vingativos eles são. Esses níveis enzimáticos alterados estão associados a toda uma gama de comportamentos antissocial, agressivo e criminoso, o que nos mostra mais uma perspectiva das possíveis diferenças no cérebro das pessoas afetadas pela psicopatologia.[38]

---

[35] *Truthoughts Corrective Thinking Treatment Model* (PowerPoint).

[36] Oakley, Barbara. *Evil Genes: Why Rome Fell, Hitler Rose, Enron Failed, and My Sister Stole My Mother's Boyfriend*. Nova York: Prometheus Books, 2007.

[37] *Truthoughts Corrective Thinking Treatment Model* (PowerPoint).

[38] Oakley, Barbara. *Evil Genes: Why Rome Fell, Hitler Rose, Enron Failed, and My Sister Stole My Mother's Boyfriend*. Nova York: Prometheus Books, 2007.

GENÉTICA

Do ponto de vista genético, existem informações igualmente contundentes de que essas pessoas "nascem" com um conjunto de patologias genéticas. Os cientistas já localizaram genes em determinados cromossomos que criam tipos de doença mental, como transtorno bipolar e esquizofrenia. Nos dias de hoje, eles estão usando essas novas pesquisas para descobrir o que contribui para o desenvolvimento da patologia genética. Corroborando esse fato, já foram encontradas vulnerabilidades genéticas que causam diferenças no neurodesenvolvimento de crianças que têm traços relacionados com o comportamento psicopático, bem como vários genes relacionados a comportamentos associados a transtornos da personalidade.

Foram feitas descobertas semelhantes na genética e no tamanho e formato do cérebro relacionadas com transtornos da personalidade. Geneticamente, um único traço capaz de afetar muitos genes parece estar por trás dos transtornos da personalidade, e o gene que codifica a MAO-A foi ligado aos transtornos da personalidade do Grupo B e também à agressividade.[39]

Estamos começando agora a desbravar o território da biologia dos transtornos da personalidade, da patologia e da genética comportamental. A cada década, nós não apenas aumentamos a nossa compreensão da mente e de como ela está comprometida na patologia, mas também do cérebro e do DNA genético que nos tornam quem somos e *"o que"* fazemos!

CONCLUSÃO

Espero que o destaque deste capítulo sobre neurociência tenha sido o reforço constante nas funções cerebrais alteradas do psicopata relacionadas **com comportamento impulsivo e agressivo**. Vimos quantas vezes a impulsividade, o comportamento agressivo e a incapacidade de aprender com as consequências negativas foram mencionados em relação à função cerebral.

---

[39] *Ibid.*

O psicopata está biologicamente programado para isso em diversos níveis, desde as regiões cerebrais até os circuitos cerebrais, passando pela química do cérebro.

Se as mulheres se perguntavam o que "elas" poderiam fazer para ajudar o companheiro ou como poderiam mudar "de modo positivo" seu relacionamento, acho que este capítulo também esclareceu isso.

Vou examinar agora por que discutir o comportamento do psicopata ou o relacionamento provavelmente não produzirá nenhuma mudança nele, mas apenas fará com que a mulher ache que está ficando louca. Não é fácil falar a língua de um psicopata.

5

ELES NÃO FALAM A MESMA LÍNGUA
GUIA PARA A LINGUAGEM DO PSICOPATA E BARREIRAS DE COMUNICAÇÃO

> *"Podemos conhecer o caráter de um homem e a sua idade não apenas pelo que ele faz e diz, mas também pelo que ele deixa de dizer e fazer."*
> – Norman Douglas

Outro traço peculiar do psicopata, que além de frustrante é provavelmente uma das razões pela qual ele passa despercebido, é a maneira dissimulada (porém distorcida) pela qual ele se comunica. Por um lado, o psicopata parece ser um Mestre da Comunicação, seduzindo todos aqueles que estão à sua volta e que ficam extasiados com suas histórias, seu humor, sua intensidade ou seu carisma. Por outro lado, há muita coisa nessa comunicação que não é "normal", que na verdade é confusa e uma forma de manipulação psicológica.

No último capítulo, falei sobre a disfunção cerebral, um fator muito importante para que possamos compreender o comportamento do psicopata e que nos ajuda a entender que, com anomalias cerebrais tão graves, não admira que seus relacionamentos sejam repletos de problemas. No entanto, para compreender esses relacionamentos é importante também saber o que *está* e o que *não está* acontecendo na comunicação com o psicopata e por quê.

Esses problemas não são causados apenas por impulsividade e agressividade, mas também inevitavelmente pela comunicação gerada *por* um cérebro com um distúrbio tão imenso. Neste capítulo (e de forma mais detalhada mais adiante na seção sobre relacionamentos), vou falar sobre a dinâmica da comunicação. Vamos ver por que as mulheres dos psicopatas ficam tão confusas com relação:

- ao que ele está falando
- a por que ele está falando aquilo
- a como suas palavras se tornaram rebuscadas e contraditórias

Em primeiro lugar, vamos analisar alguns dos desafios que ela *não vai* superar ao tentar se comunicar com um psicopata. O psicopata não tem habilidade com alguns elementos da comunicação, mas com outros ele tem, mesmo que seja pela razão errada.

Figura 5.1   Em que o Psicopata É Ruim e em que Ele É Bom

Ele É Ruim em	Ele É Bom em
Linguagem abstrata	Linguagem concreta
É insensível a alguns conceitos emocionais	Fala com fluência e esconde os problemas de comunicação
Sua motivação para a comunicação é tortuosa	Muda o significado semântico das palavras
Sua linguagem é contraditória	Imita e reproduz as palavras e os gestos da mulher
Não tem processamento emocional relacionado com empatia, consciência, remorso, medo, tristeza e repugnância	Tem sexto sentido predatório para solidão, sofrimento e vulnerabilidade
Evita falar sobre coisas que não quer	Pistas não verbais, como linguagem corporal, linguagem do olhar, gestos e movimentos

Tudo isso se manifesta da seguinte maneira...

LINGUAGEM E CONCEITOS

Palavras abstratas

Assim como a função cerebral é um dado da sua biologia, os problemas de linguagem também são um dado da patologia. Embora o psicopata tenha a predisposição inata (biologia) e o desejo de ludibriar (motivação) discutidos a seguir, outras dinâmicas estão em jogo enquanto ele está tentando se "comunicar". Vou começar com o que pode sair errado com o uso da linguagem – dela ou dele.

A comunicação é composta de linguagem concreta e abstrata, ou palavras. Abstrato é tudo aquilo que é intangível ou não tem forma física. Muitas pessoas usam tanto palavras concretas quanto abstratas na sua comunicação diária. Os psicopatas, porém, têm dificuldade com o uso da linguagem abstrata. Eles são muito melhores com palavras concretas.[40]

Com o tempo, as mulheres reconhecem que esse "mestre em linguística" surpreendentemente tem problemas de comunicação. Alguns indícios frequentes de que ele faz uso equivocado das palavras abstratas são:

- ❖ Olhar inexpressivo quando usa palavras que aparentemente não entende.
- ❖ Quando responde à mulher sobre o contexto de uma palavra, usa essa palavra de maneira incorreta.
- ❖ Muda de assunto quando surgem palavras que ele não deseja discutir.
- ❖ As palavras abstratas e os assuntos relacionados são considerados proibidos, portanto ele não discute mais essas palavras e esses conceitos.
- ❖ As palavras e seus conceitos são rebaixados e rotulados como idiotas para evitar que a mulher queira discutir conceitos "idiotas".

Embora seu QI provavelmente seja satisfatório (se não for elevado), é o caráter abstrato da linguagem que faz com que o psicopata sinta-se um "peixe fora d'água" quando as palavras ultrapassam a sua compreensão emocional.

Às vezes, o psicopata finge que entendeu mal de propósito só para aborrecer a mulher. Alguns são sádicos. A dor dela é seu prazer, ou em alguns casos até mesmo erótica. Observá-la sofrer com a incapacidade de se comunicar com ele com certeza lhe causa prazer.

---

[40] Kiehl, K.; Hare, R.; McDonald, J.; Brink, J. Semantic and Affective Processing in Psychopaths: An Event-Related Potential ERP Study. *Psychophysiology*, 36, pp. 765-74. Cambridge University Press, 1999.

Conceitos abstratos

Não é só com palavras abstratas que o psicopata tem problema, mas também com conceitos abstratos sobre o relacionamento. Ele é insensível a alguns conceitos emocionais que estão em parte relacionados com a questão da linguagem abstrata. Durante uma discussão, a mulher fica chocada com o fato de estar abrindo seu coração para a mais insensível das criaturas, que não se comove nem um pouco com o sofrimento dela. (Na fase da sedução, ele finge muito bem que compreende os sentimentos dela.)

Para ela, não faz nenhum sentido que alguém que usa a linguagem como um instrumento bem afiado também tenha dificuldade com essa mesma linguagem. Como é que uma serpente diabólica tão persuasiva fala tão bem, mas entende tão pouco dos conceitos de relacionamento? O que ela não percebe é que aquilo em que ele consegue ser *persuasivo* e aquilo que ele consegue *compreender conceitualmente* podem ser duas coisas distintas. É bem possível que ela fique surpresa com o contraste entre a capacidade dele de se expressar bem, mas se relacionar mal. Com o tempo, embora não de imediato, ela começa a perceber o que está faltando na linguagem, na comunicação e no significado que está *por trás* disso. Aqui estão algumas das palavras e conceitos abstratos que os psicopatas talvez tenham dificuldade de entender:

amor	humanidade	princípios éticos
bondade	humor	problemas de comunicação
compaixão	identificação	real
comprometimento	interpretação	realidade
consensual	justiça	reciprocidade
coragem	lealdade	saudável
democracia	liberdade	sensação
empatia	lições	sentimental
esmero	paz	soluções
fé idealista	pobreza	tensão
futuro	princípios	tolerância

Com base nessa breve lista, podemos ver como uma mulher que usa conceitos abstratos para falar sobre emoções e traços de relacionamentos não consegue estabelecer uma comunicação de verdade com um psicopata que possui apenas uma compreensão concreta. Depois da fase da lua de mel, ela acredita que para corrigir os erros do seu relacionamento ela precisa se comunicar mais. Mas isso não ajuda.

Semântica e significado

Outra questão relacionada com a linguagem e a psicopatia é o problema da semântica.[41] As mulheres ficam frustradas com o uso e a visão "peculiares" da linguagem por parte do psicopata – ou a semântica, o *significado* de uma palavra. Muitas vezes chamamos o abuso de semântica do psicopata de "uso de brechas" ou "distorção das palavras" – o hábito de procurar maneiras de evitar o uso tradicional do significado que está por trás das palavras. Por que as mulheres ficam atrapalhadas ao tentar falar a mesma língua do psicopata para entender o que ele quer dizer?

Quando as pessoas normais se comunicam, elas falam na maioria dos casos "a mesma língua". No entanto, com um psicopata:

- ela fala maçã e ele ouve laranja
- ela fala maçã e ele tenta fazer uma laranja parecer uma maçã
- ela fala maçã e ele diz que a maçã não é de fato uma maçã

Eles não falam a mesma língua. Portanto, quando a mulher pergunta: "Você me ama?", temos de perguntar que "significado" a palavra "amor" tem para o psicopata. Tendo em vista a dificuldade dele com palavras abstratas, o que será que isso significa para ele? Com toda a probabilidade tem outro significado. O significado mais próximo da palavra "amor" para ele é a mulher se submeter ao domínio dele. Não era isso que ela queria dizer (obediência) quando usou a palavra "amor".

---

[41] Semântica é a interpretação de uma palavra ou frase; o "significado" que ela carrega e que está por trás dela.

Aqui está um guia do possível significado que palavras associadas em geral aos relacionamentos têm para o psicopata:

Figura 5.2 Guia de Linguagem das Pessoas Normais *versus* Linguagem dos Psicopatas

Linguagem das pessoas normais	Linguagem dos psicopatas
Amor	Obediência por parte dela
Confiança	Paranoia
Comunicação	Oportunidade
Vínculo	Apego
Preciso de você	Quero você
Mentira	Essa é a minha verdade
Roubo	Empréstimo
Traição	Nivelando o campo de jogo
Monogamia	Monogâmico naquele momento
Futuro	Agora
Princípios éticos	Cada um na sua
Interpretação	Como o psicopata vê a questão
Problemas	Quando ela enche a paciência dele
Humanidade	Otários
Coragem	Ausência de medo
Sentimental	Perigosamente suave
Fé	Não é um fato

Com significados distorcidos como esses, como pode ocorrer uma comunicação de verdade? E de que modo ela poderia não ser inevitavelmente prejudicada por esse nível de distorção de linguagem e patologia do relacionamento?

Criação de brechas, deturpação de palavras e evitação da compreensão

O abuso da semântica pelo psicopata com frequência é chamado de "criação de brechas" ou "deturpação de palavras", o que significa encontrar maneiras de evitar o uso tradicional da palavra para poder converter a linguagem de maneira a que ela apoie suas opiniões e desejos manipulativos. O homem só é limitado pela sua própria imaginação de como a deturpação ou a evasiva poderão beneficiá-lo. Por exemplo, ele poderá:

- deixar de responder as perguntas
- responder com outra coisa não relacionada com o assunto
- redirecionar a pergunta para a mulher
- deturpar uma palavra na frase e transformá-la em uma briga
- fazer referência a outras discussões
- usar frases que desviam a atenção da mulher para que ela precise pedir explicações a ele, o que possibilita que ele escape da discussão original
- usar o *gaslighting* para distorcer a realidade da mulher
- projetar seu comportamento nela
- contar longas histórias para evitar a discussão original
- usar uma palavra para expressar uma ideia, mas o emprego normal dessa palavra expressa outra coisa

Essa lista reflete as maneiras como o psicopata distorce e evita o significado. Sua comunicação fragmentada nada mais é do que uma linguagem enganadora.

No livro *Malignant Self Love,* Sam Vaknin descreve a linguagem patológica da seguinte maneira:

"A linguagem é uma arma de autodefesa. Ela é usada para repelir, esconder e escapar, evitar, disfarçar, mudar a semântica, não dizer nada extensamente, usar uma sintaxe evasiva, se disfarçar como a origem da informação, falar 'para' os outros e fazer preleções, usar sua própria linguagem particular, enfatizar suas teorias de conspiração, rumores e fobias. A linguagem não é para comunicar e sim para encobrir; não é para compartilhar e sim para se abster; é para discordar sem incorrer na ira; para criticar sem se comprometer; para concordar sem parecer fazer isso. A linguagem é uma arma, um trunfo, um item de propriedade letal, uma concubina a ser submetida ao estupro coletivo. A linguagem é uma amante, composição, porém não conteúdo."

Linguagem contraditória

O psicopata também é contraditório com sua linguagem. Ele diz uma coisa e, na frase seguinte, afirma o oposto, de forma tão intensa como se não tivesse dito a primeira frase. Tentar acompanhar seus pensamentos e declarações pode causar na mulher graves consequências. Embora a contradição pudesse ser gerada pelo uso inapropriado da linguagem abstrata, o desejo dele de iludir, ou o seu prazer sádico, também existe uma razão biológica na estrutura defeituosa do cérebro para que as contradições possam acontecer. Ele pode ter um problema entre os hemisférios direito e esquerdo do cérebro relacionado com a maneira como a linguagem é (ou não é) processada. Seus percalços ocultos de comunicação e subsequentes disfarces estão às vezes associados ao que é chamado de "hemisférios cerebrais fracos ou singularmente lateralizados".[42]

Novas evidências experimentais indicam que o que é chamado de "processos de linguagem bilaterais" são característicos dos psicopatas. Esses processos produzem a tendência de os psicopatas fazerem declarações contraditórias. Os pesquisadores acreditam que o uso contraditório de declarações está relacionado com cada hemisfério cerebral tentando ter o controle da linguagem, mas produzindo um discurso que é deficientemente integrado.

Embora seja difícil saber *que* razão o psicopata usa para criar contradições, as mulheres disseram que essa é uma das características que definem o psicopata e que ilumina a divisão Médico/Monstro nele – as declarações

---

[42] Kiehl, K.; Hare, R.; McDonald, J.; Brink, J. *Society for Psychophysiological Research*, 1999.

dicotômicas e contraditórias do psicopata (serão tratadas com mais detalhes nos capítulos posteriores). Essas graves contradições contribuem para o desenvolvimento da dissonância cognitiva na mulher e que será um dos seus maiores sintomas consequentes. Essas declarações contraditórias criam não apenas uma divisão emocional nela, como também uma total confusão a respeito da estabilidade do relacionamento e desafia todo o processo de comunicação.

A AUSÊNCIA DE PROCESSAMENTO DA LINGUAGEM EMOCIONAL

Já vimos que o psicopata tem importantes problemas tanto com as palavras quanto com os conceitos abstratos. Ele se esquiva criando brechas, deturpando as palavras, inventando os próprios significados dele, e até mesmo se contradiz. Além desses obstáculos dentro de *si próprios,* os psicopatas também têm muitos problemas com as emoções das *outras* pessoas.

Testes de associação de palavras realizados com psicopatas revelam que algumas palavras emocionais são processadas no seu cérebro da mesma maneira que palavras neutras.

"Você partiu meu coração e estou arrasada porque você me enganou!" é percebido de uma maneira semelhante a "Você pode me passar a manteiga?".

Isso pode estar de alguma maneira relacionado com o problema que eles têm com a linguagem abstrata mencionado antes, mas também está conectado com a incapacidade deles de processar palavras e sentimentos emocionais específicos. Os psicopatas e o grupo do transtorno das pessoas com pouca consciência têm déficits relacionados com sentimentos que eles:

- ❖ não vivenciam
- ❖ vivenciam em um grau tão baixo que os sentimentos se tornam em particular anormais ou neutros
- ❖ vivenciam como altamente distorcidos

Esses sentimentos estão relacionados com a empatia, o remorso e a consciência. No entanto, foi levantada a possibilidade de que os psicopatas possam ter, além disso, dificuldades em processar outras emoções relacionadas com a tristeza, o medo e a repulsa.[43]

O psicopata não tem total consciência da sua falta de conexão emocional, já que ele sempre foi assim. Embora os psicopatas tenham orgulho de não ser prisioneiros das suas emoções, eles carecem do discernimento de quanto são deficientes nos seus relacionamentos.[44] O psicopata não compreende os argumentos da mulher a respeito das respostas frias e distantes que ele dá, a não ser na medida em que estas provoquem um "desacordo" no relacionamento e ele precise descobrir uma maneira de reverter isso para ela.

Sendo o bom vendedor que é, ele atribuirá novos rótulos aos sentimentos dela, dará uma interpretação à situação que o favoreça e jogará as palavras de volta para ela. Embora ele talvez não entenda ou sinta de verdade empatia pelas palavras dela, mesmo assim pode distorcê-las e reciclá-las em outra coisa. Quando a mulher traz à baila a necessidade de ser ouvida ou tenta mais intensamente explicar suas emoções, o psicopata remove a comunicação dela por meio da sua própria "condição magoada". Ao procurar um alçapão que permita que ele interrompa o diálogo a respeito de algo que ele não pode fingir que entende, ele usará qualquer coisa para descartar a conversa.

Parodiar e Papaguear

Mímico *substantivo* Ator, representante, intérprete, ator itinerante
Parodiar *verbo* Imitar ou exagerar (na postura ou em gestos), com frequência de uma maneira cômica
Papaguear *verbo* Repetir as palavras de outra pessoa sem compreendê-las[45]

Embora possa ter dificuldade para processar sentimentos específicos, o psicopata aprende como a mulher usa as palavras e a maneira como ela percebe o significado da palavra, e as papagueia de volta para ela, mesmo sem entender o que a palavra significa. Embora os psicopatas possam ter problemas para

---

[43] Kosson, Suchy & Mayer. *Emotion*, v. 2, nº 4, pp. 298-411, 2002.
[44] Oakley, Barbara. *Evil Genes: Why Rome Fell, Hitler Rose, Enron Failed, and My Sister Stole My Mother's Boyfriend*. Nova York: Prometheus Books, 2007.
[45] Webster's Collegiate Thesaurus.

sentir emoções, eles por certo podem usar as emoções DA MULHER para espelhar de volta para ela a réplica da emoção.

Espelhar é imitar outra pessoa sem se comunicar com ela. O psicopata pode espelhar de volta para a mulher posturas e gestos semelhantes, e até mesmo a tonalidade da voz. Isso inclui imitar sutilmente a linguagem corporal, os gestos, os movimentos, a respiração ou até mesmo a escolha de palavras da mulher, acentuando que eles estão "em sintonia", o que aumenta a sensação de comunicação mútua.

O espelhamento natural acontece de maneira espontânea quando as pessoas estão conversando. O psicopata, é claro, não usa o espelhamento de maneira natural. Ele usa o espelhamento de uma forma enganosa e com uma motivação tortuosa. Ele se harmoniza com a mulher refletindo de volta para ela a sua própria comunicação. A mulher o percebe como amigável, receptivo e profundamente interessado em se comunicar com ela. A mulher imagina que, uma vez que ele usa as palavras dela para conversar, ele a compreende. Os papagaios muito inteligentes (os pássaros de verdade), como o papagaio cinza africano, podem fazer uma imitação tão perfeita que são capazes de repetir conversas ou monólogos inteiros. Pessoas em outra sala que não possam ver o que está acontecendo pensam que se trata de um ser humano falando de forma complexa a respeito de um assunto. Embora o papagaio "soe" como se soubesse o que está falando, sem dúvida ele não seria capaz de responder a perguntas a respeito do seu "assunto" – e o mesmo acontece com o psicopata. Ele consegue repetir fielmente o assunto ou partes do que foi dito, mas isso não indica uma compreensão emocional.

COMUNICAÇÃO

Como vimos na descrição da linguagem de Vaknin, a comunicação é a melhor arma contra os outros no arsenal de um psicopata. Em um relacionamento normal, o propósito da comunicação é trocar informações e opiniões que conduzam ao entendimento e à intimidade do casal. Um traço singular do psicopata é sua ***motivação*** de comunicação. A maioria das mulheres não desconfia de que alguém esteja se comunicando com elas por meio da arte do engodo deliberado, mas com frequência os psicopatas fazem exatamente isso. A manipulação e o engodo da comunicação podem girar tanto em torno de obter o poder mediante a vitimização quanto acerca de seus problemáticos padrões de linguagem.

A *motivação* da comunicação, de acordo com um psicopata, é não dizer nada e evitar a verdadeira revelação. Rieber e Veter[46] mencionaram que "as palavras se tornam separadas do significado e servem, em vez disso, como uma forma de tranquilizar ou escapar de uma vítima incauta". Em nenhum outro lugar na vida profissional da mulher isso poderia acontecer. Só seria possível acreditar em novas definições da verdade, das palavras e da linguagem se elas saíssem da boca de um vendedor-psicopata. Mais tarde, ela viria a entender que o *objetivo* exclusivo da comunicação dele era projetar em uma tela as mentiras, os engodos e os enganos, e imaginar que poderia fazer a mulher acreditar nisso.

Motivado pela dominância e pelo engano, guiado pela função distorcida do cérebro e com as palavras abstratas encerrando pouco significado para ele – é de causar alguma surpresa que o psicopata seja conhecido por "verbalizar de forma tão racional o que é totalmente irracional e absurdo?".[47]

A linguagem se torna tanto uma carícia verbal que ele faz na mulher quanto uma caverna na qual ele se esconde. O que ele fez foi apenas desvirtuar, converter ou corromper o significado e a possibilidade da verdadeira comunicação da parte da mulher. A indução dele na sua realidade deformada por meio da lógica, significado e linguagem distorcidos a leva a acreditar nas mentiras mais inacreditáveis, todas pregadas com prestidigitação verbal e de maneira deliberada.

Sexto sentido predatório

Os psicopatas foram dotados com o que parece ser um sexto sentido para se concentrar nos sentimentos de solidão e pesar das mulheres e usá-los no processo de comunicação. Os sentimentos de solidão e pesar da mulheres

---

[46] The Language of the Psychopath, *Journal of Psycholinguistic Research*, v. 23, nº 1, 1994.
[47] Riber e Vetter.

acabaram se revelando enormes fatores de risco relacionados a como e por que elas foram parar nas mãos de psicopatas (ou voltam para eles).

Eis um dos exemplos dicotômicos do psicopata. Ele não reconhece algumas das emoções da mulher e, no entanto, se identifica com outras emoções! Essa sinistra habilidade do sexto sentido é repetidamente mencionada pelas mulheres como uma abordagem de comunicação e está relacionada com a capacidade do psicopata de conhecê-la e "especificar" de imediato o que ela estava passando com relação a:

- perda
- pesar
- solidão
- opressão
- vulnerabilidade emocional
- percepção de abandono emocional dela por outra pessoa

As mulheres declararam que o psicopata se comunica de forma direta com a situação delas, como um vidente de parque de diversões, um pregador que segura sua mão ou um psicoterapeuta profundamente contemplativo. Os psicopatas afirmam o seguinte:

> "Sou capaz de distingui-las em uma sala cheia de pessoas. Elas têm um certo olhar, uma corrente de vulnerabilidade subjacente. Depois, para verificar se estou certo, faço algumas perguntas e a mulher começa a revelar com uma velocidade incrível que está solitária ou que acaba de perder alguém."

O psicopata pode de pronto se tornar o Psicoterapeuta Residente ou Pastor Residente da mulher em questão de instantes – aplicando uma pomada de papo-furado nas feridas dela.

As mulheres ficam fascinadas pela ideia de um sexto sentido nos homens que a "conhecem" por completo desde o início. Interiorizado com o *status* de "alma gêmea", a vibração do sexto sentido do psicopata é misteriosa, encantadora e indescritível. É por isso que é tão confuso para as mulheres se comunicar com os psicopatas. Há, claramente, emoções e uma linguagem correspondente para essas emoções que os psicopatas "entendem", o que é fortalecido, alimentado e mistificado pelas habilidades do sexto sentido dele. No entanto, existem aspectos a respeito dos outros sentimentos que eles "não entendem". Sem dúvida, essa confusão só faz alimentar a aura mística dele para ela.

Sem saber quais os sentimentos e a linguagem correspondente que o psicopata entende, as parceiras se inclinam a conceder a ele o benefício da dúvida. Ela parte do princípio de que como ele entende uma parte, ele entende tudo.

Extremamente sintonizado em dicas e pistas da linguagem não verbal

Suponha que se os psicopatas tinham problemas para processar sugestões para algumas emoções, é bem possível que eles *também* tinham dificuldade para processar sugestões para mensagens não verbais – o que significa que eles não se saíam bem na leitura das mensagens não verbais. No entanto, esse não parece ser o caso. De acordo com alguns estudos, os psicopatas podem ter dificuldade para processar as emoções de tristeza, medo, repulsa, empatia, escrúpulo e remorso e, no entanto, *não* ter um déficit no processamento emocional não verbal. Eles se saem muito bem ao captar uma linguagem não verbal, como a linguagem corporal, o contato visual, os gestos e a reatividade ao toque etc. Não há dúvida de que essa capacidade de responder à linguagem não verbal aumenta suas habilidades do sexto sentido para ela.

As mulheres confirmaram isso, dizendo que os psicopatas são intérpretes magistrais de dicas e pistas, como a linguagem dos olhos e a linguagem corporal. Eles não são os únicos tipos pervertidos que leem a linguagem corporal. Nas aulas de prevenção do estupro, é com frequência ensinado que os estupradores escolhem as mulheres com base na maneira como elas se comportam, como se movimentam e o tipo de contato visual direto que elas fazem. Essas são apenas algumas das numerosas pistas que os estupradores podem procurar. Ao trabalhar com mulheres, dedico muitas vezes bastante tempo aos limites do corpo e às mensagens que elas estão emitindo inconscientemente e que alcançam o radar do psicopata com absoluta precisão.

O fato de o psicopata entender bem as dicas e pistas não verbais enviará para a mulher uma mensagem ambígua durante o processo de comunicação, quando:

- ❖ ele não consegue entender algumas das palavras emocionais, como tristeza, medo, repulsa, empatia, escrúpulo e remorso
- ❖ ele consegue entender outras emoções, como a perda, o pesar, a solidão e a vulnerabilidade
- ❖ ele consegue entender a linguagem corporal da mulher

... e sem dúvida irá manipular e usar isso a fim de conduzir a comunicação para onde ele deseja. O psicopata parece ser uma grande contradição dicotômica que vamos examinar mais de perto em capítulos posteriores.

COMUNICAÇÃO ENLOUQUECEDORA

Como todas essas falhas na comunicação se reúnem em um "grande bloqueio nas interações relacionais?". Como isso afeta o efetivo processo interativo de falar? As tentativas de comunicação são enlouquecedoras e levarão a mulher a questionar suas próprias habilidades de comunicação, como ela encara sua capacidade de se expressar e, com o tempo, sua sanidade.

O triângulo representa os papéis que o psicopata e a mulher desempenham no processo de comunicação. Cada um deles se desloca pelo triângulo assumindo diferentes papéis no intercâmbio. Ele é o que está ferido, enquanto ela desempenha o papel de liberá-lo ou atormentá-lo. Ele pode mudar posteriormente e assumir o papel de libertador dela ou atormentador. Ela, por sua vez, pode trocar de papel e se tornar a pessoa ferida. Quando um dos papéis muda, essa mudança obriga a outra pessoa a assumir um dos outros dois papéis remanescentes. Cada mudança muda outra pessoa.

Figura 5.3 Triângulo da Comunicação

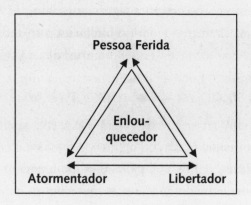

Esses papéis podem mudar de momento a momento, a cada frase. Em um instante, o psicopata age como se a mulher fosse a atormentadora e, no segundo seguinte, a que deve libertá-lo. Na próxima discussão, ele pode ser o atormentador agressivo e ela, a que foi ferida. A mesma discussão sobre o mesmo assunto apenas momentos ou dias depois pode resultar em papéis totalmente diferentes para cada um deles. Nenhuma regularidade é mantida e nenhuma resolução é alcançada cada vez que eles fazem uma tentativa de comunicação.

Em nenhum outro lugar de sua vida a mulher se comunica dessa maneira. No trabalho, ela pode ocupar uma posição de alta responsabilidade e se comunicar sem problemas, sem drama e sem uma linguagem enlouquecedora. No entanto, tão logo ela inicia uma conversa com o psicopata, a comunicação desliza para esses três papéis bem definidos. Mesmo quando ela tenta se comunicar de modo normal e utilizar as habilidades que usa na comunicação cotidiana com outras pessoas, o processo a arrasta e ela é incapaz de se comunicar fora dos três papéis da Pessoa Ferida, do Atormentador ou do Libertador.

Com o psicopata, a comunicação é reduzida a uma idade emocional imatura. Ele traz para esse processo de comunicação outros comportamentos disfuncionais e exacerbantes que contribuem para os problemas no diálogo. Por exemplo:

❖ age com impulsividade
❖ joga uma pessoa contra a outra

- sabe tudo, de modo que a mulher não pode contribuir com nenhuma informação nova
- mente
- faz drama
- manipula
- tem habilidades imaturas de tomada de decisão
- muda de assunto
- distorce significado/linguagem
- faz acusações
- possui idade emocional imatura
- não assume a responsabilidade pelo seu comportamento/escolhas
- tem problemas de abandono e age como vítima
- abusa psicologicamente
- projeta seu comportamento nos outros

CONCLUSÃO

Tendo em vista os problemas biológicos, as diferenças de linguagem, a motivação enganosa, as contradições e um processo interativo enlouquecedor, não existe nenhuma maneira de fazer com que a comunicação com um psicopata funcione. Este capítulo ajuda a identificar por que nos sentir desequilibrados enquanto nos comunicamos com um psicopata infelizmente não é incomum.

Então, como aconteceu esse envolvimento psicopático? Vou discutir isso no próximo capítulo.

6

O HOMEM PSICOPÁTICO DELA

ENVOLVIMENTOS PSICOPÁTICOS – POR QUE ACONTECEM E COM QUEM ELA ESTEVE

"A melhor hora para ver a luz é o mais rápido possível!"
– Toni R.

Nos capítulos anteriores, discutimos as características do psicopata, entre elas:

- os impulsos motivacionais distorcidos
- a constituição biológica contrastante
- os possíveis efeitos de questões de "criação" do início da infância
- a sexualidade desenfreada
- os excessos de extroversão/dominância/*status*
- o comportamento da busca de emoção a qualquer custo
- o controle deficiente dos impulsos
- a incapacidade de sustentar uma mudança positiva
- o desenvolvimento inadequado do discernimento a respeito do seu comportamento e, por conseguinte, ausência de relacionamentos verdadeiramente autênticos
- os jogos cerebrais para tentar tirar vantagem dos problemas de comunicação
- a inclinação para o mal espiritual

Olhando para o psicopata a partir dessa perspectiva, nenhuma mulher no seu juízo perfeito desejaria estar com ele! Então por que as mulheres acabam se envolvendo com psicopatas?

Ao contrário do que outras pessoas possam pensar, ela na verdade iniciou o relacionamento debilitada. Sua debilidade era originária do pesar, de múltiplas perdas, do estresse extenso e de longo prazo, da ansiedade ou da depressão. Muitas mulheres tinham acabado de passar um longo período cuidando de um pai ou mãe com uma doença grave ou por múltiplos eventos, como mortes, um divórcio, batalhas de custódia, uma pós-graduação ou formação profissional que atingira o ponto culminante. A maioria tinha uma ansiedade residual e/ou depressão devido a essas circunstâncias. Esses fatores de risco decididamente contribuíram para a suscetibilidade das mulheres (e o "sexto sentido" do psicopata capta esses fatores).

No entanto, esses não foram os *únicos* fatores. Dois elementos adicionais importantes que tornaram as mulheres vulneráveis foram o *tédio* e a *solidão*. Afinal de contas, essas são mulheres extrovertidas, ativas e fortes, que apreciam uma vida ativa do ponto de vista físico ou até mesmo emocional. O tédio faz com que os portadores de patologia dinâmicos e que buscam todos os tipos de sensações com intensidade pareçam o remédio certo para uma vida letárgica quando a mulher estava "apenas procurando se divertir um pouco". Como eu digo com frequência, "se você não estiver vivendo uma vida magnífica, qualquer psicopata servirá!".

As mulheres muitas vezes sentiam solidão depois do luto ou de uma perda que era agravada pelo tédio. O boletim informativo do Instituto lembra às mulheres que a solidão é um importante fator de risco – para que elas se envolvam com um portador de patologia ou voltem para ele. As histórias pessoais das mulheres sobre o seu envolvimento psicopático na maior parte das vezes giram em torno de uma elevada solidão na época em que conheceram o psicopata. As necessidades emocionais e sociais não satisfeitas são fatores negativos determinantes nos envolvimentos psicopáticos. Infelizmente, muitas das mulheres nem mesmo tinham consciência de que estavam solitárias, entediadas ou vivendo uma vida pequena e limitada. De forma lamentável, muitos predadores conhecem ou sentem esses fatos.

As mulheres com histórias crônicas de múltiplos relacionamentos com psicopatas, contudo, são às vezes motivadas por *fatores diferentes* e *adicionais*. Vou me referir a esses fatores como os "Supertraços" delas e os discutirei ao longo do livro.

(Nota à parte: algumas mulheres disseram, ironicamente, que estavam "ótimas" do ponto de vista emocional quando conheceram o psicopata. Elas tinham feito um trabalho em si mesmas na terapia, estavam sem um relacionamento havia algum tempo, estavam bastante satisfeitas consigo mesmas e se sentindo muito "abertas" para o que o seu futuro lhes trouxesse. Algumas não estavam procurando ninguém na ocasião em que o conheceram, mas o simples fato de não estarem esperando um psicopata no seu radar lhes conseguiu um. No entanto, a maioria das mulheres não se encaixa nessa categoria.)

QUEM ELE É

É claro que o psicopata não entra na vida de uma mulher anunciando que ele é um monstro de poder insincero, patologicamente perturbado e incapaz de sentir qualquer coisa além de um apego superficial, tendo um cérebro tão deficiente que é incapaz de amar! No início, os psicopatas se apresentam como homens superinteressados na mulher, muito amorosos, dedicados e quase sufocantemente carinhosos. Eles ligaram os pontos para criar a melhor abordagem para atraí-la.

"Quem" são as mulheres que encontraram suas almas gêmeas em psicopatas perturbados e insinceros? Quem são os homens por quem essas mulheres se apaixonaram, e como eu sabia que tinha na verdade avaliado mulheres que amam psicopatas?

Para responder a essas perguntas, tive que encontrar um grande grupo de mulheres para estudar. Juntas, a dra. Liane Leedom e eu avaliamos mulheres que encontraram nosso projeto de pesquisa nos seguintes sites:

- www.saferelationshipsmagazine.com
- www.womenwholovepsychopaths.com

... e outros sites para mulheres e de autoajuda. Mais de 75 mulheres que tinham um relacionamento de longo prazo com um psicopata responderam.

Para determinar se elas estavam de fato com homens que tinham, pelo menos, traços psicopáticos, a dra. Leedom e eu usamos tanto as duas diferentes listas de verificação como as histórias que recebemos das mulheres. Criamos a primeira lista de verificação a partir da lista de sintomas para o transtorno da personalidade antissocial e o transtorno da personalidade narcisista no DSM IV-TR. Isso se chama ***Avaliação de Homens Patológicos Feita por Parceiras.*** O dr. Robert Hare, conhecido pelo seu trabalho com psicopatas na prisão, desenvolveu uma segunda lista de verificação. Ele criou sua lista de verificação (chamada **P-Scan**) para possibilitar que pessoas que não eram médicas (como os parceiros) avaliassem sintomas de psicopatia em outra pessoa.

Usando esses três métodos, a dra. Leedom e eu fomos capazes de determinar quais mulheres haviam, de fato, estado com homens que tinham traços psicopáticos substanciais. Os traços psicopáticos, por si sós, são perigosos nos relacionamentos e apontam com frequência para vários níveis de patologia presentes, inclusive a psicopatia plena.

O que descobrimos a partir das histórias dessas mulheres nas listas de verificação e de todas as análises foi que o comportamento dos homens era *acentuadamente anormal*. O comportamento descrito pelas mulheres nas suas histórias e nas listas de verificação não se parecia nem um pouco com o comportamento masculino normal. Além disso, as mulheres relataram percentuais elevados de TDAH, abuso de substâncias, violência doméstica e detenções dos homens. Os percentuais desses quatro problemas (TDAH, abuso de substâncias, violência doméstica e detenções) são *idênticos* aos encontrados em outros estudos de psicopatas malsucedidos (que foram presos). Na minha opinião, as mulheres do nosso estudo estavam com psicopatas e/ou com homens com substanciais traços psicopáticos.

Algumas pessoas poderão argumentar que as pessoas que participaram do estudo eram apenas "mulheres rejeitadas" que exageraram os traços de personalidade dos homens. As histórias e as listas de verificação destacaram o comportamento típico associado aos traços psicopáticos e eram compatíveis com as histórias patológicas que ouvi durante muitos anos na terapia. Ao longo de vinte anos, encontrei uma ligação coerente nas histórias, comportamentos e resultados consequentes que começam a construir cenários idênticos para os relacionamentos amorosos patológicos. A identificação se torna mais fácil quando você escuta a mesma história com o mesmo resultado durante vinte anos.

Por que é tão fácil para mim reconhecer esses homens? Os homens saudáveis não se dedicam à completa e deliberada destruição das mulheres. O simples prazer de destruição que esses homens sentem é anormal. Embora o conflito possa fazer parte dos relacionamentos saudáveis, os homens saudáveis não destroem emocional, psicológica, sexual, financeira e/ou fisicamente as mulheres.

AVALIAÇÃO DE HOMENS PATOLÓGICOS FEITA POR PARCEIRAS (PRA)*

Usamos a avaliação a seguir para analisar traços encontrados com frequência em homens patológicos. Se você é uma mulher que está vivendo um relacionamento patológico, sinta-se à vontade para usar essa lista de verificação para avaliar sua situação.

Figura 6.1   Lista de Verificação da Avaliação de Homens Patológicos Feita por Parceiras (PRA)[48]

	Arrogante		Rouba
	Encantador		Tem comportamento compulsivo
	Fica facilmente entediado		Fala com frequência no telefone
	Busca sensações		Navega constantemente na internet
	Mente com frequência		Sempre otimista ou zangado
	Trapaceia para se divertir		Hiperativo
	Trapaceia para ter lucro		Dorme mal

---

* *Partner-Rated Assessment of Pathologic Men*, no original. (N. T.)
[48] Compilada pela dra. Liane J. Leedom.

Não sente culpa	Controlador
Não sente remorso	Desrespeita a autoridade
Não sente empatia	Desaparece durante horas sem explicação
Irresponsável com dinheiro	Desaparece durante dias sem explicação
Não tem metas de vida realistas	Comprador compulsivo
Sexualmente infiel	Verbalmente abusivo
Pai irresponsável	Desrespeita a autoridade
Usa os amigos, a família, as pessoas com quem têm um envolvimento amoroso por motivos financeiros	Fisicamente abusivo
Não assume o próprio comportamento	"Conhecia" celebridades do crime organizado
Teve problemas de comportamento na infância	Cita o nome de pessoas famosas como se as conhecesse bem
Tem um descaso temerário pela própria segurança e pela segurança dos outros	Adora competir, mas é um mau perdedor
Vangloria-se de atos de agressão anteriores	Tem fantasias a respeito de fazer alguma coisa importante ou ser famoso, e muitas vezes espera ser tratado como se essas fantasias já tivessem se tornado realidade
Está firmemente convencido de que é melhor, mais inteligente ou mais talentoso do que a maioria das pessoas	Considera como rejeição qualquer coisa aquém da devoção
Briga com frequência	Fica irritado quando as outras pessoas não fazem o que ele quer que elas façam, mesmo quanto elas têm uma boa razão para não concordar com ele
Tem muito pouco interesse no que as outras pessoas estão pensando ou sentindo, a não ser que queira alguma coisa delas	

Além dessa lista de verificação, também pedimos às mulheres que escrevessem suas histórias a respeito do seu parceiro psicopático usando as seguintes perguntas abertas:

1. Como ele agia quando você ficava doente?
2. Como ele tratava sua família?
3. Ele gostava de crianças ou animais de estimação?
4. Ele era simpático com os vizinhos?
5. Você chegou a conversar com alguma das outras mulheres que ele teve para corroborar suas experiências com ele?

Essas perguntas específicas ajudam a destacar ainda mais comportamentos que são típicos na psicopatia no que diz respeito às interações interpessoais, à falta de empatia, aos relacionamentos em que há exploração e ao descaso pelos outros. O que já é conhecido a respeito dos psicopatas é seu abjeto desprezo pelos outros nos relacionamentos pessoais depois das fases iniciais de sedução e lua de mel. Através dessas histórias, pudemos perceber os comportamentos nos relacionamentos "próximos e pessoais" dos psicopatas com seus parceiros íntimos, crianças, animais de estimação, pessoas de relacionamentos amorosos anteriores e vizinhos.

As descrições detalhadas das observações das mulheres sobre os comportamentos do seu parceiro íntimo ao longo do relacionamento como "perturbados" são extraordinariamente constantes no grupo inteiro e compatíveis com o que me foi descrito ao longo de vinte anos de terapia. Essas semelhanças mostram a padronização do transtorno dentro dos relacionamentos. Vamos dar uma olhada nos homens com "quem" as mulheres dizem que estiveram envolvidas.

UMA DESCRIÇÃO DOS HOMENS DELAS[49]

Raça e instrução

A média de idade dos homens no estudo foi de 37 anos. Quinze por cento eram negros ou americanos de origem latina e 85% eram brancos. Um terço

---
[49] Compilada pela dra. Liane Leedom.

dos homens havia abandonado a escola no ensino médio e apenas 25% tinham nível universitário.

A profissão dele

Ficamos surpresas ao descobrir que, embora muitas das mulheres no estudo fossem profissionais bem-sucedidas, os psicopatas com quem se envolveram estavam bem abaixo do seu nível profissional e de instrução. Quase todas as mulheres indicaram que não costumavam namorar homens com um nível profissional inferior ao delas e que se envolveram com o psicopata com base na descrição enganosa que ele fez de si mesmo, do seu histórico profissional e da sua posição financeira. Muitas não tinham conhecimento, na época, de que ele estava mentindo a respeito do histórico profissional ou da própria carreira, e só vieram a sabê-lo quando o relacionamento já estava bem adiantado.

Como já foi mencionado, muitos psicopatas galgam com sucesso os degraus profissionais, sobretudo nas áreas em que a agressividade é recompensada. O livro *Snakes in Suits*, dos drs. Paul Babiak e Robert Hare, aponta para a crescente psicopatia nos níveis hierárquicos mais elevados do mundo dos negócios, do direito, da política, da medicina e de outras áreas nas quais a agressividade, a extroversão e a assunção de riscos são estimuladas. Desse modo, ficamos surpresas ao descobrir que nesse grupo que pesquisamos as mulheres eram predominantemente profissionais de nível superior e estavam se relacionando com homens de nível financeiro inferior e com pouca instrução. De acordo com as mulheres, muito poucos psicopatas descreveram sua atividade profissional com precisão a partir de todos os ângulos (tendo em vista sua inclinação para a mentira patológica, isso não é de causar surpresa). Algumas mulheres começaram o relacionamento pensando que o companheiro era um "profissional de nível superior" e depois descobriram que ele trabalhava em restaurante *fast-food*. Outras ficaram tão empolgadas pelo charme do homem que desconsideraram a condição profissional inferior dele porque acreditaram que ele tinha um "potencial inexplorado".

Embora alguns psicopatas sejam arquitetos, engenheiros, contadores ou diretores de marketing (de uma conhecida revista), a esmagadora maioria deles ocupava cargos de início de carreira na área de negócios ou de vendas a varejo, ou eram trabalhadores braçais de algum tipo. Um grande número deles tinha muitas profissões diferentes, exibindo a frequente instabilidade profissional que é comum na psicopatia. Os psicopatas trocam a toda hora de emprego, procurando um ao qual se adaptem sem esforço, mas ficam entediados, acham que merecem privilégios e, portanto, com frequência são demitidos.

Curiosamente, muitos deles trabalham no mercado imobiliário e vários eram motoristas de caminhão. Algumas seleções de trabalho faziam sentido quando relacionadas com transtornos patológicos. Por exemplo, trabalhar com imóveis pareceria uma profissão na qual uma pessoa que é boa em vendas (e tem lábia) seria bem-sucedida, ou pelo menos seria motivada pela esperança de conseguir um "esquema para ganhar dinheiro fácil" revendendo propriedades ou vendendo-as rápido para "alvos fáceis". Dirigir caminhões agradaria àqueles que odeiam ficar confinados a um lugar e adoram o conceito de estar "sempre em movimento". Trabalhar por conta própria não raro agrada àqueles que têm problemas com autoridade e chefes.

Outros eram militares, policiais ou seguranças. No meu trabalho anterior com as vítimas, as mulheres muitas vezes mencionavam que namoravam homens patológicos nessas áreas. Essas carreiras atraem homens que gostam do poder e da possibilidade de, com frequência, dominar à vontade outras pessoas sob os disfarces da descrição do cargo. Além disso, os psicopatas afirmam com frequência ter feito muitas coisas nas forças armadas que nunca fizeram. Alguns nem mesmo estiveram *nas* forças armadas. Muitos psicopatas gostam de dizer que foram mercenários durante a guerra, reféns políticos, SEALs da marinha norte-americana, agentes do FBI ou espiões da CIA, e muitas vezes nada disso é verdade. Curiosamente, suas afirmações os retratam em uma posição de autoridade ou de herói.

Uma parte dos psicopatas eram vagabundos (fato que as mulheres de início desconheciam) ou desempregados crônicos, quando eram em grande medida sustentados pelas mulheres. Nesses casos, elas indicaram que:

❖ não sabiam de início que ele estava efetiva ou cronicamente desempregado
❖ sentiram pena dele

- acharam que isso era um percalço "momentâneo" na carreira do parceiro (de acordo com ele) que logo seria corrigido
- acharam que iriam experimentar o papel de "dono de casa" que ele estava oferecendo

Mais adiante no livro, você vai ler a respeito da hiperempatia das mulheres e de como os psicopatas com "histórias infelizes de má sorte" entraram com facilidade na vida dessas mulheres. A desigualdade profissional e de instrução foi decididamente digna de nota nesses relacionamentos.

A personalidade dele

A tabela a seguir dá uma ideia dos traços psicopáticos e narcisistas que as mulheres relataram que os homens tinham. Todas elas descreveram seus parceiros como encantadores, livres de culpa e mentirosos patológicos. A maioria dos homens também era assinalada como sendo arrogante, sem remorso e empatia – características que também são associadas à patologia, à psicopatia e ao espectro das pessoas com pouca consciência. Um percentual bem acima de 50% dos homens era vigarista ou atuava como psicopata profissional (sua patologia não era detectada). Essa lista de traços deixou pouca dúvida de que as mulheres tinham, de fato, se relacionado com homens altamente psicopáticos.

Figura 6.2[50] Resultados da PRA – Avaliação de Homens Patológicos Feita por Parceiras

% do traço	Traços de Personalidade	% do traço	Traços de Personalidade
95	Pouco interesse pelos sentimentos/opiniões dos outros	64	Desaparece durante horas seguidas
89	Ausência de empatia	64	Usa as pessoas (estilo de vida parasita)

---

[50] Compilada pela dra. J. Leedom.

% do traço	Traços de Personalidade	% do traço	Traços de Personalidade
88	Não assume seu próprio comportamento	64	Precisa de devoção/adoração
87	Verbalmente abusivo	61	Mau perdedor
85	Irrita-se facilmente	59	Fantasias grandiosas
85	Controlador	59	Não tem metas na vida
82	Não sente remorso	57	Redução do sono
80	Impulsivo	56	Trapaceia para se divertir
77	Arrogante	50	Fisicamente abusivo
74	Facilmente entediado	50	Rouba
74	Acredita que é melhor do que todo mundo	48	Vangloria-se das agressões passadas
69	Brigas frequentes	44	Fala demais no telefone
69	Temerário	44	Hiperativo
67	Pai irresponsável	38	Comprador compulsivo
66	Busca sensações	36	Desaparece durante dias seguidos
66	Problemas de comportamento na infância	33	Usa excessivamente a internet
66	Trapaceia para ter lucro		

A impulsividade dele

Oitenta por cento das mulheres achavam que seus homens eram "impulsivos". Como foi mostrado em capítulos anteriores, a impulsividade é um dos principais traços em alguns transtornos da personalidade e na psicopatia. Relacionados com a falta de controle dos impulsos estavam as brigas frequentes, a imprudência, os cuidados paternos irresponsáveis, a busca de emoções, a irresponsabilidade com o dinheiro e um humor irritadiço crônico. De 64% a 69% dos homens exibiam esses sintomas de impulsividade. Cerca de um terço deles tinha problema para controlar o impulso de fazer compras e gastar compulsivamente. Os abusos de substâncias e o comportamento criminoso também estão relacionados com a impulsividade. Quarenta por cento dos homens tinham registro anterior de detenção, incluindo delitos relacionados com drogas e direção alcoolizada. Cinquenta por cento deles tinham um histórico de abuso de álcool ou alcoolismo. O uso de outras drogas, em especial maconha, crack e anfetaminas, também era comum.

Informações adicionais sobre os vícios, o abuso de substâncias, as detenções e a ficha de violência dele

O vício em geral permeava esse grupo de homens, o que é comum nos psicopatas.

> *"Ele era um viciado em drogas e alcoólatra em recuperação quando o conheci, mas ainda fuma muito, tem problemas alimentares, problemas de vício em sexo e é um bissexual enrustido. Não posso excluir a possibilidade de que ele tenha sido um molestador de crianças [...]. Sempre me perguntei se ele não teria molestado os próprios filhos."*

O alcoolismo é comum nos psicopatas e, é claro, o alcoolismo em geral está associado ao comportamento ilegal e à violência.

> *"Ele estava bebendo muito todos os fins de semana e sempre ficava abusivo e agressivo comigo. Ele se recusava a admitir que era viciado em álcool e que usava esse vício para lidar com o estresse."*

O abuso de substâncias é muito comum e em geral está associado à psicopatia.

> *"Ele teve problemas com abuso de drogas desde os 16 anos. Bebeu o tempo todo em que eu estive com ele e ainda bebe e se droga. Foi apostador (em jogos de azar) até 1994, começou a usar cocaína em 1995, e tem esse vício até hoje."*

Não atribuímos a maioria dos problemas de relacionamento à presença do abuso de substâncias ativo. Embora o abuso de substâncias de fato afete a qualidade do relacionamento, a psicopatia perturba mais a qualidade e a segurança do relacionamento do que o uso isolado de substâncias. Os fatores de psicopatia quase que certamente adicionam e incluem fatores de abuso de substâncias, bem como a violência emocional/psicológica e, às vezes, física.

Mesmo que um histórico de agressão física seja comum nesses homens, a patologia sempre traz seus níveis adicionais de complicações à violência existente e eleva de modo significativo o risco de letalidade, já que muitos desses homens têm prejudicada a capacidade de regular a impulsividade e o comportamento violento. Cinquenta por cento dos homens eram violentos. Embora você possa ter imaginado que *uma quantidade maior* teria sido violenta, muitos psicopatas são excepcionalmente qualificados em controlar os outros sem usar violência física. Os psicopatas no local de trabalho, por exemplo, tiveram que aprender como controlar os outros sem violência e aprenderam que é melhor controlar com a mente do que com os punhos.

Cinquenta por cento dos homens também se envolveram com o roubo. O roubo não se baseia apenas na sua condição profissional inferior e nem mesmo em restrições financeiras, e sim nas raízes dos problemas de impulsividade e no prazer de ter poder sobre o ambiente ao roubar alguma coisa. Até mesmo os psicopatas ricos roubam.

Como ele vê os outros

Os psicopatas são famosos pelo seu narcisismo, o que significa que eles veem a si mesmos como superiores aos outros e têm pouca consideração por qualquer outra pessoa ou pelas opiniões alheias. Entre os indicadores desse narcisismo estão:

- ❖ o desrespeito pela autoridade
- ❖ um estilo de vida parasita (ele usa as pessoas)
- ❖ o fato de ser um mau perdedor
- ❖ o abuso da boa-fé dos outros para se divertir

"Ele não respeitava ninguém, e quanto mais as pessoas tinham ascendido na carreira ou na manutenção da ordem, pior era sua opinião a

respeito delas. Ele nunca dizia nada agradável a respeito de ninguém... a não ser quando estava na presença da pessoa. E assim que ela ia embora, ele a arrasava verbalmente."

Tanto os psicopatas não realizados quanto aqueles bastante realizados podem ser parasitas que visam mulheres à custa de quem pretendem viver, e não apenas pelos benefícios financeiros. Psicopatas de colarinho branco bem-sucedidos, que não precisam da renda, com frequência roubam, trapaceiam e tiram dinheiro dos outros, ou vivem à custa de outras pessoas. Entre outros fatores motivacionais para o estilo de vida parasita de um psicopata estão o poder sobre as finanças de outras pessoas (e, portanto, sobre o futuro delas), o *status* que a renda adicional pode proporcionar e a capacidade de dominar outra pessoa e obrigá-la a dar o dinheiro para ele.

"Ele tinha mais dinheiro do que Deus, mas ainda assim ficava empolgado por roubar o meu ou o de qualquer outra pessoa. Era uma viagem de poder para ele tirar o dinheiro de outras pessoas. E melhor ainda era trapacear para tirá-lo delas."

A cordialidade dele

"Ele era encantador" foi a descrição mais comum feita pelas mulheres. Os psicopatas podem ser muito simpáticos, expansivos, persuasivos, persistentes e excepcionalmente charmosos no início do relacionamento, e em especial quando a mulher é o alvo. Os psicopatas usam seu charme para enganar os outros e induzi-los a se relacionar com eles, seja na esfera romântica ou nos negócios. Como muitas vezes é indicado pelas mulheres, ele pode não ter expandido seu estilo charmoso para os vizinhos e outras pessoas. Os psicopatas hostis usam a raiva para controlar as mulheres ou para isolá-las, mantendo intimidadas as pessoas ao redor das vítimas.

Não é incomum que os psicopatas usem *tanto* o charme *quanto* a raiva para alcançar de forma premeditada seus objetivos. O mesmo Médico e Monstro pode usar o charme em um momento e a raiva no seguinte.

"Ele não conseguia se lembrar da metade dos nomes dos nossos vizinhos porque eles não eram importantes o bastante. Ele se lembrava do nome daqueles de quem conseguia alguma coisa."

"Ele cativava alguns, amaldiçoava outros."

A saúde mental dele

Um capítulo anterior mostrou que os psicopatas quase sempre têm outras doenças mentais além da psicopatia. Mais de 50% das mulheres disseram que o psicopata tinha sido diagnosticado anteriormente com um transtorno mental ou a mulher veio a reconhecer sintomas de uma doença mental nele. Estes incluíram um diagnóstico anterior de:

- ❖ Transtorno da personalidade antissocial
- ❖ Depressão
- ❖ Transtorno bipolar
- ❖ Transtorno obsessivo-compulsivo
- ❖ Transtorno de estresse pós-traumático (TEPT)

... ou problemas comportamentais na infância. Vinte e cinco por cento dos homens foram diagnosticados com TDAH durante a infância.

"Ele foi hospitalizado com distúrbio bipolar aos 18 anos, e também tomou muitos medicamentos psicotrópicos."

"Não tenho certeza de qual foi o diagnóstico que ele recebeu, mas ele passou algum tempo em uma clínica para doentes mentais em Nova Orleans."

"Ele foi avaliado quando criança por atear fogo nas coisas, o que sei hoje que está relacionado com a psicopatia."

Outras questões biológicas dele

Além do transtorno da personalidade, os psicopatas têm outras questões em comum, entre elas a necessidade reduzida de sono. Muitas mulheres chegam ao tratamento fisicamente exaustas em virtude da falta de sono. A capacidade de dominá-la quando ela está exausta é, sem dúvida, um benefício que o psicopata tem ao mantê-la acordada, mas a maratona de sexo e de brigas também são. (Essa técnica de privação do sono é muitas vezes utilizada na captura de reféns e nos crimes de guerra. Discutirei com mais detalhes esse assunto no capítulo sobre Hipnose e Transe.) Além do mais, teríamos que nos questionar se o psicopata não é por natureza um pouco "maníaco" por requerer menos horas de sono. Como uma parte dos psicopatas é portadora de transtorno bipolar, uma necessidade reduzida de sono se encaixaria no diagnóstico. Quase metade dos psicopatas também era hiperativa, o que pode resultar do TDAH afetando seu sono. Tendo em vista os problemas neurológicos analisados nos capítulos anteriores, isso pode até mesmo estar relacionado à química cerebral, à formação do cérebro ou aos problemas nos circuitos cerebrais.

As outras mulheres dele

Quando se trata de procurar antigos relacionamentos do homem para verificar as histórias, mentiras ou comportamentos dele, um número duas vezes e meia maior de mulheres alega *não* ter conversado com outras pessoas, entre elas as ex-parceiras do psicopata, a respeito do comportamento dele do que aquelas que falaram.

> *"Ele sempre me disse que ela o traía, que era louca e mentirosa. Ele disse que ninguém podia acreditar em nada que saísse da boca daquela mulher. Então eu pensei que nunca conseguiria saber a verdade. Vejo agora que ele fez isso para que eu nunca me aproximasse dela."*

Cerca de 25% das mulheres conseguiram entrar em contato com ex--parceiras do psicopata. Com exceção de apenas dois casos, elas contaram histórias semelhantes a respeito do comportamento dele. Nos casos em que as ex-parceiras se recusaram a falar sobre o psicopata, elas tinham filhos e ele era o pai biológico.

Muitas das que não tentaram verificar as histórias disseram que deveriam ter feito isso, já que as informações obtidas poderiam tê-las ajudado a fazer uma escolha melhor. Algumas mulheres da pesquisa descreveram em detalhes o comportamento violento e parasita do psicopata. Este, por sua vez, deu sua própria explicação convincente a respeito de todas as descrições perturbadoras sobre ele. *Infelizmente, as mulheres não acreditam nas outras quando estas revelam que sofreram abuso do parceiro. Uma lição aprendida é que a ex-parceira pode ter alguma coisa a dizer que vale a pena ouvir e considerar.* Por ironia, as mulheres cujo relacionamento terminou, em geral, querem muito alertar outras mulheres. Enquanto ela enfrenta as consequências, lembranças e obsessões do antigo relacionamento, seu maior desejo é que outras mulheres não convivam com esse homem!

> *"Como eu gostaria de ter pelo menos tentado entrar em contato com as outras. Eu talvez não estivesse do jeito que estou hoje, tentando me recuperar do que passei. Se qualquer pessoa algum dia me procurar, com certeza vou contar a ela toda a verdade!"*

> *"Eu achei que ela estava sendo tendenciosa! Ela estava e com toda a razão. Eu precisava ouvir o que ela tinha a dizer... eu gostaria de ter escutado."*

Como ele trata a família dela

Os psicopatas vivem por trás de uma máscara – eles ligam e desligam o charme e a raiva conforme lhes convém. Quando é do interesse deles ser charmoso, eles são. Quando não estão envolvidos com outras pessoas, desligam o charme e, às vezes, ligam a raiva. As famílias representam desafios especiais para o psicopata. Alguns membros da família acreditam na *persona* do psicopata, de modo que ele os mantém próximos. Outros podem enxergá-lo pelo que ele é, e dessa maneira que ele os descarta. Em geral, os psicopatas permaneceram em grande medida fiéis à sua atitude charmosa. Muitos deles eram amáveis ou atenciosos com a família das mulheres; metade deles *só* era agradável pessoalmente ou quando estava tentando obter alguma coisa. Não causa surpresa o fato de eles se referirem com frequência de forma negativa aos membros da família e se queixarem deles para a parceira. Vários desses psicopatas eram rudes, agressivos ou violentos com a família das mulheres. Apenas um grupo de mulheres deixou de apresentar o psicopata para os membros de sua família. Eis alguns comentários:

"Ele sempre tentava emergir como o herói. Sempre que podia, ele me rebaixava diante dos meus familiares, mas tentava dizer isso de uma maneira que desse a impressão de que havia algo errado comigo e que ele estava fazendo tudo ao seu alcance para me ajudar."

"Certa vez, quando meus pais se recusaram a falar com ele, ele os deixou nervosos de propósito. Ele se divertiu ao me ver chorar e implorar para ele não fazer aquilo. Ele os estava insultando e depreciando e não entendia o conceito de que deveria respeitá-los porque eles eram meus pais (ou irmãs)."

"Ele não conseguia entender o conceito de eles não gostarem do que estava acontecendo na minha vida com ele me magoando, sendo abusivo e 'secando' nossa conta bancária. Ele não entendia que eles estavam aborrecidos porque amavam a mim e os netos, e quando ficavam zangados com ele, ele gostava menos ainda deles e sentia prazer em aborrecê-los. Eu implorava para que ele consertasse as coisas com eles, se desculpasse quando fizesse algo errado. Ele nunca fez isso."

"Eu tentava inverter as coisas e perguntava como ele se sentiria se eu tivesse tratado a irmã, a mãe ou a avó dele da mesma maneira, mas nunca consegui fazê-lo compreender como seria sentir isso. Ele era totalmente incapaz de tentar se colocar no lugar dos outros ou de entender como as pessoas se sentiam em uma determinada situação. Ele acabava chamando minha irmã mais velha, a família dela e os meus pais de

'brancos pobres', embora nenhum deles jamais tivesse sido preso ou usado drogas (como ele havia feito). Ele se considerava melhor do que eles."

Como ele a tratava quando ela estava doente

A pergunta que descreveu melhor o psicopata em ação foi: **"*Como ele agia quando você estava doente?*"**. Apenas 20% das mulheres relataram qualquer reação dedicada à sua doença. Como os psicopatas ficam entediados sem motivo relevante, é fácil antever que seria um "desafio" para ele ser *constantemente* prestativo em casos de doença. Atrele o sentimento de estar entediado à falta de empatia, compaixão e uma cooperação muito baixa, e você pode muito bem garantir que a mulher terá que cuidar de si mesma se ficar doente.

Uma pequena parcela das mulheres disse que seus companheiros psicopatas as ajudaram quando elas ficaram doentes. No entanto, o dobro de mulheres afirmou que o psicopata *só* as ajudou de modo intermitente. Ou ele ficou entediado prestando auxílio ou o fazia apenas quando os outros estavam por perto. A esmagadora maioria dos psicopatas não prestou cuidados quando alguém precisou deles. Na realidade, muitos dos psicopatas não deram atenção a doenças graves e potencialmente letais nas suas parceiras. Eis algumas das respostas típicas:

"Ele não demonstra empatia ou qualquer tipo de apoio."

"Em geral irritado, me acusava de estar inventando tudo."

"Ele não se ofereceu para me ajudar a melhorar. Ele telefonava e fingia solidariedade. No entanto, tudo o que ele queria era descobrir se eu já estava recuperada o bastante para que pudesse vir até minha casa para fazer sexo comigo."

Letalidade

Houve numerosos casos de mulheres que o psicopata de fato tentou ferir ou até mesmo matar, aberta ou secretamente. Muitas relataram que mesmo depois de um casamento de vinte anos livre de violência, o psicopata se tornou letal. Algumas foram atacadas, estranguladas, envenenadas, apunhaladas, baleadas, sofreram tentativas de afogamento, ou tiveram o freio do carro cortado e outros equipamentos manipulados para que tudo parecesse um "acidente". Certa cliente ficou em coma respirando com o auxílio de aparelhos durante quatro meses depois de ter sido envenenada pelo fluido do ar-condicionado. O psicopata trabalhava em uma empresa de ar-condicionado. Outras foram atormentadas de maneiras que indicavam que o psicopata queria que elas cometessem suicídio.

CONCLUSÃO

Um problema que se repetia em alguns dos casos é que não havia um diagnóstico que justificasse o comportamento do psicopata. As mulheres sentiam que como ele não tinha sido "diagnosticado" com algum tipo de distúrbio, ela não tinha uma justificativa para ir embora, ou que deveria trabalhar o relacionamento. Nem todos os portadores de patologias são diagnosticados, e muitos se esquivam do diagnóstico, mentem ou ocultam das parceiras diagnósticos anteriores. No entanto, a lista de verificação que foi desenvolvida deve ajudar as mulheres a compreender que não existe nenhum motivo para que elas esperem que um homem seja formalmente "diagnosticado" para tomar decisões com relação a se estão ou não em um relacionamento patológico e perigoso. Se uma mulher estiver marcando comportamentos suspeitos nessa lista de verificação, ela está com alguém "psicopático o bastante" e com quem ela deve se preocupar com gravidade e que, do ponto de vista do Instituto, representa um *"dano inevitável"*. Se ela esperar que ele seja "diagnosticado como algo nocivo o suficiente", ela e seus filhos já terão sido expostos ao trauma por meio do relacionamento.

A partir dos tipos de comportamento que essas mulheres descreveram, está claro que até mesmo *"apenas"* traços psicopáticos (sem o diagnóstico completo de um psicopata) coloca as mulheres em um risco considerável. Isso acontece porque não é necessário um intenso comportamento pervertido, permanente e patológico para afetar em grande medida um relacionamento íntimo. Como digo com frequência aos meus clientes: *"As pessoas não patológicas **sempre, sempre, sempre** serão negativamente afetadas pela patologia de outra pessoa. Não fomos programados para ser capazes de sustentar uma exposição prolongada a esse nível de patologia".* Basta um pouquinho de patologia para afetar de forma negativa outras pessoas. Os homens com traços psicopáticos são tóxicos para todos que estão perto dele.

7

O TEMPERAMENTO DELA

O TEMPERAMENTO DAS MULHERES QUE AMAM OS PSICOPATAS

"Eu sou o que é meu. A personalidade é a propriedade pessoal original."
– Norman O. Brown

Por que uma mulher se sentiria atraída, toleraria e amaria um homem tão perturbado? A principal pergunta que outras pessoas fazem é: "Como uma mulher poderia interpretar de maneira tão equivocada a patologia dele?". Nos capítulos anteriores, examinamos como ele voa facilmente abaixo do radar e como consegue se apresentar como uma pessoa normal. Vamos discutir agora a estrutura do temperamento da mulher que pode tê-la tornado predisposta a se sentir atraída por ele.

O temperamento reflete a personalidade com a qual uma pessoa nasce e diz respeito a uma predisposição biológica. Em grande medida, o temperamento é estrutural – nós temos o que temos em termos de traços de temperamento. Desse modo, como uma medida preventiva e até mesmo como um passo baseado na intervenção, as mulheres que amam psicopatas precisam ter uma autoconsciência plena dos próprios traços elevados que as colocam "em uma situação de risco" capaz de atrair predadores que visam esses tipos de traços. Mais adiante no livro, vamos discutir com mais detalhes a prevenção, mas se conscientize de que os traços relacionados neste capítulo contam uma história sobre como o psicopata pode usar a bondade abundante e os traços maravilhosos como uma arma contra a mulher.

O estudo que gerenciamos para este livro incluiu uma medição do temperamento e do caráter.[51] O Inventário de Temperamento e Caráter (ITC) forneceu informações a respeito do funcionamento interno da personalidade das mulheres. Os resultados do ITC, no que diz respeito aos pontos fortes e fracos das características das mulheres, são tratados neste e no próximo capítulo, e foram compilados pela dra. Liane Leedom.

O ITC leva em conta três traços de temperamento:

1. Busca de emoções (também chamado de busca de novidades, busca de sensações ou excitabilidade exploratória), que diz respeito ao desejo de procurar pessoas/lugares/coisas estimulantes e evitar o tédio.
2. Sociabilidade positiva/investimento no relacionamento (o ITC chama isso de dependência da recompensa), o que significa a facilidade com que a pessoa responde, ou não responde, às recompensas prazerosas nos relacionamentos.
3. Evitação de danos, que ajuda a pessoa a evitar ser magoada.

Nosso estudo descobriu que os traços de temperamento mais marcantes nas mulheres que amam os psicopatas são os seguintes:

1. Extroversão e busca de emoções
2. Investimento nos relacionamentos e sociabilidade positiva
3. Sentimentalismo
4. Apego
5. Competitividade
6. Interesse em ser bem-vista pelos outros
7. Evitação de danos

---

[51] "The Temperament and Character Inventory", ou "TCI", desenvolvido pelo dr. Robert Cloninger.

TRAÇO DE TEMPERAMENTO DO ITC – BUSCA DE EMOÇÕES

A extroversão dela[52]

As mulheres que amam psicopatas foram esmagadoramente avaliadas como extrovertidas nos testes, o que não causou nenhuma surpresa. Aquelas com quem trabalhei são, em sua maioria, mulheres gregárias e poderosas! Grande parte delas é instruída ou muito competente na sua linha de trabalho; elas são bem-sucedidas de acordo com os padrões de qualquer pessoa. A mulher típica no estudo tinha no mínimo o grau de bacharel ou um mais elevado. Muitas têm formação profissional como:

- advogadas
- médicas
- terapeutas ou assistentes sociais
- membros do clero
- enfermeiras ou outras profissões da área médica
- professoras do ensino fundamental, médio ou superior
- editoras
- CEOs de empresas
- diretoras de entidades sem fins lucrativos

Esse é um grupo impressionante de mulheres que têm conhecimento, instrução e poder. Antes que o psicopata entrasse na sua vida, elas tinham segurança financeira ou eram bem-sucedidas na sua área, tinham uma boa autoestima, eram voltadas para metas e tinham atitudes competitivas. Como a extroversão das mulheres influenciou a maneira como elas acabaram se relacionando com um psicopata?

Alguns dos fatores do envolvimento residem na sua extroversão e na busca por diversão. Os extrovertidos patológicos e não patológicos são curiosos e

---

[52] Compilado pela dra. Liane J. Leedom.

ficam facilmente entediados, mas às vezes são impulsivos.[53] A partir de um ponto de vista negativo ou patológico, essa impulsividade na extroversão está associada ao TDAH, ao jogo patológico, ao transtorno explosivo intermitente, à cleptomania, à piromania,[54] e à impulsividade sexual. No entanto, no aspecto positivo, a questão da impulsividade na extroversão normal serve para nos lembrar que esse mesmo traço "com moderação" é o que nossa cultura associa à ambição. A "impulsividade desenfreada" vista com tanta frequência na patologia deixa de ser apenas ambição. Em vez disso, a impulsividade se torna altamente disfuncional ou nociva.

A busca de emoções dela

> **Resultados do Estudo**
>
> **Traço de Temperamento:**
> Excitabilidade Exploratória
>
> **Escores:**
> Dela: Elevado
> Dele: Elevado

Parte do magnetismo do envolvimento é criada porque os extrovertidos (tanto ele quanto ela) são "buscadores de emoções" que não gostam de uma vida entediante. Eles buscam outras pessoas que também não gostam de ficar entediadas! Quanto mais excitante a vida, melhor! As mulheres extrovertidas não têm inclinação para se sentir atraídas por homens "viciados em televisão". Elas procuram parceiros fortes e expansivos. No entanto, existem diferenças entre as motivações e os comportamentos de busca de emoções dele e dela. Nos psicopatas, a busca de emoções é impulsiva e manipulativa. A busca de emoções dele envolve enganar outras pessoas, roubar ou ter um comportamento temerário e radicado nos seus problemas de impulsividade crônica.

A busca de emoções dela pode ser gostar do "cara instigante e estimulante" ou talvez apenas do estilo de vida expansivo, ativo e estimulante que ambos compartilham. Ela não precisa praticar paraquedismo para ter traços de busca de emoções. Ela pode apenas gostar de um cara que seja poderoso e dominante (o que decididamente descreve o psicopata) e que seja tão exploratório quanto ela. A busca de emoções nele, devido à sua patologia, pode ir

---

[53] Os extrovertidos patológicos seriam, obviamente, muito mais impulsivos do que os extrovertidos não patológicos.

[54] DSM Transtornos do Controle de Impulsos NOS.

> **Resultados do Estudo**
>
> **Traço de Temperamento:**
> Total Busca de Emoções
>
> **Escores:**
> Dela: Moderadamente Elevado
> Dele: Elevado

muito além da busca de emoções nela. Enquanto a dele possa ser andar a toda velocidade de motocicleta e sem capacete nas curvas de uma montanha apenas para sentir o perigo e o vento, a dela pode ser achar que "Johnny Depp" é um tipo de cara "estimulante" porque ele agarra a vida e a explora por completo. Lamentavelmente, ela também vai descobrir que a busca de emoções do parceiro com frequência está relacionada com quantos relacionamentos com outras mulheres ele consegue manter ocultos e sair impune.

"Em algum nível, o falso poder dele parece ser uma proteção, embora, de muitas maneiras, seja o oposto. Esse poder parece ser a forte proteção que eu tinha em casa com meu pai. O fato de ele poder praticar ações que desconsideram as regras da sociedade parece uma intensa força protetora quando não atua contra mim ou contra outras pessoas. É a ousadia e a audácia dele que acabam parecendo tão poderosas. Por exemplo, quando ele sai impune de alguma coisa por ser tão obstinado e confiante."

Mal sabe ela que a extroversão dele não é apenas algo "instigante" ou "ousado", e sim uma patologia completa. O Instituto desenvolveu um seminário sobre a "Intensidade do Apego" que discute por que muitas vezes as mulheres interpretam e rotulam de forma errada os problemas de extroversão do psicopata, conferindo a eles o *status* de "estimulantes" e "de alma gêmea". Procure o *download* do áudio, em inglês, no site da revista.[55]

As pessoas que obtêm um escore elevado nos testes de avaliação da busca de emoções detestam a monotonia. Uma coisa é certa no caso das mulheres de psicopata – assim como o psicopata não gosta de uma vida monótona, as mulheres não gostam de homens entediantes, e os psicopatas são tudo *menos*

---

[55] www.saferelationshipsmagazine.com.

entediantes. Embora essas mulheres possam odiar a monotonia, o que elas obtiveram em vez disso foi um drama emocional com o psicopata.

O sistema de recompensa gravado no cérebro da mulher extrovertida tende tão fortemente para o sucesso, que ela repetirá várias vezes um comportamento, tentando ser bem-sucedida mesmo quando fracassa. Os extrovertidos são competitivos, voltados para metas e orientados para o sucesso – sobretudo as mulheres da pesquisa. Sua forte extroversão as incentiva em segredo a alcançar sua "recompensa" percebida ou o "sucesso" no relacionamento. Eu, com certeza, já presenciei isso em algumas das mulheres que continuam a tentar manter um relacionamento com um psicopata, mas o resultado dessa atitude é o fracasso, o que sempre ocorrerá caso continuem tentando.

Embora os escores dessas mulheres em extroversão as coloquem na faixa superior do traço, *isso não significa que as mulheres sejam psicopáticas.* Significa que elas compartilham o forte e cativante traço da extroversão.

Essa grande extroversão dele *e* dela cria o magnetismo. Isso é importante, porque a questão da extroversão elevada tanto no psicopata quanto na mulher se torna um dos pontos da conexão entre eles. Os extrovertidos são em geral atraídos por outros extrovertidos. Embora haja um clichê de que "os opostos se atraem", o que significa que os extrovertidos são atraídos por introvertidos, isso não é verdadeiro, na maior parte das vezes, no caso dos psicopatas e suas mulheres. É aqui que a "atração" e a "semelhança" se reúnem no período de namoro. Muitas mulheres disseram que quando conheceram o psicopata tiveram a sensação de ser "feitas" para ele – um "primeiro encontro" intenso que decididamente chamou a atenção delas.

As mulheres falaram inúmeras vezes a respeito do envolvimento incomum que ocorreu nesse relacionamento, e como o poder da atração e conexão adquiriu vida própria. Essa atração é gerada, em parte, pela elevada extroversão que os dois compartilham. Os psicopatas precisam (e procuram) mulheres que considerem sua dominância e extroversão *sexy* ou desejável – porque outras mulheres achariam esse nível de extroversão perigoso e esmagador! É preciso uma mulher forte para não achar essa extroversão em um homem ameaçadora e até mesmo considerá-la estimulante! Os dois extrovertidos se tornaram dois ímãs poderosos apontados um para o outro, o que resultou em uma atração inegavelmente sólida.[56]

Isso torna a extroversão um importante conceito a ser lembrado quando estivermos rastreando relacionamentos amorosos patológicos. Dois extrovertidos muito atraídos um pelo outro, ambos sendo voltados para a ação, estão propensos a agir motivados por essa atração intensa.

Curiosamente, este é o único traço importante que a mulher do psicopata compartilha com ele – a questão da extroversão e da busca de emoções. Os outros traços de temperamento, como você verá mais adiante, são quase diametralmente opostos. Apenas a extroversão e a busca de emoções ligam com firmeza o psicopata à sua mulher.

A busca de emoções dela e a atração da extroversão como fatores de risco

Embora a extroversão como um todo possa ser um traço positivo, as mulheres extrovertidas enfrentam desafios específicos que as colocam em risco. Esse tipo de mulher altamente extrovertida é muitas vezes uma ameaça para os homens que não são tão extrovertidos e dominadores. Esse tipo de mulher extrovertida, competente e competitiva poderia, sem sombra de dúvida, suplantar emocionalmente um homem que não fosse semelhante na sua própria extroversão. Este é, talvez, o motivo pelo qual as mulheres se sentem atraídas pelos homens extrovertidos. Por conseguinte, a maioria dos homens interessados em uma mulher com esse nível de extroversão é *pelo menos* tão extrovertido quanto ela, ou até mesmo *mais*.

Se ela se sente atraída por homens extrovertidos, dominantes e que buscam emoções, essa é a "inclinação" dela, e ela sempre sentirá atração por esse tipo de características. No entanto, devido à natureza do homem por "quem" se sente atraída (os traços nele), ela sempre estará pescando no lago da "patologia", porque os psicopatas são em sua maioria homens dominantes, extrovertidos, que buscam emoções – exatamente o tipo que ela acha atraente!

---

[56] Informações adicionais sobre esse assunto são encontradas no Capítulo 9.

Nem todos os homens dominantes são psicopatas, mas quase todos os psicopatas são dominantes. Se a mulher gosta de homens dominantes, ela estará "correndo um risco maior" de se envolver com um psicopata do que aquela que não considera os homens dominantes atraentes. Ela precisa compreender que sua atração pela dominância é um "fator de risco de atração" para ela.

A meta dela na recuperação e na prevenção é ser capaz de determinar a diferença entre os comportamentos saudáveis de dominância, extroversão e busca de emoções dos comportamentos patológicos relacionados com os mesmos traços nos homens. Como não é provável que ela mude radicalmente e deixe de se sentir atraída por homens dominantes, o melhor que tem a fazer é descobrir uma maneira de escolher os saudáveis.

O problema que as mulheres relataram é que elas encaram os homens menos dominantes como passivos ou sem personalidade. Elas tendem a continuar a encontrar parceiros demasiado extrovertidos, e que buscam por emoções, compatíveis com seus próprios níveis de motivação. Por conseguinte, o desafio delas é aprender a distinguir a dominância masculina saudável da patológica. Agora, vou examinar outros traços associados à extroversão.

A extravagância e a desordem dela

> **Resultados do Estudo**
>
> **Traço de Temperamento:**
> Extravagância
>
> **Escores:**
> Dela: Moderadamente Elevado
> Dele: Elevado

Algumas mulheres no nosso estudo obtiveram um escore elevado em desordem e extravagância. Isso significa que elas são um pouco mais "liberais" do que obsessivas a respeito da ordem e da rotina, e não sentem a necessidade de que tudo na vida seja organizado. Sua extravagância pode estar associada a compras compulsivas, um hábito encontrado em algumas mulheres extrovertidas. É difícil saber se elas sempre foram assim, ou se isso se tornou um problema no relacionamento com o psicopata, seja pela insistência dele em gastar dinheiro, seja porque isso se tornou uma maneira de administrar sua crescente ansiedade.

A extravagância e a desordem dela como fatores de risco

> **Resultados do Estudo**
>
> Traço de Temperamento:
> Desordem
>
> Escores:
> Dela: Moderadamente Elevado
> Dele: Elevado

Esse lado "liberal" dela que aceita a vida como ela é e é capaz de seguir a maré, também tem a capacidade de aceitar a falta de ordem e a rotina que faz parte da vida de um psicopata (ou se torna parte dela). Essas mulheres podem tolerar com facilidade o caos causado pelo modo de vida e a patologia dele, bem como a montanha-russa dos inevitáveis altos e baixos. A mulher tem a capacidade de funcionar no caos, o que provavelmente a torna uma boa gerente na vida profissional. Ela precisa passar algum tempo com o psicopata antes de se cansar da falta de ordem e do caos permanente.

O psicopata é notório pela sua própria extravagância, que é provável que se deva à sua necessidade de *status*, sua orientação para possuir coisas, sua necessidade de evitar o tédio, aliadas à sua impulsividade. Muitas mulheres no estudo não eram impulsivas em excesso,[57] de modo que a sua tendência para a extravagância se harmonizava bem com o próprio nível de extravagância do psicopata. A extravagância parece estar associada a um pouco de extroversão e busca de emoções!

A competitividade dela[58]

As mulheres extrovertidas tendem a ser muito competitivas. Sem esse espírito forte e competitivo, quem poderia até mesmo suportar a atitude forte e dominadora de um psicopata? A competitividade dela aprecia uma competição direta com alguém tão impetuoso ou tão obstinado quanto ela. Os homens não patológicos provavelmente se sentiam passivos, de modo que ela não se importa com uma boa discussão obstinada (pelo menos antes de ele ter se tornado verbalmente ultrajante todas as vezes que ela tentava falar). É bem provável que a competitividade dela a tenha tornado uma líder na escola, na

---

[57] Assunto tratado em detalhes mais adiante no livro.
[58] Contribuição da dra. Liane J. Leedom.

vida profissional ou na carreira, e competitiva no esporte e em atividades físicas ao ar livre. Ela está acostumada a ser forte, decisiva e proativa. É por isso que ela está confusa a respeito de como a psicopatia "engoliu" uma parte dela que costumava ser tão forte.

A competitividade dela como fator de risco

Por mais maravilhosa que a competitividade seja na vida habitual, a competitividade da mulher é uma armadilha no relacionamento com o psicopata. À medida que o relacionamento começa a se tornar patológico e a loucura dele aumenta, em vez de correr em busca de abrigo ou tomar a decisão prática de "reduzir os danos", a mulher tende a permanecer e lutar. Ela não tem medo de tentar defender uma ideia e por certo não quer "que ele leve a melhor". Entre as várias razões que levaram as mulheres a ficar estão:

- ❖ "quebrá-lo" – como descobrir informações ou evidências suficientes para confrontá-lo ou levar para o tribunal
- ❖ conseguir invadir o carro, o negócio, o telefone ou o computador dele para obter uma prova de infidelidade, do vício em pornografia ou da remessa de dinheiro para contas no exterior
- ❖ contratar detetives particulares, comprar e colocar *spyware* no carro, no computador ou na casa, ou até mesmo em outros lugares
- ❖ brigar sobre questões jurídicas e de custódia
- ❖ não desocupar (e perder) uma propriedade

Talvez se soubessem que estavam brigando com um psicopata, a maioria das pessoas jamais tentaria "lutar contra Hannibal e vencer". Muitas mulheres só vêm a saber quem estão enfrentando quando já estão bem avançadas no ciclo da patologia. De um modo geral, a competitividade da mulher vai representar um desafio para o psicopata, sejam quais forem as dificuldades.

A capacidade dela de resistir e competir diretamente com um psicopata "para não ser pisada ou injustiçada por ele" é perigosa para sua saúde mental. Ela prefere ficar e lutar a fugir. É provável que sua competitividade a tenha mantido *por mais tempo* no relacionamento do que teria acontecido se ela fosse menos competitiva. Embora a competitividade nos negócios ou no esporte seja um traço vantajoso, nos relacionamentos com psicopatas, ela é um par de algemas que mantém a mulher presa a um relacionamento muito perigoso. Esse forte traço de competitividade a mantém no ringue sendo assolada pela patologia dele e furiosa por não poder continuar a defender sua posição com alguém tão pervertido.

As mulheres são prejudicadas de modo mais significativo quando permanecem no relacionamento achando que podem "ser mais espertas do que ele" ou "dar uma lição nele" antes de ir embora. Um dos mantras do Instituto é *"Eles são mais doentes do que nós somos espertas"* – permanecer por essas razões atuará em benefício do psicopata. A mulher simplesmente será prejudicada pela exposição a essa quantidade de patologia. A estrutura e a psicologia normais da sua personalidade não são páreo para um psicopata. As pessoas normais quase sempre são afetadas de maneira negativa pela patologia de outra pessoa. Elas não estão estruturadas para conseguir sustentar uma exposição crônica a esse nível de distúrbio. O psicopata não é prejudicado pela competitividade da mulher, mas ela, sem dúvida, será afetada pela exposição a mais abusos psicopáticos. Por conseguinte, a competitividade dela é um fator de risco nesses relacionamentos.

A impulsividade dela

Resultados do Estudo
Traço de Temperamento: Impulsividade
Escores: Dela: Média Dele: Elevada

Como grupo, as mulheres que amam psicopatas foram avaliadas como dentro da média do traço da impulsividade. Isso se deve ao fato de algumas delas serem impulsivas e outras não, de modo que a combinação desses dois escores produziu um escore médio. Como expliquei antes, a maioria dos extrovertidos é um tanto impulsiva. Eles têm diferentes capacidades de parar e pensar antes de agir. Sem dúvida, os psicopatas nos seus níveis exagerados de extroversão nem sempre param e pensam antes de agir.

No Capítulo 4, falamos a respeito das regiões do cérebro que eram afetadas nos psicopatas. A maioria das regiões do cérebro afetadas estava relacionada com a incapacidade de regular a impulsividade. Embora o impulso de agir seja muito forte nos extrovertidos (mesmo naqueles que não têm uma perturbação patológica), os não patológicos são capazes de moderar essa tendência por meio do poder de reflexão. Muitas das mulheres no nosso estudo tendem a ser cuidadosas na maior parte dos aspectos da sua vida apesar da sua busca despreocupada por emoções. Essa é uma razão ainda maior para que algumas fiquem surpresas com o fato de terem ido parar nas mãos de um psicopata quando são em geral pessoas cautelosas e não se inclinam a se envolver por impulso com alguém sem uma cuidadosa reflexão.

A ausência de impulsividade dela não é páreo para um psicopata, que pode facilmente aguardar e se disfarçar como um bom investimento para uma mulher cautelosa. As habilidades persuasivas, mentiras descaradas e o ritmo acelerado dele fazem o relacionamento avançar mais rápido do que a mulher está acostumada. A falta de impulsividade dela pode ser superada por um psicopata habilidoso que desvirtua a cautela da mulher transformando-a em "sabedoria" da parte dela. Ele apenas aumenta a atenção, a paixão, a intensidade, o charme e o ardor até que ela esqueça porque estava indo devagar e sendo tão cuidadosa.

A ausência de impulsividade dela como fator de risco

Lamentavelmente, a decisão da mulher de terminar o relacionamento tampouco será impulsiva – ela tende a não se apressar a reagir às exibições veladas de patologia do psicopata. Não é provável que ela se apresse em encerrar a intensa ligação que tem com ele, não importa quantas vezes ele a traia, minta ou se comporte de maneira inadequada. Os extrovertidos tendem a se concentrar nas *recompensas* em vez de nas *punições*. É interessante observar que essas mulheres extrovertidas se concentraram mais nas recompensas e memórias positivas que elas tiveram com o psicopata, em vez de reagir ao comportamento negativo dele. A capacidade da mulher de se concentrar nas experiências e recompensas positivas e bloquear as crescentes informações negativas a respeito do psicopata é um fator incomum nesses relacionamentos. Discutirei essa dinâmica incomum mais adiante no livro.

O fator de risco da mulher na sua ausência de impulsividade pode estar relacionado com a busca de emoções no psicopata que ela *de fato* considera atrativa. Embora ela considere a busca de emoções no psicopata estimulante, existe uma diferença sutil entre a exuberância saudável na vida e a impulsividade fora de controle. É provável que o psicopata tenha ocultado a impulsividade fora de controle do seu verdadeiro comportamento (pelo menos durante algum tempo) atrás da máscara da exuberância – o que é muitas vezes chamado de "gerenciamento de imagem". Em algum momento, a vida oculta dele se revelará.

A mulher se encontra em um impasse emocional com base na sua falta de impulsividade e, contudo, elevada competitividade. Quer ela tenha ou não iniciado o relacionamento por impulso, ela não o encerrará do mesmo modo. Infelizmente, o psicopata não será prejudicado nem um pouco pelo baixo nível de impulsividade dela. No entanto, é bem provável que a mulher seja ferida pelos impulsos fora de controle dele que o levam a se aproveitar de toda e qualquer oportunidade em situação de risco. A falta de impulsividade da mulher pode impedi-la de cair fora mais cedo quando na verdade é o que de fato deveria ter feito!

Nesse primeiro segmento dos Traços de Temperamento do ITC, examinamos em detalhes a extroversão e, em específico, a busca de emoções. Agora, vamos dar uma olhada no segundo grupo de Traços de Temperamento medidos pelo ITC.

TRAÇO DE TEMPERAMENTO DO ITC – SOCIABILIDADE POSITIVA/INVESTIMENTO NOS RELACIONAMENTOS

Resultados do Estudo

Traço de Temperamento:
Investimento nos Relacionamentos

Escores:
Dela: Elevado
Dele: Baixo

O que o ITC chama de "dependência da recompensa", eu chamo de "investimento nos relacionamentos". Isso significa simplesmente que as mulheres estão muito envolvidas nos seus relacionamentos. Não confunda isso com o que é muitas vezes chamado de "codependência". A psicologia carece de uma palavra que descreva o elevado investimento na recompensa do relacionamento. Muitos psicoterapeutas nem mesmo sabem o que é isso ou o reconhecem como um traço de temperamento. Em vez disso, eles o rotulam de modo equivocado (sobretudo nessas mulheres) como "codependência". A codependência se tornou uma palavra "genérica" que é usada para cobrir uma multiplicidade de sintomas – em especial aqueles dos quais a psicologia não tem outro entendimento, e para os quais não possui explicação ou uma palavra apropriada. O mundo se afastou do significado inicial da palavra "codependente", que estava relacionado com a área dos vícios. A definição do comportamento codependente estava relacionada com os parceiros de pessoas viciadas que permitiam o uso continuado da substância pelo viciado e eram controlados pelo comportamento dele. Embora alguns dos psicopatas *sejam*, de fato, viciados, e embora alguns dos comportamentos das mulheres que *estão* relacionados com o uso da substância dele possam ser codependentes, o que *NÃO É* codependente é a questão do investimento nos relacionamentos. O traço de temperamento das mulheres de investimento nos relacionamentos não é a mesma coisa que codependência.

É normal para o ser humano querer amar e ser amado. Desejar o amor não torna uma pessoa patológica ou codependente, mas pode haver excessos nos traços relacionados com o dano relacional. Uma nova área de estudos na neurociência é o estudo da hiperempatia e seu relacionamento com um "altruísmo quase patológico" no qual as pessoas são prejudicadas pelos próprios níveis de elevada empatia que as impedem de abandonar experiências nocivas ao extremo.[59] É decididamente justificável dar uma segunda olhada nessas mulheres tendo em vista o seu envolvimento com as pessoas mais perigosas do planeta.

O apego dela

As mulheres no nosso estudo tiveram, de fato, um escore muito elevado no teste de investimento nos relacionamentos, em parte porque elas se apegam profundamente. A sociabilidade positiva e o investimento nos relacionamentos se

---

[59] Barbara Oakley publicou, em 2011, um novo livro intitulado *Pathological Altruism*.

> **Resultados do Estudo**
>
> **Traço de Temperamento:**
> Apego
>
> **Escores:**
> Dela: Elevado
> Dele: Baixo

baseiam na capacidade de extrair sentimentos positivos dos relacionamentos. Essas mulheres encontram muito prazer e satisfação no que elas inserem nos relacionamentos, e no que extraem deles. Esses profundos apegos são uma fonte de satisfação pessoal. Embora elas possam ser conservadoras com relação a se apegar (porque podem não ser altamente impulsivas), *uma vez que se apegam*, elas o fazem com grande paixão e enorme profundidade. O psicopata *usa* recompensas positivas como o afeto, reforços verbais, gratificações financeiras, como presentes ou viagens, para estabelecer seus padrões de poder e dominância na vida da mulher. Cada recompensa a habilita para que saiba quais comportamentos o parceiro gratifica e quais liberam atos punitivos nele. Ela se molda de maneira a maximizar as recompensas e a evitar os comportamentos que o fazem explodir.

Torna-se um simples condicionamento operante ou adquirido básico – usar comportamentos de que ele gosta, aprender a evitar os que conduzem à punição. Essa punição pode ser a falta de atenção, ficar emburrado ou furioso, ou a indiferença que ele impõe quando a mulher o desagrada. Quando o agrada, ela recebe o melhor do charmoso psicopata e a forte emoção do magnífico relacionamento que ela imagina ter. Quando a mulher frustra a dominância dele e o desagrada/enfurece, ela recebe a raiva narcisista, a ameaça ou insinuação de que ele vai deixá-la e abandonar o relacionamento, e qualquer outra coisa que o psicopata ache que atingirá o investimento dela no relacionamento.

Devido à profundidade do envolvimento do casal, à elevada competitividade, à busca de emoções e ao fato de não haver uma verdadeira explicação no DSM para traços superelevados como os deles no investimento nos relacionamentos, essas mulheres não apenas são erroneamente rotuladas de "codependentes", como também, de uma maneira tão errada quanto, consideradas como portadoras do "transtorno da personalidade dependente". A simplificação dos comportamentos dessas mulheres se baseia no fato de que não existem *outras* explicações para as combinações dos traços deles. A falta de explicação para um comportamento não justifica o uso de uma explicação errada no lugar. Assim como essas mulheres não eram codependentes, elas tampouco foram avaliadas como codependentes nos testes.

Lembre-se de que essas mulheres são com frequência médicas, advogadas ou exercem outras profissões de alto nível. Cargos desse tipo não atraem pessoas que sofrem do Transtorno da Personalidade Dependente. O fato é que precisamos de outra categoria para seu agrupamento incomum de traços.

Para que as mulheres se protejam de futuros psicopatas, elas precisam compreender de que maneira questões como o investimento nos relacionamentos as coloca em risco com esse tipo de homens.

O sentimentalismo dela

> **Resultados do Estudo**
>
> **Traço de Temperamento:**
> Sentimentalismo
>
> **Escores:**
> Dela: Elevado
> Dele: Baixo

As mulheres sentimentais alcançam escores elevados no teste de sociabilidade positiva/investimento nos relacionamentos. Elas tendem a se concentrar nas coisas agradáveis do relacionamento, recordando a ocasião em que o parceiro lhes deu flores, foi gentil com uma criança ou um cachorro, ou fez algo incomum no aniversário de namoro deles. A capacidade dela de focar com intensidade os aspectos sentimentais do relacionamento ajuda o psicopata a camuflar suas muitas outras mancadas. Essa questão do sentimentalismo também parece estar relacionada com a capacidade da mulher de focar intensamente em lembranças sentimentais positivas e bloquear as negativas. Ela precisa de poucas lembranças positivas para mantê-la no relacionamento. Em contrapartida, dezenas de lembranças negativas, até mesmo horríveis e traumáticas, puderam ser neutralizadas com recordações sentimentais de uma época mais positiva.

As mulheres obtiveram escores muito altos em afeição, de modo que os psicopatas que conseguem deixar transparecer esse sentimento, em especial no início, têm uma boa chance com elas. Se a mulher tiver terminado um relacionamento no qual não recebia muito afeto, o envolvimento com um psicopata pode dar a impressão de que ela ganhou na "Loto da Afeição!". Pelo menos no início, muitos psicopatas sabem que ser carinhosos significa aumentar o sentimento de envolvimento da mulher e a lealdade correspondente dela. Os psicopatas violentos em grupo comentaram o seguinte: "Você não as atinge enquanto elas não criarem um vínculo com você. Depois, se você as atingir, é mais provável que elas fiquem". Os psicopatas encaram a afeição como uma maneira de exercer o poder tanto no relacionamento quanto nas emoções de suas parceiras.

A sensibilidade social dela

Essas mulheres também são socialmente sensíveis. Elas são sensíveis às necessidades dos outros, o que explica por que elas foram tão sensíveis às necessidades de um psicopata. Elas são sensíveis a estímulos ambientais e emocionais a respeito das outras pessoas, e são capazes de captar quando os outros foram magoados ou feridos por uma ação ou algo que foi dito. Muitos psicopatas exploram a questão da "empatia" bem cedo, no estágio da sedução. Ao captar a hiperempatia da mulher, eles usam suas tendências camaleônicas para se transformar no que ela *é*. Se a mulher for hiperempática, ela precisa de algo com o que se identificar. O psicopata produz rápido a história triste com a qual ela irá se conectar – o abuso que sofreu na infância, a esposa que o trai, o emprego que ele perdeu, a oportunidade que lhe foi roubada, os filhos que ele nunca consegue ver. A capacidade dela de se concentrar demais nas necessidades dos outros coloca o psicopata na posição perfeita para receber a sensibilidade social dela.

A preocupação dela em ser bem-vista pelos outros

As mulheres têm bom coração e se importam profundamente com a maneira como os outros as consideram. Isso é verdade com relação a todas as pessoas na sua vida, seja em um relacionamento íntimo, em uma associação de trabalho ou uma amizade. Como os outros as veem, o que eles pensam delas e o que acreditam a respeito delas é muito importante.

Lamentavelmente, um alto investimento nos relacionamentos pode fazer com que as mulheres tenham níveis elevados de sugestionabilidade, algo de que o psicopata se aproveita! Essa sugestionabilidade também será discutida mais tarde na dinâmica do relacionamento, já que isso pode ter contribuído para a capacidade do psicopata de utilizar algumas técnicas de controle mental e outras semelhantes à lavagem cerebral.

Além disso, o elevado investimento nos relacionamentos pode levar as mulheres a perder a objetividade a respeito do que está acontecendo no relacionamento. Com a confusão que os psicopatas introduzem aos poucos no relacionamento por meio de técnicas de *gaslighting*, não é difícil imaginar como a objetividade das mulheres com relação ao que estavam vivenciando (em contraste com o que o psicopata disse que elas estavam vivenciando) se torna distorcida.

O INVESTIMENTO NOS RELACIONAMENTOS DELA COMO FATOR DE RISCO

As mulheres que não são motivadas para agradar os outros nos relacionamentos, e que não têm um escore elevado no investimento nos relacionamentos, não ficariam dois minutos ao lado de um psicopata. Nós não chamamos essas mulheres de "princesas"? Ele não as desejaria por nada neste mundo. As divas e os psicopatas não se misturam. Compreender que o poder e as necessidades de dominância do psicopata são em grande medida satisfeitos através da dinâmica do investimento nos relacionamentos delas ajuda as mulheres a entender por que esse traço é um fator de risco nas mãos de um psicopata.[60]

A sensibilidade da mulher às necessidades alheias a torna a pessoa bondosa que é. No entanto, no relacionamento com um psicopata, é provável que ela se compadeça em excesso da triste história de infortúnio dele. A mulher está muito sintonizada com as necessidades emocionais do psicopata baseadas no histórico passado ou nos estressores atuais dele, e tenta de forma árdua dar ao parceiro o que ela acha que ele precisa e o que ela espera que irá estabilizar aquele "menino interior ferido". O psicopata espera que ela entre em sintonia com todas as necessidades dele, porque quando a mulher estabelece um limite, ele a pune emocionalmente ou lembra a ela por que as necessidades dele são importantes e devem ser satisfeitas.

---

[60] Dica de prevenção: seja a Princesa e a Diva que nenhum psicopata desejaria!

Infelizmente, o fato de a mulher se importar tanto com o que os outros pensam a respeito dela também inclui o psicopata. Não causa surpresa o fato de que, depois de tudo o que passou, ela ainda se preocupe com a possibilidade de eles "poderem ser amigos" quando o relacionamento terminar. A mulher quer que ele goste dela, e se preocupa com as coisas negativas que ele vai contar a seu respeito. As mulheres permanecem em relacionamentos com psicopatas tentando estabelecer a base para um "rompimento harmonioso", o que, é claro, não existe no caso dos portadores de patologias. A mulher também pode estar preocupada com o que seus amigos vão pensar dela por não estar "fazendo as coisas darem certo" com uma pessoa tão encantadora. Ela se importa com a opinião de sua família e amigos a seu respeito. Se os outros a incentivaram a permanecer com o charmoso psicopata, a forma como eles encarariam a sua atitude e o rompimento é muito importante para ela. Também pode haver considerações religiosas se a mulher estiver preocupada com o modo como a sua igreja irá encarar esse rompimento. A maior preocupação da mulher, contudo, é a maneira como o psicopata a julgará.

Em muitas sessões de aconselhamento, eu disse o seguinte às mulheres:

"Então o que importa é se o psicopata com quem você está rompendo gosta de você, certo?"

Nesses termos, é mais fácil perceber como ela fica aprisionada ao querer que os outros a vejam de uma forma positiva – até mesmo ele. Algumas mulheres disseram que esse comentário as ajuda a enxergar quanto essa necessidade de ser bem-vista pelas pessoas está desequilibrada nelas, e enfatiza o absurdo de que as opiniões altamente perturbadas do psicopata deveriam ter alguma importância! Como já dissemos, esse traço é muitas vezes confundido e rotulado de codependência. Rótulos como esse fazem com que as mulheres fujam da orientação psicológica porque não são compreendidas e seus traços de temperamento e a intensidade do apego não são reconhecidos pela contribuição que fazem à dinâmica do relacionamento.

Infelizmente, o psicopata se beneficia em alto grau do elevado investimento da mulher no relacionamento. Quanto mais ela extrai recompensas do relacionamento, mais envolvida ela fica. Quanto mais envolvida a mulher fica, mais difícil se torna para ela se desligar do seu sistema interno de recompensa no relacionamento e abandonar o psicopata. Seu elevado investimento no relacionamento em uma situação como essa pode apenas beneficiar o psicopata, enquanto o baixo investimento no relacionamento dele representa nitidamente um desastre para ela.

Compreender sua inclinação para o investimento nos relacionamentos, para o sentimentalismo, para apegos profundos e intensos, e para se preocupar com a maneira como ela mesma é vista poderia ajudá-la a salvaguardar esses aspectos do seu temperamento na próxima vez, e lembrar a ela para avançar com extrema lentidão nos futuros relacionamentos.

Nesta seção, examinamos a fundo o traço do investimento nos relacionamentos. Em seguida, vamos estudar o último grupo dos Traços de Temperamento do ITC.

TRAÇO DE TEMPERAMENTO DO ITC – EVITAÇÃO DE DANOS

> **Resultados do Estudo**
>
> **Traço de Temperamento:**
> Total de Evitação de Danos
>
> **Escores:**
> Dela: Variado
> Dele: Baixo

A evitação de danos está relacionada com a conscientização de um dano potencial. Desse modo, as mulheres ou estão muito conscientes do dano ou não estão conscientes o bastante dele. Ambos os extremos da evitação de danos podem ser problemáticos – aquelas com uma evitação de danos de fato elevada que são sufocadas pela ansiedade, e aquelas que não se apercebem de nada e depois são destruídas pelo dano porque não o prenunciam.

Cerca de metade das mulheres na nossa pesquisa obteve um resultado elevado no teste de evitação de danos, e a outra metade obteve um resultado de médio a baixo. Os escores de evitação de danos das mulheres podem ter sido artificialmente elevados porque muitas delas saem de relacionamentos amorosos patológicos com sintomas suficientes para serem diagnosticadas com o transtorno de estresse pós-traumático (TEPT). Foi esse grupo de mulheres que teve os escores elevados de evitação de danos. As pessoas com TEPT, outros transtornos de ansiedade e transtorno depressivo maior têm uma elevada evitação de danos até que esses transtornos sejam tratados. Depois do tratamento, elas obtêm escores muito mais baixos e se revelam menos ansiosas.

A questão que não pode ser respondida em definitivo é se as mulheres desenvolveram ou não os traços de evitação de danos *por causa do relacionamento patológico*. A razão pela qual nos perguntamos isso é o fato de que, apesar de algumas das mulheres terem obtido resultados elevados no teste de evitação de danos, esses resultados não foram *tão altos* quanto os de outros grupos de mulheres. Por exemplo, as mulheres com transtornos de ansiedade clínica obtiveram escores mais elevados do que as mulheres que amam psicopatas. Achamos que elas não tinham necessariamente uma evitação de danos elevada *por natureza*. Em vez disso, acreditamos que muitas desenvolveram uma elevada evitação de danos *como uma reação à incessante exposição a um psicopata*.

Preocupação preventiva

> **Resultados do Estudo**
>
> **Traço de Temperamento:**
> Preocupação Preventiva
>
> **Escores:**
> Dela: Moderadamente Elevado
> Dele: Baixo

Os escores elevados do teste não foram uma característica surpreendente porque ter um relacionamento com um psicopata aumenta o pessimismo, a preocupação e a expectativa de problemas, porque existem muitos problemas com um psicopata! Aumentos na preocupação (já que a mulher está preocupada a respeito do resultado desse relacionamento cada vez mais instável) e no medo (o que ela irá descobrir, em seguida, que ele fez) podem assolar essas mulheres. O medo do desconhecido pode ser um grande problema para as mulheres que amam psicopatas.

A evitação de danos elevada dela como fator de risco

A evitação de danos é regida pela ansiedade, de modo que se a mulher tem um escore elevado em evitação de danos é bem provável que ela tenha muita ansiedade. Ou ela sempre foi propensa a se preocupar *ou* desenvolveu essa característica no relacionamento com o psicopata junto com outros sintomas de transtorno do humor.

Ter um escore elevado em evitação de danos aumenta a cautela e estimula o planejamento cuidadoso. No entanto, a falta de impulsividade e a cautela da mulher, que sem dúvida são excelentes traços, ainda não a protegem *o bastante* quando ela está no caminho do psicopata. Seu nível de mera cautela não passa de um buraco na estrada para um psicopata.

Por que a exposição aos psicopatas aumentaria a evitação de danos? Buscando evitar provocar o psicopata, ela pode se tornar muito sensível ao potencial de um dano relacional com ele punindo-a emocionalmente. O *gaslighting* dele, os pressentimentos dela de que outra coisa está de fato acontecendo e outros comportamentos do psicopata que acionam o alerta vermelho tendem, com o tempo, a aumentar a paranoia dela. Se uma mulher extrovertida para de repente de correr os riscos que corria antes, é porque sua autoconfiança está deteriorada devido ao contato com o psicopata. Dizer que ele "mexe com a cabeça dela" não é uma piada – com o tempo, a química do cérebro da mulher é alterada de maneira que ela passe a evitar, em vez de apreciar, assumir riscos. Pesquisadores dos testes de ITC comentaram que os escores da evitação de danos aumentam quando as pessoas estão muito estressadas.

Um dos aspectos da evitação de danos é a "expectativa de futuros problemas". O TEPT tem um sintoma semelhante relacionado com a "preocupação a respeito do futuro" ou com a preocupação a respeito de ser ferida de novo. Uma vez que a evitação de danos e o TEPT compartilham sintomas semelhantes, é bem provável que o radar dela para um dano futuro seja fortemente ativado.

Sem tratamento, é bem provável que a evitação de danos seja um problema no futuro se a evitação de danos específica dela *estiver* relacionada com o TEPT. Isso se deve ao fato de que grande parte do TEPT pode ser recorrente, sobretudo quando a pessoa está estressada. O TEPT pode ser reativado ou acionado por outros eventos estressantes ou traumáticos que produzem adrenalina e que podem se tornar "autônomos". Quando a mulher tem uma "sensação" que lembra um sentimento que ela teve com o psicopata, ou quando ela tem lembranças, a mente faz soar um alarme e o corpo se reativa com um fluxo de adrenalina. Essa adrenalina aumenta a ansiedade da mulher, o que logo se torna um ciclo vicioso.

Embora desejemos que as mulheres sejam cautelosas, as que possuem uma evitação de danos extremamente elevada acabam mais paranoicas do que cautelosas. As mulheres se queixam muito desse sintoma, ou seja, de que seu medo do futuro (namorar, se envolver com outro psicopata) as impede de um dia *querer* namorar de novo.

Como isso pode ser problemático? A preocupação com a possibilidade de ser magoada no futuro tem chances de ativar a adrenalina da mulher agora ou no futuro. Ela vive sempre preocupada com a possibilidade de uma coisa negativa acontecer, mesmo que ela não aconteça. A adrenalina pode colocar um obstáculo nos seus futuros relacionamentos, enquanto seu radar em "alerta máximo" tenta antever cada maneira pela qual ela poderia ser magoada em um relacionamento, o que gera uma cautela muito elevada. A alta ansiedade também atua contra a mulher, prejudicando a capacidade dela de abandonar um relacionamento patológico porque ela passa a ter dificuldade para se concentrar, planejar com antecedência ou encontrar a assertiva bem definida para seguir adiante sem fraquejar.

Por último, ter um escore elevado na evitação de danos também tende a ser prejudicial para a mulher no longo prazo. A ansiedade cobra um preço alto tanto mental quanto fisicamente. Esse é um dos sintomas para os quais ela mais precisa de tratamento. Sua ansiedade aumenta os pensamentos invasivos e a dissonância cognitiva, que são sintomas característicos das consequências que ela enfrenta. Seu fator de risco na evitação de danos está associado a problemas presentes na sua saúde mental. Receber tratamento para a TEPT ou outros comportamentos que evitam o dano ajudará na sua recuperação.

A baixa evitação de danos dela como fator de risco

As mulheres que obtiveram um escore mais baixo no teste de evitação de danos podem estar correndo um risco significativo de se envolver com psicopatas. As pessoas com um escore baixo de evitação de danos são despreocupadas por natureza e otimistas em situações que preocupam os outros. As mulheres que têm um escore baixo em evitação de danos são mais relaxadas, audaciosas, ousadas e destemidas. Elas não lidam com a questão da ansiedade da maneira como as mulheres com um escore elevado na evitação de danos fazem. Conjugue uma evitação de danos baixa com a extroversão e traços de busca de emoções e temos mulheres audaciosas procurando entusiasticamente novas aventuras, mulheres que tendem a não estar atentas a maneiras pelas quais os outros podem prejudicá-las! E mesmo *se* elas dessem uma espiada no possível perigo, coisas que preocupam outras pessoas não as preocupam.

A falta de uma evitação de danos *suficiente* sem dúvida as mantém cegas para o perigo da aproximação de um psicopata, já que elas tendem a acreditar no que há de melhor nas outras pessoas, não esperam ser magoadas e acreditam que, de qualquer modo, conseguirão lidar com o que quer que aconteça. Uma evitação de danos baixa significa que as mulheres têm níveis reduzidos de detecção no radar e não estão procurando meios pelos quais poderiam ser prejudicadas. Uma evitação de danos baixa pode levá-las a se tornarem vítimas (de novo), porque elas não desconfiam o bastante de que podem ser feridas. O seu radar não está finamente ajustado, mas seu otimismo sim!

Algumas pesquisas examinaram "esportes radicais" que envolvem muitos riscos e observaram baixos níveis de evitação de danos nos atletas que participam deles. Alguns cientistas acreditam que determinadas pessoas são relativamente *indiferentes ao perigo* ou são *irracionalmente otimistas* quando estão em perigo. Elas parecem ter uma autoconfiança que lhes diz que são capazes de "escapar" de qualquer perigo genuíno. Isso suscita a pergunta de se a baixa evitação de danos não seria uma espécie de "imunidade" contra o trauma que outras pessoas vivenciariam na mesma situação. No entanto, a imunidade ao trauma no que diz respeito a um psicopata significa que a capacidade da mulher de reagir depressa fica prejudicada.

O risco da mulher também é aumentado porque ela considera atraente a baixa evitação de danos no psicopata. Testes associaram a baixa evitação de danos à atitude despreocupada e à audácia do psicopata. Essas características a conectam à mesma extroversão e busca de emoções nele que a mulher considera tão cativante. A baixa evitação de danos nela tende a considerar a evitação de danos nele um "vórtice" atrativo. Nela, a baixa evitação de danos pode ser meramente uma desatenção ao perigo. Nele, no entanto, trata-se de um total destemor associado à patologia.

Embora o psicopata, ao que tudo indica, não seja afetado pelo traço de evitação de danos da mulher, ela com certeza será afetada de maneira negativa pelo dele. O que eu já vi, várias vezes, é que se existe alguém que irá repetir o padrão com outro psicopata, esse alguém será, é bem possível, a mulher com uma baixa evitação de danos.

A boa notícia é que a ansiedade, o TEPT, os pensamentos invasivos e a dissonância cognitiva também podem ser tratados por meio da orientação psicológica. As mulheres que amam psicopatas precisam encontrar um equilíbrio entre a paranoia da elevada evitação de danos e a baixa evitação de danos do tipo "é possível confiar em todo mundo". Quer as mulheres tenham um escore alto ou baixo em evitação de danos, é bastante provável que esse traço precise de um foco na orientação psicológica durante a recuperação.

Neste último segmento dos Traços de Temperamento do ITC, examinei em detalhes a evitação de danos, que é um fator de risco significativo nas mulheres que amam psicopatas.

CONCLUSÃO

Os temperamentos, como vimos neste capítulo, têm o poder significativo de tornar as mulheres pessoas fortes e resilientes ou abertas à exposição ao seu próprio comportamento arriscado acionado pelo temperamento. Espero que este capítulo tenha ajudado no entendimento de por que os "supertraços" de temperamento produziram um tipo de mulher que pode achar o relacionamento com um psicopata inicialmente estimulante, gratificante e, no entanto, nada alarmante.

A mudança só é possível quando reconhecemos um problema, o que começa com a conscientização de traços de temperamento elevados e seu efeito em padrões de seleção relacional. Certos traços de temperamento são excessivos nas mulheres que amam psicopatas, e como o temperamento é permanente e está gravado no cérebro, elas precisam aprender a preservar esses aspectos vulneráveis de si mesmas assim como aprenderiam a cuidar de si mesmas se um estado clínico justificasse que elas salvaguardassem sua saúde de formas específicas.

É crucial para a capacidade da mulher de se proteger do ponto de vista relacional que ela compreenda seu próprio temperamento. Os traços de temperamento que são elevados nas mulheres que amam psicopatas são os seguintes:

1. Extroversão e busca de emoções
2. Investimento nos relacionamentos e sociabilidade positiva
3. Sentimentalismo
4. Apego
5. Competitividade
6. Preocupação com ser bem-vista pelos outros
7. Evitação de danos

Os traços de temperamento que receberam escores no limite inferior também são importantes, porque também colocam a mulher em uma situação de risco. Entre eles estão os traços no limite inferior de:

1. Baixa impulsividade para algumas
2. Baixa evitação de danos para outras

Para uma última olhada na questão dos traços de temperamento excessivos, consulte o quadro a seguir. Ele nos ajuda a observar o excesso de características das mulheres e os déficits do psicopata para entender como esse conceito de "excesso e déficit" do temperamento poderia potencialmente impactar não apenas a fase de atração do namoro, como também afetar a dinâmica de todo o relacionamento.

Figura 7.1 Os Traços de Temperamento Dela *versus* os Traços de Temperamento Dele

Traços de temperamento	Psicopata típico	Mulheres que amam psicopatas
Total de Busca de Emoções	Elevado	Moderadamente Elevado
NS1 – Excitabilidade Exploratória	Elevada	Média
NS2 – Impulsividade	Elevada	Média
NS3 – Impulsividade	Elevada	Média
NS3 – Extravagância	Elevada	Moderadamente Elevada
NS4 – Desordem	Elevada	Moderadamente Elevada
Total de Investimento nos Relacionamentos	Baixo	Elevado
RD1 – Sentimentalismo	Baixo	Elevado
RD3 – Apego	Baixo	Elevado
RD4 – Dependência	Baixa	Elevada
Total de Evitação de Danos	Baixa	Variada
HA1 – Preocupação Preventiva	Baixa	Moderadamente Elevada
HA2 – Medo da Incerteza	Baixo	Médio
HA3 – Timidez	Muito Baixa	Muito Baixa
HA4 – Tendência a se Cansar com Facilidade	Baixa	Baixa

Este capítulo apresentou uma ideia de como os traços de temperamento elevados podem contribuir para a dinâmica do relacionamento amoroso patológico e tornar a mulher um alvo dos psicopatas. No próximo capítulo, vou analisar a segunda metade dos resultados dos traços do ITC que examinamos nas mulheres que amam psicopatas. Esses traços de caráter revelam como a mulher vê a si mesma, suas metas específicas e seus valores pessoais.

8

ELA
O CARÁTER DELA

"O caráter se desenvolve no curso da vida."

– Goethe

No capítulo anterior, falamos sobre os resultados do ITC relacionados com os traços de **temperamento** das mulheres que estudamos. Neste capítulo, vamos examinar os resultados do ITC relacionados com os traços de **caráter** das mulheres. O caráter diz respeito aos aspectos da personalidade da mulher que determinam como ela se vê, como ela percebe suas metas e seus valores pessoais. Embora seus traços tendam a torná-la a mulher inspiradora que ela é, eles também são um fator de risco para atrair psicopatas e podem contribuir para que ela **permaneça** em um relacionamento amoroso patológico.

Vejamos por quê...

AS TRÊS CATEGORIAS DE TRAÇOS DE CARÁTER[61]

Os traços de caráter são agrupados em três categorias. As categorias de caráter são as seguintes:

1. Cooperatividade
2. Autodirecionamento
3. Autotranscendência/espiritualidade

---
[61] Compilado pela dra. Liane J. Leedom.

CATEGORIA UM – COOPERATIVIDADE

A categoria da cooperatividade consiste em:

- ❖ Cooperatividade
- ❖ Empatia
- ❖ Tolerância
- ❖ Cordialidade, Compaixão, Solidariedade e Princípios Éticos

Traços adicionais que notamos nas mulheres:

- ❖ Confiança
- ❖ Lealdade

A cooperatividade dela

Resultados do Estudo

Traço de Temperamento:
Cooperatividade

Escores:
Dela: Elevado
Dele: Baixo

As mulheres na nossa pesquisa tiveram um escore elevado em cooperatividade. Como elas obtiveram uma nota alta em apego, não nos causou surpresa que elas também obtivessem uma nota elevada em cooperatividade. A cooperatividade está relacionada com a conectividade dentro dos traços de caráter da mulher, assim como o apego está relacionado com a conectividade dentro dos traços de temperamento dela. Esses traços estão na essência de quem a mulher é e do que a torna altruísta e voltada para o outro. Essas características baseadas na amabilidade são vantajosas no trabalho em equipe, na carreira dela e em situações sociais. A cooperatividade mostra o nível de motivação da mulher para se dar bem com os outros e qual a contribuição dela para consumar isso.

Como muitas dessas mulheres seguem carreiras de nível superior nas áreas de cuidados com as pessoas ou atuam no setor empresarial, esperaríamos que o escore delas no teste desse traço fosse elevado. Sua cooperatividade as ajudou a ser bem-sucedidas em funções que requerem muitas interações de concessões mútuas com as outras pessoas. Sua cooperação faz parte do serviço que oferecem nos relacionamentos que têm, tanto pessoal quanto profissionalmente. O traço da cooperação indica que elas valorizam ter um bom relacionamento com os outros e, quando necessário, essas mulheres comprometerão os próprios interesses para ajudar o grupo ou o casal a alcançar seus objetivos.

O conjunto de traços do ITC baseados na cooperação nos mostra de que modo a mulher vê a si mesma como parte integrante da sociedade humana. Quando a mulher é cooperativa, ela usa:

- ❖ empatia/compaixão para entender como a outra pessoa se sente
- ❖ tolerância para administrar as diferenças
- ❖ cordialidade para ser acessível
- ❖ solidariedade para contribuir com prestimosidade
- ❖ princípios éticos da vida para escolher entre o certo e o errado, o bem e o mal

Esses grupos de traços contribuem para uma visão altruísta dos outros. Isso significa que ela acredita que a cooperação favorece todo mundo e levará em consideração os pensamentos e as necessidades dos outros. Novos estudos estão surgindo a respeito do altruísmo *excessivo* e seu efeito sobre a pessoa que o possui. Aguardamos ansiosas para ver como isso se aplica às mulheres que amam psicopatas e exibem esse altruísmo elevado.

A cooperatividade dela como fator de risco

O assunto da cooperatividade elevada não é apenas uma "pequena" questão para a mulher que ama psicopata – ela foi *97% mais cooperativa* do que a maioria das mulheres! São esses traços excessivamente altruístas e baseados na cooperação que a tornam um *outdoor* com luzes piscantes para os psicopatas. Sem dúvida, um psicopata precisa encontrar uma mulher que seja cooperativa e trabalhe bem em equipe quando se trata do "Time do Psicopata" e concretizar sua agenda. Ele procura os seguintes traços nas recrutas do seu time:

- ❖ Simpática para poder ser acessível.
- ❖ Compassiva para poder se relacionar com as "dificuldades dele na vida".
- ❖ Tolerante para poder suportar as excentricidades dele.
- ❖ Solidárias para poder ajudá-lo.
- ❖ Empática para nunca parar de escutar, ajudar e ter esperança.

As mulheres com um escore elevado (sobretudo *tão* elevado) nos traços de cooperação correm um risco significativo de se envolver em relacionamentos patológicos. Embora os psicopatas considerem a extroversão e a busca de emoções traços atrativos, eles *precisam* que suas parceiras sejam cooperativas.

Que outra mulher conseguiria manter seu otimismo diante do narcisismo do psicopata se ela não fosse cooperativa? Esses traços de cooperação são seu chamariz para o psicopata. Sua empatia transbordante, tolerância, cordialidade, compaixão, solidariedade e princípios éticos são as qualidades que equilibram a balança desregulada do relacionamento, já que o psicopata carece imensamente delas. O equilíbrio delicado ajuda a dissimular as diferenças gritantes dos traços de caráter entre eles. A cooperatividade da mulher ajuda a suavizar o caráter que ele não tem e faz com que o relacionamento pareça mais normal – pelo menos no início.

Se o psicopata não fizer a parte dele, a mulher poderá achar que essa falta de cooperação é uma espécie de atitude de um facínora que "combate a lei". Ela não interpreta isso como o substancial fator de risco que é. Ela provavelmente preencherá as lacunas da falta de cooperação dele com sua extraordinária cooperação para que o relacionamento continue a dar a impressão de estar avançando sem esforço.

A cooperatividade muito elevada é a razão *mais* significativa pela qual essas mulheres em particular foram alvo de um psicopata. Eles sabem, por instinto, que mulheres com uma cooperatividade elevada permanecerão mais tempo com eles nos relacionamentos. Isso se revelou verdadeiro. Uma mulher mencionou que quando o psicopata tinha namorado uma mulher menos cooperativa, o período de relacionamento foi bem menor! Esse traço de cooperatividade elevada precisa passar por um tratamento terapêutico por meio do trabalho em questões de limites. Os psicopatas testaram, sem dúvida, a cooperatividade da mulher violando desde cedo os limites dela. Os psicopatas até mesmo testaram limites velados e insignificantes que deram a eles, na sua imaginação, um sinal verde.

> *"Minha cooperação foi decididamente um cartão de visita que no início eu não percebi. Ao longo dos anos, ele me defraudou de cerca de 100 mil dólares em pequenas quantias. Eu até mesmo refinanciei minha casa para financiar as necessidades e vontades dele, e para cooperar com os seus planos profissionais de começar seu próprio negócio. Eu queria ser solidária de uma maneira que ele indicasse que ninguém na sua vida tinha sido para ele. Estou agora com cinquenta e poucos anos e minha poupança de uma vida inteira simplesmente não existe mais. Estou diante da alternativa de ter que me mudar para um país do terceiro mundo a fim de sobreviver financeiramente e poder me aposentar. Você consegue imaginar isso? Ter que empreender uma mudança tão radical porque o que eu fiz foi tão radical e aquele para quem eu dei tudo foi tão radical. É surreal."*

A empatia dela

Resultados do Estudo

Traço de Temperamento:
Empatia

Escores:
Dela: Elevado
Dele: Baixo

Empatia é a capacidade de entender como os outros se sentem, vivenciar as coisas a partir do ponto de vista deles e, em alguns casos, sentir a emoção de outra pessoa. A empatia já foi até mesmo associada à aptidão para "ler" outra pessoa – traduzir, por assim dizer, os pensamentos, os sentimentos e até mesmo os movimentos em uma linguagem emocional compreensível. Aqueles que têm esse nível de empatia são com frequência chamados de "pessoas empáticas", as quais (voluntária ou involuntariamente) "se identificam" com os sentimentos alheios examinando a psique dos outros em busca de pensamentos e sentimentos mais profundos do que o que está sendo retratado na superfície.

As mulheres que tiveram relacionamentos patológicos falaram a respeito de como elas sentem as emoções de outras pessoas – em especial do psicopata ferido. Esse é um indicador do motivo por que elas se sentem tão profundamente apegadas à psique dos psicopatas – percebendo em um nível mais profundo o transtorno não detectado e as fragilidades dele.

Embora as pessoas empáticas falem com frequência sobre "conhecer" outra pessoa, curiosamente, o eterno dissimulador psicopata é capaz de enganar até mesmo os aspectos genéticos do "conhecimento" das pessoas empáticas. Essa não é uma prova da percepção "defeituosa" delas, mas sim do imenso poder da patologia.

A questão da empatia dessas mulheres merece mais atenção porque parece que seus níveis elevados de empatia podem estar apontando para algo ainda mais intrínseco à sua natureza. Com os novos estudos que estão surgindo em torno da questão da baixa e da alta empatia, as pessoas empáticas poderão vir a ser mais bem compreendidas do que são hoje.

Como exemplo das pessoas empáticas e dos seus sentimentos, relacionamos alguns dos traços em geral associados a elas. Tenha em mente os traços de temperamento das mulheres que já discutimos. Colocamos em negrito as palavras que correspondem aos traços de temperamento que examinamos até aqui. Para entender como a empatia e as pessoas empáticas estão conectadas, eis um trecho extraído do site, em inglês, www.blogxero.com:

> *"As pessoas empáticas são muito sensíveis. Este é o termo habitualmente utilizado para descrever a capacidade de uma pessoa de (sentir) as emoções e os sentimentos de outra. As pessoas empáticas têm um profundo senso de 'conhecer' que acompanha a empatia e são, com frequência,* **compassivas, atenciosas e compreensivas com relação aos outros.** *Elas são capazes de sentir os outros em muitos níveis diferentes. A partir da sua posição de observar o que outra pessoa está dizendo, sentindo e pensando, elas vêm a compreendê-la. Elas podem se tornar peritas em interpretar a linguagem corporal de outra pessoa e/ou estudar atentamente os movimentos dos olhos. Embora isto por si só não seja empatia, trata-se de uma ramificação lateral proveniente*

de as pessoas estarem atentas aos outros.[62] *As pessoas empáticas são, com frequência, **muito carinhosas na personalidade e na expressão**, excelentes ouvintes e aconselhadoras (e não apenas na área profissional). Elas se verão, com frequência, em uma posição de **ajudar os outros e, não raro, de colocar de lado as próprias necessidades para fazer isso**.*

*Elas são **altamente expressivas em todas as áreas de conexão emocional** e falam abertamente, e, às vezes, com muita franqueza, a respeito de si mesmas. As pessoas empáticas têm a tendência de sentir de forma explícita o que está em seu exterior mais do que o que está em seu interior. Isso pode levá-las a desconsiderar suas próprias necessidades. Se elas se virem no meio de um confronto, farão um grande esforço para solucionar a situação o mais rápido possível, **ou até mesmo para evitá-la por completo**. Se elas proferirem palavras duras para se defender, é bem provável que deplorem sua falta de autocontrole e prefiram **resolver o problema de maneira pacífica e rápida**. Pessoas de todas as classes sociais são atraídas **pelo calor e pela compaixão genuína** dos empáticos. Até mesmo completos desconhecidos acham fácil falar com eles a respeito de assuntos extremamente pessoais. É como se soubessem por instinto que as pessoas empáticas os escutariam com **compreensão e compaixão**."*

É possível perceber que muitos dos outros traços das mulheres pareceram alimentar o traço da empatia, contribuindo para seu aprofundamento e força.

Ironicamente, as mulheres que obtiveram resultados muito elevados nos testes de empatia podem ter vivido diferentes circunstâncias na infância que contribuíram para sua hiperempatia. A empatia é em grande medida genética. Algumas podem ter sido criadas por outras pessoas empáticas em sistemas familiares nos quais a intensa concentração nos sentimentos de outras pessoas era

---

[62] Nota da autora: Ironicamente, isso parece ser o que o próprio psicopata também pode fazer – estudar com atenção os movimentos dos olhos e a linguagem corporal, além de poder ser um intenso observador dos outros; no entanto, ele não tem empatia.

normal. Essas famílias aparentemente "bondosas" são, com frequência, focos genéticos de uma condição de vítima potencial quando suas maravilhosas qualidades encontram o Médico e o Monstro. Esses "empatizadores" genéticos, com elevado grau de percepção, tinham a tendência de sentir por baixo da superfície da personalidade de determinados indivíduos aquele manancial de escuridão e condição defeituosa e é provável que encontrassem o desafio de uma vida inteira naquele poço de patologia oculta por uma máscara de magnetismo.

No entanto, por outro lado, esses elevados empatizadores também podem ter sido criados por adultos ou pais patológicos e/ou viciados. As crianças criadas por narcisistas e psicopatas aprendem desde cedo a satisfazer as necessidades do pai ou mãe patológico a fim de evitar o castigo ou a fúria. Como uma propensão para "evitar a punição" no início da infância, um padrão comportamental pode ter se estabelecido. A mulher aprendeu que a fúria dos portadores de patologia deveria ser evitada a todo custo. Seria inteligente e mais seguro para uma criança ser cooperativa em um lar que estivesse sendo administrado por um pai ou mãe patológico. O traço e a habilidade da empatia naquele ambiente protegeriam emocionalmente a criança, se esta conseguisse descobrir como criar empatia com os pais patológicos em vez de odiá-los e lutar contra eles. Se ela foi criada em um lar com um pai ou mãe alcoólatra, mentalmente doente ou portador de algum outro tipo de patologia, suas habilidades cooperativas, ao que tudo indica, foram desenvolvidas em tenra idade.

Em famílias como essas não é raro que a dinâmica familiar patológica produza crianças que percorrem todo o espectro entre seus próprios níveis de patologia e níveis elevados de vítimas empáticas. Ao observar as "famílias que aparecem em determinados programas de televisão que lidam com conflitos, e que estão muitas vezes associados a patologias", você verá pais com distúrbios de personalidade/psicopáticos com filhos que percorrem o espectro entre ser eles próprios psicopatas emergentes ou pessoas altamente empáticas.

A empatia como fator de risco

A empatia fez da mulher uma parceira sensível, boa ouvinte e, no entanto, um alvo para os psicopatas. Ela tem mais empatia do que qualquer outra pessoa! Não se trata apenas de um pouquinho de empatia adicional que ela está carregando – seus escores em empatia a colocam na extremidade mais elevada do *continuum* da empatia. O excesso de uma coisa boa pode ser ruim para ela.

O que exatamente um psicopata pode fazer tendo nas mãos um excesso de empatia? Ele pode mantê-la ligada ao relacionamento bem além do ponto de sanidade. Se adicionarmos à empatia alguns dos outros "supertraços" da mulher, ela terá uma conexão firme com o psicopata que não é rompida com facilidade. Essa conexão firme, quando mal-interpretada, é o que confunde a família e até mesmo o psicoterapeuta dela.

Com toda essa hiperempatia, a mulher pode facilmente se colocar no lugar do psicopata com uma consideração genuína. Sua empatia é como uma droga que o psicopata usa para alimentar a *necessidade* de poder dele. Embora a mulher possa não perceber, o psicopata não precisa da empatia dela, mas a utiliza para manter o poder sobre as emoções dela e o relacionamento. Isso poderia ser dito a respeito de qualquer outro dos traços de temperamento dela – todos são ferramentas e armas nas mãos de um psicopata. Qualquer psicopata pode usar sua história triste para prender a mulher aos seus planos de longo prazo explorando a empatia dela. O fato de ela se solidarizar com a situação pessoal dele, e até mesmo "sentir" em seu subconsciente que ele é perturbado, influencia seu coração para mantê-la ao lado desse homem. Ao desconhecer a persistência da patologia, ela se mantém esperando que a mudança esteja em vias de acontecer. Afinal de contas, se ela for embora, quem iria ficar com ele? Se ela for embora, quem irá ajudá-lo? Com toda essa empatia, ela acredita sinceramente que tem a melhor chance possível de alcançá-lo, de tocá-lo e de ajudá-lo a se transformar no potencial que ela enxerga nele. Toda essa empatia é, na verdade, uma ferramenta manipulativa nas mãos do psicopata.

A questão óbvia é a seguinte: "Se ela é empática, por que não soube que o que estava sentindo com relação ao psicopata era falso?". Sem dúvida a capacidade de fazer com que uma pessoa empática tenha fortes sentimentos a respeito de suas falsas histórias não é mais chocante do que a maneira como os psicopatas enganam psiquiatras e outros profissionais forenses que supostamente conhecem muito bem o comportamento psicopático. A intensidade do apego e a capacidade da mulher de sentir as emoções do parceiro são muitas vezes confundidas com uma espécie de constatação da "verdadeira" ligação entre os dois.

A tolerância dela

Ao lado dos escores elevados em empatia, as mulheres obtiveram escores também altos em tolerância. A tolerância é a capacidade de reconhecer e respeitar as convicções e as condutas dos outros, bem como a capacidade de suportar adversidades ou dor – uma qualidade bastante necessária nos relacionamentos patológicos.

A capacidade de tolerar as "convicções e condutas dos outros" é essencial para um psicopata cuja visão de mundo, além de práticas e ética correspondentes, é extremamente tortuosa. A capacidade da mulher de tolerar o abuso verbal, a traição, não trabalhar/trabalhar demais, vícios, violência física (se for aplicável), a aberração sexual e, naturalmente, qualquer outro traço de comportamento negativo associado ao psicopata, beneficia este último.

Há muito a ser tolerado nesses relacionamentos. O psicopata procura sentir o nível de tolerância da mulher começando por pequenas violações de limites e vai avançando para completas transgressões do relacionamento. O que é tolerado é então impulsionado como limite. A capacidade da mulher de suportar a adversidade e a dor faz com que ela continue a dizer a si mesma que as coisas não são tão ruins assim. A capacidade que o psicopata tem de levá-la a tolerar mais comportamentos inacreditáveis alimenta seu sentimento de merecimento e dominância sobre ela e também lhe garante o poder de levá-la a tolerar *ainda mais transgressões da parte dele da próxima vez.*

A tolerância como fator de risco

Os abusos que essas mulheres *conseguem* tolerar são impressionantes. A quantidade e a frequência da dor (emocional, física, financeira, sexual e espiritual) são muito mais elevadas do que as que as outras mulheres são capazes de suportar. Há dúvidas se isso está relacionado com a hiperempatia. Mesmo que o comportamento do psicopata permaneça constante ou aumente de modo substancial, muitas mulheres declararam que não perceberam que estavam sendo cada vez mais tolerantes. Assim como a história do sapo que é colocado em um recipiente cheio de água de sua lagoa e fica estático enquanto a água é aquecida, sem perceber o momento em que ela ferve, e ele acaba morrendo cozido.

O elevado nível de tolerância também poderia estar relacionado com sua competitividade. "Sou capaz de aguentar até o fim! Ele não vai conseguir me irritar dessa vez!" A empatia e a competitividade, aliadas à tolerância, podem ser uma combinação perigosa no relacionamento com um psicopata.

Outras combinações dos traços do ITC que estão em excesso também criam fatores especiais e dinâmicos. Pense a respeito na questão de:

tolerância elevada ("Eu consigo suportar.") +
empatia elevada ("Eu entendo o comportamento dele.") +
apego elevado ("Eu o amo.") +
investimento elevado no relacionamento ("Extraio satisfação das partes boas do nosso relacionamento.")
= **Dano Inevitável.**

Essas combinações de traços são como um impasse emocional em que a mulher é mantida no relacionamento pelo seu excesso de supertraços.

Se ela também tiver o TEPT, os sintomas do TEPT relacionados com o "entorpecimento" podem aumentar o que ela consegue tolerar. A dor ou o mal-estar que ela em geral sentiria com um psicopata pode nem mesmo estar sendo percebido. O TEPT talvez mantenha as emoções e o limite da dor entorpecidos para o sofrimento do que ela está de fato vivendo.

Para o psicopata, esse nível de tolerância é uma garantia bastante razoável de que ela estará por perto durante um bom tempo... não importa o que aconteça! Como é provável que ela seja uma pessoa tolerante de um modo geral – com seus filhos, no trabalho e com os outros – seu caráter tolerante foi apenas a incubadora para o verdadeiro teste da sua tolerância no relacionamento com um psicopata.

A cordialidade, a compaixão, a solidariedade e os princípios éticos dela

> **Resultados do Estudo**
>
> **Traço de Temperamento:**
> Timidez
>
> **Escores:**
> Dela: Muito baixa
> Dele: Muito baixa

> **Resultados do Estudo**
>
> **Traço de Temperamento:**
> Compaixão
>
> **Escores:**
> Dela: Elevado
> Dele: Baixo

Esses traços foram reunidos para discussão. Eles fazem parte dos traços baseados na cooperação, o que significa que as mulheres também obtiveram escores muito elevados nos testes desses traços. Assim como os problemas associados a ter escores altos demais em empatia e tolerância, a mulher é *igualmente forte* nessas características.

A cordialidade está associada à acessibilidade e à ausência de timidez dela. As pessoas inamistosas não são acessíveis, mas a natureza aberta e a extroversão fazem da mulher uma pessoa fácil de ser abordada e disponível para conversar. De modo recíproco, é provável que ela também fale com facilidade – fornecendo num curto espaço de tempo detalhes da própria vida e de suas ideias. Sua solidariedade, aliada à sua tolerância, a mantém ao lado do psicopata como uma grande incentivadora da vida dele.

Qual é exatamente o significado dos princípios éticos dela?

Os princípios éticos são a percepção de uma pessoa do que é certo e errado. As mulheres no nosso estudo tinham elevados princípios éticos e uma forte bússola moral interior do certo e do errado. A relação entre o senso moral delas e o psicopata é bastante interessante. Embora muitas delas tenham obtido um escore muito elevado na área da moralidade, elas acabaram indo parar nas mãos de um psicopata imoral e sem princípios. Muitas chegaram a comentar que seus princípios éticos foram comprometidos com gravidade nesse relacionamento.

Curiosamente, os psicopatas parecem desejar mulheres que sejam muito éticas por duas razões:

1. Ele gosta da imagem e do *status* de si mesmo com uma pessoa ética, porque ela faz com que ele pareça ético devido à sua associação com ela.
2. Se ela for muito ética, continuará a seguir seus princípios apesar do comportamento dele. Não é provável que ela "faça com ele" o que ele "faz com ela" quando a trai.

Como os psicopatas são camaleões, eles fingem ter a mesma ética que a mulher. As mulheres em relacionamentos patológicos parecem projetar suas características normais, inclusive seu senso de certo e de errado, no psicopata – dotando-o de traços que ele não tem. A capacidade dela de projetar e a habilidade dele de fingir concedem a este último o palco para que simule os princípios éticos dela na sua vida.

Ironicamente, muitas histórias terminam com a perda dos princípios éticos das mulheres no relacionamento para um monstro ético. Isso pode ter acontecido devido a um desvio sexual do qual ele pediu que ela participasse, ou de um pedido para que ela mentisse, roubasse, enganasse ou violasse de alguma maneira seu próprio código de ética. No relacionamento com o psicopata, é provável que a mulher tenha ficado mortificada com os comportamentos imorais nos quais o parceiro se envolvia e para alguns dos quais ela também foi arrastada.

A cordialidade, a compaixão, a solidariedade e os princípios éticos como fatores de risco

Todos os traços de cooperação dela são fatores de risco:

A ***solidariedade*** tende a mantê-la presa ao psicopata como se ela "estivesse esperando a conclusão" enquanto ele finge estar trabalhando em si mesmo, procurando um emprego, começando seu próprio negócio ou dominando um vício.

A ***compaixão*** tende a fazer com que ela continue a ajudar e a dar apoio, o tempo todo, até o amargo fim. A lábia do psicopata faz com que as mulheres acreditem que "apenas um pouquinho mais" de apoio/ajuda/ compaixão/empatia/tolerância o conduzirá ao lugar ao qual nenhuma outra mulher foi capaz de ajudá-lo a chegar. Afinal de contas, ela chegou até aqui e investiu tanto, e se apenas com *um pouco mais* de investimento ela conseguir obter por fim o que deseja no relacionamento, então vale a pena perseverar! Como se sabe, é durante o percurso ao lado desse homem que as mulheres compreendem que todo o apoio do mundo não é capaz de mudar a patologia incurável que ele tem dentro de si.

Princípios éticos – Muitas mulheres que se envolveram sexualmente se sentem moralmente "comprometidas" no relacionamento e de fato prefeririam tentar fazer com que este desse certo do que enfrentar um recomeço com outra pessoa ou ter dificuldades com quaisquer desconfianças que elas possam ter tido a respeito do elemento sexual no relacionamento.

Além dos traços de caráter que são abordados no ITC, as mulheres que amam psicopatas tendem a ter alguns traços adicionais relacionados com a cooperatividade que parecem ser muito fortes. Entre eles estão:

1. A confiança
2. A lealdade

A confiança dela

Em toda parte, as mulheres que tiveram relacionamentos com psicopatas ou portadores de outros tipos de patologia são aquelas que possuem um alto grau de confiança. No entanto, o tipo de confiança que elas possuem pode ser definido como *"confiança cega"*. Elas confiam mesmo quando não há razão aparente para confiar na pessoa. Essas mulheres começam os relacionamentos confiando cegamente, embora possam não conhecer o homem muito bem ou há tanto tempo.

Novos estudos sobre a neurobiologia da confiança indicam que existem níveis mais elevados de oxitocina (um hormônio que será examinado mais adiante no livro) nas pessoas que têm um alto grau de confiança. Esses níveis mais elevados de hormônio podem gerar um sentimento de confiança até mesmo com relação a completos desconhecidos.

No entanto, a diferença é que as mulheres que evitam os relacionamentos psicopáticos encaram a questão da confiança de uma maneira diferente. Elas tendem a esperar que as pessoas conquistem devagar a sua confiança ao longo do tempo, por meio de repetidas demonstrações de lealdade. Se a lealdade for rompida, o relacionamento também será. Mas as mulheres que amam psicopatas não esperam que a confiança seja conquistada. Elas partem do princípio de que "todo mundo é digno de confiança até prova em contrário". É muito provável que essa abordagem esteja relacionada com a baixa evitação de danos – a capacidade de acreditar que as pessoas são dignas de confiança e de não atentar para a possibilidade de ser prejudicada.

Observei durante a orientação psicológica que, uma vez que a mulher se convence de que o homem é confiável, quer isso ocorra em minutos, dias ou semanas –, o fato de ela declarar para si mesma que ele é "um cara legal" desliga seus sinais de alerta. Tragicamente, depois que a mulher se convenceu de que ele é confiável, ela interrompe, bloqueia ou não reconhece as informações do seu sistema de alerta. Esse é um erro crucial que lhe custará muito caro, acarretando consequências danosas por toda a vida.

A confiança dela como fator de risco

Se as questões de confiança da mulher só estivessem relacionadas com "todo mundo é digno de confiança até prova em contrário", o psicopata logo estaria fora da situação, porque ele quebra a confiança com frequência. No entanto, as questões de confiança da mulher não se baseiam apenas em "até prova em contrário". Ela tem outras condições generosas associadas à sua confiança cega, que incluem dar ao parceiro múltiplas chances, porque ela é compassiva, tolerante e acredita profundamente que todo mundo pode mudar e evoluir. O psicopata recebe dezenas de chances... porque, no fundo, o desejo mais íntimo da mulher (relacionado com seu investimento no relacionamento) é estar com um homem em quem possa confiar. Às vezes, o desejo de acreditar que está com um homem em quem pode confiar é mais importante do que a realidade de estar com alguém que não é digno de confiança.

Se a mulher tivesse esperado que o psicopata conquistasse a confiança da maneira longa e difícil, ela talvez nunca tivesse se envolvido nesse relacionamento. Ou então, se ela tivesse rompido com ele em uma das primeiras vezes em que ele se mostrou indigno de confiança, ela teria saído do relacionamento muito menos devastada.

Apenas uma questão – a maneira de lidar com o problema da confiança sincera e da confiança violada – separa as mulheres que tiveram relacionamentos patológicos (e que correm o risco de se envolver em um no futuro) daquelas que nunca tiveram e, ao que tudo indica, nunca terão um relacionamento desse tipo. Você pode apostar que os psicopatas contam com a capacidade da mulher de continuar a confiar mesmo diante da prova de que eles não são dignos de confiança.

Isso destaca outro fato a respeito das mulheres que estudamos. Diante da escolha entre acreditar no que o psicopata **declara** ter feito/não ter feito/ou que irá fazer, ou acreditar naquilo que ela na verdade o apanhou **fazendo,** é bem possível que as mulheres que amam psicopatas escolherão as palavras em vez das ações. Ela pode pegá-lo na cama pela quarta vez com outra e ele negará, manipulando-a psicologicamente dizendo que ela está louca, ou afirmar que aquilo não significou nada e não acontecerá de novo. Ele pode convencê-la de que não fez o que ela o viu fazendo, adulando a questão da confiança elevada dela. Esses níveis elevados de confiança acentuam a capacidade dessa mulher de ser manipulada.

Mesmo que o psicopata tenha um longo histórico desse tipo de comportamento em todos os relacionamentos passados, ela optará por acreditar nas palavras dele e não no comportamento. Essa interessante dinâmica de comportamento da mulher merece ser estudada mais a fundo para que possamos entender o que está por trás da sua escolha de "em que" acreditar.

A lealdade dela

As mulheres no estudo apresentam níveis elevados de lealdade. A lealdade está associada a muitos dos outros traços positivos e elevados, e os alimenta. Elas eram leais aos colegas de trabalho, aos amigos e aos parceiros. A mulher tende a ser profissional, amiga e companheira constante e fiel. Ela será leal mesmo quando sua lealdade não for retribuída. Embora ela provavelmente será magoada pela falta de lealdade dos outros (devido à sua grande sensibilidade e empatia), sua confiança, tolerância e esperança conseguirão manter sua lealdade mesmo em face da traição. No relacionamento com um psicopata, a traição colocará repetidas vezes sua lealdade à prova.

A lealdade como fator de risco

A lealdade investida em um psicopata é sempre um mau negócio para a mulher, porém extremamente lucrativo para o psicopata. Devido à lealdade, ao intenso apego e ao alto grau de tolerância dela, o psicopata logo percebe que pode contar com sua devoção mesmo durante as maiores adversidades. Ele percebe que sempre pode contar com a lealdade dela, mesmo quando ele é infiel, é pego mentindo ou praticando outros atos de dissimulação.

Assim como na questão da confiança cega, as mulheres que amam psicopatas têm sistemas incomuns de lealdade. Nos grupos de recuperação, isso é chamado de "lealdade insana" na qual a mulher insiste em manter níveis elevados de lealdade mesmo em face da realidade. Os níveis de lealdade insana estão com frequência associados ao vínculo traumático e de traição em reações como a Síndrome de Estocolmo e até mesmo à lavagem cerebral sofrida em cultos/seitas. Quem pode questionar que o psicopata seja uma espécie de culto em si mesmo?

A lealdade a um psicopata é perigosa para a saúde emocional da mulher e é, ao que tudo indica, um fator que contribui para a dor que ela sente hoje. Romper os laços de lealdade até mesmo com alguém que a traiu, enganou, roubou financeiramente, cometeu abuso contra os filhos dela ou praticou outros atos inomináveis, ainda tende a provocar sentimentos de culpa. Muitas mulheres no estudo se sentem culpadas por não cumprir as promessas que fizeram ao psicopata, como "Eu nunca o deixarei", apesar do dano excessivo que ele causou à sua vida. Esse sentimento eterno de lealdade tornou muito difícil para ela abandonar o relacionamento.

Assim como as questões da hiperempatia e do hiperaltruísmo, a lealdade insana das vítimas à pessoa mais desleal do planeta (o psicopata) merece mais pesquisas da parte dos neurocientistas para fazer as associações corretas.

No primeiro segmento dos Traços de Caráter do ITC, examinei detalhadamente a cooperatividade e suas facetas, entre elas a empatia, a tolerância, a cordialidade, a compaixão, a solidariedade e os princípios éticos. Além desses Traços do ITC, também examinei dois outros componentes da cooperatividade nas mulheres relacionados com a confiança e a lealdade. Agora, vou examinar o segundo grupo de Traços de Caráter do ITC, aqueles relacionados com o autodirecionamento.

CATEGORIA DOIS – AUTODIRECIONAMENTO

A categoria do autodirecionamento consiste em:

- ❖ Autodirecionamento
- ❖ Autoaceitação
- ❖ Hábitos congruentes com as metas

O autodirecionamento dela

Resultados do Estudo

Traço de Temperamento:
Engenhosidade

Escores:
Dela: Elevado
Dele: Sem Informações

Resultados do Estudo

Traço de Temperamento:
Responsabilidade

Escores:
Dela: Elevado
Dele: Sem Informações

O autodirecionamento de uma pessoa mede sua responsabilidade, confiabilidade, engenhosidade, orientação para metas e autoconfiança. Esses excelentes traços de caráter possibilitam que a mulher seja bem-sucedida, realista e eficiente ao garantir que seu comportamento esteja em harmonia com suas metas de longo prazo.

Essas mulheres usam seu autodirecionamento como dádivas para outras pessoas por meio da própria engenhosidade. Reitero que elas são bem-sucedidas fora do seu relacionamento extremamente malsucedido com um psicopata. Ao longo dos anos, orientei mulheres em relacionamentos patológicos que eram bem-sucedidas como professoras universitárias, advogadas, uma controladora de voo, contadoras, analistas financeiras, cirurgiãs, altas executivas multimilionárias, artistas, escritoras, psicoterapeutas, anestesistas, enfermeiras de centros cirúrgicos, professoras do ensino fundamental e médio, produtoras de documentários, jornalistas famosas, artistas e cantoras que gravaram discos, para citar apenas algumas. Elas seguem carreiras que exigem engenhosidade e uma sólida capacidade de discernimento para o bom desempenho da função. Suas qualificações de responsabilidade e confiabilidade as ajudaram a ser bem-sucedidas em outras áreas da vida, como na carreira. Seu autodirecionamento as auxiliou a ingressar na área em que atuam, a alcançar os objetivos que elas definem na vida e possibilita que tenham sucesso no seu campo de atuação. Por conseguinte, com esse pacote de traços autodirecionados, elas são autoconfiantes (ou pelo menos eram antes de conhecer o psicopata).

A questão é "Se essas qualidades exemplares conduzem as mulheres a ocupações nas quais elas praticam um judicioso discernimento, por que elas não aplicam esse discernimento à vida ao lado do psicopata?". No restante do livro, vamos abordar o processo e a dinâmica envolvidos em como a patologia altera o comportamento e as convicções das outras pessoas.

> **Resultados do Estudo**
>
> **Traço de Temperamento:**
> Total de Autodirecionamento
>
> **Escores:**
> Dela: Elevado
> Dele: Baixo

Os fortes traços de autodirecionamento relacionados com a responsabilidade, a orientação para metas, a engenhosidade e os hábitos congruentes com as metas influenciarão uma parte significativa dos sintomas consequentes relacionados com a dissonância cognitiva da mulher. A dissonância cognitiva é criada quando o comportamento não se harmoniza com os sistemas de crenças – quando a pessoa não é coerente com o próprio discurso. Ser fortemente autodirecionada vai causar angústia mental na mulher durante o relacionamento com o psicopata quando for impossível para ela harmonizar suas convicções com os comportamentos dele.

O autodirecionamento como fator de risco

Então, como um psicopata poderia usar a responsabilidade, a confiabilidade, a engenhosidade e a orientação para metas em seu próprio benefício? Como esses traços na mulher ajudam a causa do psicopata? No caso das que caíram nas mãos de psicopatas com um alto grau de desempenho e muito bem-sucedidos, a responsabilidade e a orientação para metas provavelmente espelhavam muitos dos traços que ela *presumiu* que ele tinha no seu próprio negócio ou carreira; afinal de contas, olhando de fora ele parecia bem-sucedido. No caso dele, esses traços eram dissimuladores, uma vez que ele usava a responsabilidade e a orientação para metas para encobrir comportamentos de manipulação e coerção. O psicopata altamente bem-sucedido é capaz de fazer com que essas características da mulher pareçam uma boa combinação para dois profissionais competentes. Embora a responsabilidade, a confiabilidade e a engenhosidade dela sejam autênticas, no caso dele estas são usadas em favor da principal meta de sua vida: ele mesmo e o que quer que esteja buscando. Nesse ponto, ele também é, de fato, engenhoso.

No caso das mulheres que foram parar nas mãos de psicopatas pouco ou menos funcionais, ou até mesmo criminosos, a capacidade delas de ser confiáveis e responsáveis construiu uma estrutura para a vida dele a partir da qual ele podia dar a impressão de ser funcional. Muitos dos psicopatas menos funcionais arrumam e largam empregos, pedem demissão porque odeiam a autoridade do chefe ou são demitidos várias vezes. O desemprego ou o emprego esporádico pode ser um estilo de vida permanente para esse tipo de psicopata. A estabilidade da mulher ajuda a equilibrar um estilo de vida sob outros aspectos instável. Muitos psicopatas gostam dessas características nas mulheres porque não importa que eles sejam psicopatas funcionais ou pouco funcionais, os traços delas relacionados com o autodirecionamento favorecem a ilusão de estabilidade deles.

A alta capacidade funcional da mulher conduziu e proporcionou uma estrutura para o psicopata, quase como ocorre em um relacionamento parental. É bastante provável que quando o nível de funcionalidade dele a frustrava, ela apenas fazia o que era necessário para levar o relacionamento adiante e lidar com o problema em questão. Esse nível de responsabilidade e confiabilidade encobria a ausência de funcionalidade ou a funcionalidade criminosa do psicopata.

Um aspecto comum ao longo das histórias das mulheres é o de uma "profissional voltada para os cuidados de outras pessoas que tem um relacionamento com um psicopata emocionalmente (e, às vezes, financeiramente) falido". De fora, essa situação parece ser bastante incongruente para ela. No entanto, tendo em vista os "supertraços" dela, a situação é bem compatível com os traços representados nela com enorme abundância:

Ocupação	Pode...
Contadora	Ajudá-lo a se reestruturar financeiramente
Advogada	Ajudá-lo a derrubar uma má reputação
Profissional de Puericultura	Nutrir a criança interior maltratada dele
Clériga	Confortar a alma dele
Enfermeira	Cuidar das feridas emocionais dele
Assistente Social	Ajudá-lo a se reabilitar
Professora	Ajudá-lo a alcançar o potencial que ela enxerga

Tendo em vista as *performances* dignas de um Oscar que os psicopatas são capazes de apresentar, e as mulheres cuja carreira envolve "cuidar" dos outros – os cuidados nos recônditos íntimos da vida dela não é um esforço tão grande. Eu não disse se tratar de um esforço "saudável", apenas que – tendo em vista a empatia dela, que é 97% mais elevada do que o normal, e uma estrutura genética que a atraiu para a carreira que escolheu – podemos ver de longe como isso acontece.

O autodirecionamento dela, que mantém o psicopata flutuando em sua própria projeção de normalidade, criará, com o tempo, a dissonância cognitiva nela. Seus fortes traços de autodirecionamento, dos quais ele fez mau uso e abusou para o gerenciamento de imagem de si mesmo, farão com que seu cérebro com o tempo comece a se perguntar por que cargas d'água ela iria usar suas habilidades profissionais para ajudar uma pessoa tão doente.

As mulheres com escores mais baixos de autodirecionamento/confiabilidade não teriam assumido a responsabilidade de "cuidar" ou "carregar" o psicopata e a sua baixa funcionalidade. Assim como uma "princesa/diva" não teria atraído o psicopata, uma mulher que não estivesse disposta a assumir sua patologia tampouco o atrairia. Nesse ponto, o nível de autodirecionamento dela foi um fator de risco no relacionamento patológico.

A autoaceitação dela

> **Resultados do Estudo**
>
> **Traço de Temperamento:**
> Autoaceitação
>
> **Escores:**
> Dela: Elevado
> Dele: Sem Informações

Autoaceitação é o nível de aceitação de si mesmo de uma pessoa, incluindo suas fraquezas e tudo o mais. É uma avaliação um tanto realista das coisas boas e más do nosso eu essencial e da capacidade de abraçar esses aspectos. A mulher típica nesses tipos de relacionamento é bem-sucedida, realisticamente capaz de avaliar seus pontos fortes e fracos e tem uma boa autoaceitação. Ela tem a capacidade de gerenciar a si mesma, encontrar valor pessoal na sua condição de pessoa, possui um bom nível de autoestima e é capaz de validar a si mesma. A sociedade parece achar que essas mulheres devem ter uma baixa autoestima, caso contrário, para início de conversa, não teriam se envolvido com psicopatas. Essa é uma das várias razões pelas quais essas mulheres obtêm resultados diferentes nos testes em comparação a outras mulheres que se envolveram em relacionamentos abusivos.

Lembre-se de que, na maioria das vezes, estamos nos referindo a mulheres com nível de instrução superior. O traço de autoaceitação seria uma vantagem importante para uma mulher bem-sucedida, porém, mais adiante no livro, veremos o que acontece com a autoaceitação nas mãos de um psicopata. Esse traço sofrerá um revés terrível e deixará a mulher irreconhecível para si mesma e para pessoas próximas a ela. O psicopata é capaz de destruir um senso do eu de uma vida inteira que um dia foi forte e positivo.

A autoaceitação como fator de risco

As mulheres que têm uma autoestima sólida não estão em busca de alguém tão brutal quanto um psicopata que destrua sistematicamente a maneira como elas veem a si mesmas. A mulher com uma baixa evitação de danos certamenta não está *esperando* ser destruída por um psicopata. Na sua autoconfiança (gerada pelo íntegro senso do eu e das realizações profissionais dela), a mulher sente que é capaz de lidar com o que quer que a vida lhe apresente. Como ela tem uma forte noção da sua própria força, ela se sente à vontade com outras personalidades fortes, como a do psicopata. Como é extrovertida, também gosta de pessoas extrovertidas, e como tem autoaceitação, é provável que aceite fácil os outros e o psicopata com seus pontos fortes e fracos.

Lamentavelmente, o psicopata só ama a si mesmo e tentará de modo sistemático aniquilar o senso de autoestima, autovalidação e valor próprio da mulher. A extroversão dela foi um visível desafio para o domínio dele. Mentalmente muito semelhante a um cão de matilha, o cão alfa se empenhará em atacar os pontos fortes da mulher, reduzindo-os, para ampliar os pontos fracos como uma maneira de capturar o território emocional dela. Muitas mulheres afirmam que no início do relacionamento o psicopata parecia se sentir atraído por elas devido à sua autoaceitação e à força interior, no entanto foram essas mesmas qualidades que ele mirou para atacá-las e derrubá-las. Essa observação está correta. A autoaceitação delas representa um desafio para o psicopata, caso contrário ele escolheria mulheres emocionalmente fracas e voltadas para a dependência, algo que eles não tendem a escolher.

No final do relacionamento, o seu senso do eu está tão danificado que ela é incapaz de se lembrar da mulher forte e autoconfiante de quem os outros se lembram.

Os hábitos congruentes com as metas dela

Resultados do Estudo

Traço de Temperamento:
Hábitos Congruentes

Escores:
Dela: Elevado
Dele: Sem Informações

A mulher com um escore elevado em congruência com as metas em geral agirá em conformidade com seus valores e metas de longo prazo; ela é coerente, tem entrosamento consigo mesma, e os outros a consideram uma pessoa sincera. As mulheres no estudo estão seguras com relação às suas prioridades e sentem que podem confiar em si mesmas. Esses hábitos se desenvolvem na mulher porque são praticados e adquiridos ao longo do tempo, não a partir de comportamentos efêmeros e momentâneos. É assim que ela realmente é na sua essência.

Esses hábitos que serão desafiados e modificados a partir do relacionamento com o psicopata também produzem uma elevada dissonância cognitiva nela quando seus próprios valores de longo prazo não são respeitados. Sua própria incoerência por não agir em conformidade com seus valores de longo prazo acarretarão terríveis consequências.

Os hábitos congruentes com as metas como fatores de risco

Os psicopatas têm a estranha habilidade de ficar perto de uma pessoa competente e parecer competentes por mera associação. Antes que esses traços e hábitos sejam violados pelo psicopata, serão usados por ele para promover o relacionamento. A persistência da mulher em seguir em frente tende a ocultar a impulsividade e a incoerência veladas do psicopata. A capacidade dela de abraçar inicialmente seus valores e metas de longo prazo assenta a base firme no relacionamento, em que o psicopata tende a se esconder atrás da coerência dela. A "segurança" associada aos hábitos congruentes com as metas devem, em muitos níveis, desafiar a dominância do psicopata. Isso estimulará nele o impulso de querer derrubar essa coerência e essa força presentes na mulher, pois o psicopata acredita que essas características se opõem a ele. À medida que o relacionamento prossegue, os hábitos normalmente congruentes com as metas dela se tornarão muito incongruentes, aumentando a percepção de dissonância cognitiva da mulher, quando sua força se torna sua fraqueza. Saber o que "deveria" estar fazendo em relação ao parceiro e sua incapacidade de fazê-lo, mesmo quando já foi tão forte um dia, aumenta ainda mais sua dissonância cognitiva.

CATEGORIA TRÊS – AUTOTRANSCENDÊNCIA E ESPIRITUALIDADE

A categoria de autotranscendência e espiritualidade consiste apenas da autotranscendência.

A autotranscendência e a espiritualidade dela

> **Resultados do Estudo**
>
> **Traço de Temperamento:**
> Autotranscendência
>
> **Escores:**
> Dela: Médio
> Dele: Baixo

As mulheres que amam psicopatas obtiveram um escore médio em autotranscendência. Esse traço é um reflexo da espiritualidade e dos princípios espirituais. A autotranscendência e a espiritualidade determinam a capacidade da mulher de enxergar o seu lugar no universo e como todas as coisas estão conectadas no mundo. A autotranscendência é um "pensamento de visão abrangente" e as pessoas que têm esse traço são despretensiosas, humildes e realizadas na vida. As pessoas autotranscendentes estão em uma jornada para ajudar os outros a encontrar a autorrealização e a alcançar o seu potencial mais elevado. Essa é a razão pela qual muitas das mulheres ocupam cargos de nível superior na área dos cuidados com as pessoas: elas gostam de ajudar os outros a atingir seu potencial.

> **Resultados do Estudo**
>
> **Traço de Temperamento:**
> Aceitação Espiritual
>
> **Escores:**
> Dela: Moderadamente Elevado
> Dele: Baixo

Devido a esse traço, a mulher é capaz de lidar com coisas difíceis da vida, como o sofrimento e a doença, e consegue encontrar significado nesses conceitos e experiências. É provável que ela tente ajudar outras pessoas a fazer a mesma coisa. Ela está menos voltada para a aquisição de riqueza, poder e prazeres materiais que a vida pode proporcionar, e mais interessada no significado intrínseco da vida.

As mulheres obtiveram um escore médio em autotranscendência principalmente porque conseguiram um escore elevado em um dos traços e, no entanto, um escore baixo em outro aspecto, gerando uma pontuação média. Sem o escore baixo, podemos ver que essas mulheres possuem muitas das características de autotranscendência.

Curiosamente, as mulheres obtiveram um escore elevado no traço que indica uma tendência para "acreditar em milagres" – o que faz sentido, se levarmos em consideração que este é sem dúvida um traço necessário no relacionamento com um psicopata. Ela precisa acreditar que ele pode ser diferente para que consiga continuar com ele – em certo nível, isso de fato seria um milagre!

A autotranscendência e a espiritualidade como fatores de risco

As mulheres autotranscendentes gostam de estimular os outros a ser autotranscendentes. A capacidade dela de querer *ajudar* o psicopata em sua jornada rumo a um potencial mais elevado na carreira, na autocompreensão e na autorrealização é, sem dúvida, uma motivação para ela no relacionamento. Claro que não haveria como ela saber no início que ele era um psicopata e que, portanto, não poderia se autorrealizar e alcançar seu potencial mais elevado devido à estrutura permanente do seu distúrbio de personalidade ou patologia. Muitos psicopatas possuem algumas qualidades brilhantes e fascinantes nas quais as mulheres enxergam "um grande potencial". No entanto, ele não tem a capacidade de abraçar esse potencial, a não ser como uma maneira de manipular os outros. Não obstante, uma mulher altamente empática, tolerante e solidária, mas alheia ao fato de que o parceiro é um psicopata, passará muito tempo tentando guiá-lo no caminho da autorrealização e do verdadeiro sucesso, ou procurando promover o sucesso já existente dele. Algumas das mulheres do estudo arcaram com os custos da faculdade de medicina ou direito dos seus psicopatas, para depois serem descartadas.

A falta de interesse dela na aquisição de riqueza e poder se encaixa muito bem com um psicopata, que é extremamente voltado para mais poder e que se apossará de qualquer riqueza que a mulher possa ter adquirido. A característica da mulher de não se interessar muito pela riqueza (nem mesmo pela dela) está por certo relacionada com o motivo pelo qual muitas tiveram enormes prejuízos e perderam grandes somas para o psicopata.

CONCLUSÃO

O número excessivo de traços de temperamento e caráter que as mulheres que amam psicopatas possuem equilibra os horrendos déficits que o psicopata tem em muitos desses mesmos traços. Esse equilíbrio cria, pelo menos no início, um relacionamento compensador. É a única maneira pela qual o relacionamento pode, de algum modo, imitar algo que pareça viável. Os excessos dela diminuem a importância dos déficits dele. Sem a suavização da gritante ausência nele de muitos dos traços que os namorados buscam um no outro, esses envolvimentos simplesmente não teriam acontecido. Ninguém tem na sua lista de desejos de pretendentes "Satã – mal posso esperar para conhecê-lo e ver o seu pacote completo de atrocidades". Se a falência emocional do psicopata não estivesse de alguma maneira camuflada, poucas mulheres entrariam de boa vontade nesse relacionamento. Foi o fato de ele ter escondido bem os seus déficits, e de os "supertraços" dela terem equilibrado os pratos da balança que fez com que o relacionamento seguisse a todo vapor. No início do relacionamento, os traços elevados que ela possui permitem a condição simbiótica perfeita de que o psicopata precisa, bem como a faz acreditar que o parceiro trará algo para essa relação fantasiosa. Isso possibilita que o relacionamento funcione a princípio. O psicopata traz para essa fantasia a sua parcela justa de uma abordagem incomum, uma intensidade quintessencial e uma atração absolutamente esmagadora capazes de fazer com que até mesmo as mulheres mais bem instruídas e equilibradas percam o foco e obedeçam ao líder do culto, tomando a bebida envenenada e alcançando a ruína emocional.

Nesses últimos capítulos, examinei os traços da mulher e como eles criam fatores de risco para ela no relacionamento com um psicopata. Se você recapitular esses traços nos quadros das páginas anteriores, verá como o psicopata tende a ser percebido usando a mesma lista de traços. Ao examinar os traços da mulher em comparação com os dele, podemos começar a compreender essa "dinâmica de traços" que alimentou o relacionamento amoroso patológico.

Os quadros das páginas seguintes resumem as constatações do ITC para as mulheres no nosso estudo comparadas com os escores do "psicopata típico" do mesmo ITC.

Figura 8.1 Traços de Temperamento do Psicopata e de suas Mulheres

Traços de Temperamento	Psicopata Típico	Mulheres que Amam Psicopatas
Total de Busca de Emoções	Elevado	Moderadamente Elevado
NS1 – Excitabilidade Exploratória	Elevada	Elevada
NS2 – Impulsividade	Elevada	Média
NS3 – Extravagância	Elevada	Moderadamente Elevada
NS4 – Desordem	Elevada	Moderadamente Elevada
Total de Investimento nos Relacionamentos	Baixo	Elevado
RD1 – Sentimentalismo	Baixo	Elevado
RD3 – Apego	Baixo	Elevado
RD4 – Dependência	Baixa	Elevada
Total de Evitação de Danos	Baixa	Variada
HA1 – Preocupação Preventiva	Baixa	Moderadamente Elevada
HA2 – Medo da Incerteza	Baixo	Médio
HA3 – Timidez	Muito Baixa	Muito Baixa
HA4 – Tendência de se Cansar com Facilidade	Baixa	Baixa

Figura 8.2 Traços de Caráter do Psicopata e de suas Mulheres

Traços de Caráter	Psicopata Típico	Mulheres que Amam Psicopatas
Total de Cooperatividade (C)	Baixo	Elevado
C1 – Aceitação Social	Baixa	Elevada
C2 – Empatia	Baixa	Elevada
C3 – Prestimosidade	Baixa	Elevada
C4 – Compaixão	Baixa	Elevada
C5 – Consciência Integrada	Baixa	Moderadamente Elevada

Traços de Caráter	Psicopata Típico	Mulheres que Amam Psicopatas
Total de Autodirecionamento (AD)	Baixo	Elevado
SD1 – Responsabilidade	Sem Informações	Elevada
SD2 – Orientação para um Propósito	Sem Informações	Elevada
SD3 – Engenhosidade	Sem Informações	Elevada
SD4 – Autoaceitação	Sem Informações	Elevada
SD5 – Hábitos Congruentes	Sem Informações	Elevados
Total de Autotranscendência (AT)	Baixo	Médio
ST1 – Autoesquecimento	Baixo	Médio Baixo
ST2 – Identificação Transpessoal	Baixa	Média Baixa
ST3 – Aceitação Espiritual	Baixa	Moderadamente Elevada

9

A INTENSA ATRAÇÃO, O APEGO E O VÍNCULO AFETIVO[63]

"O que você se tornou é o preço que você pagou para obter o que costumava desejar."

– Mignon McLaughlin

"Ouvi repetidamente as mulheres me descreverem a experiência incomum de conexão que elas tiveram com psicopatas. Achei curioso o fato de que muitas delas tinham histórias idênticas de uma união 'mística' que elas descreviam como estando eletrizada por uma intensidade vibratória. Entre algumas das razões identificadas dos motivos pelos quais ela se sentia presa a ele e por que era difícil deixá-lo estão o sexo extraordinário, a profunda conexão, o 'intenso apego' e a experiência de alma gêmea de ser completamente "conhecida" por ele. Isso me levou a investigar a natureza do apego nesses relacionamentos amorosos e a explorar como eles podem, de fato, ser diferentes."

– Sandra L. Brown, M. A.

Até mesmo no início do relacionamento, as mulheres ficaram confusas com os sentimentos incomuns que sentiam pelo psicopata. Elas se lembram da chama intensa e instantânea da atração, do rápido início do apego psicológico, e de um processo místico de conexão de alma que elas não conseguem

---

[63] Contribuições da dra. Liane Leedom.

explicar. As mulheres descreveram suas emoções naquela época como irracionais, frenéticas e fora de controle quase desde o momento em que o relacionamento começou (e que se repetem, às vezes, anos depois, quando ela pensa nele). A conclusão a que as mulheres chegaram é que essa sensação desesperada de um sentimento quase viciante deve ter sido a condição de alma gêmea. Por conseguinte, elas acreditam que o que estão sentindo agora é apenas a perda da alma gêmea que só aparece uma vez na vida. Vamos dar uma olhada nesse processo de atração, apego e vínculo afetivo e verificar o que acontece na mulher, à mulher e por quê.

ATRAÇÃO – O CALOR

A psicologia social descreve a atração como "agradar aos desejos de outra pessoa". Isso acontece não apenas por meio do desenvolvimento do relacionamento, porque é assim que ele progride, mas também de uma maneira manipulativa, pois o psicopata descobre quais são os desejos da mulher e se transforma no homem pelo qual ela se sente atraída. As mulheres declararam que a "qualidade mística" da atração com o psicopata acontece em um *plano sobrenatural indescritível* que intensifica a percepção dela de atração incontrolável.

Apesar disso, a atração pode não ser mística e até mesmo bastante compreensível tendo em vista não apenas a constituição do psicopata, como também a nossa química natural. A atração tem na sua essência algumas razões muito científicas (embora nada românticas) de *como* ela funciona.

Para começar, as mulheres são mais atraídas por características masculinas que são indicadores de altos níveis de testosterona "anunciados" por meio de uma aparência viril e um comportamento dominante. A testosterona motiva o impulso sexual do psicopata, e eles são extremamente sexuais, fazendo com que busquem muitos parceiros sexuais, não raro de ambos os sexos.

Com toda essa visível virilidade, as mulheres indicaram que registraram seu nível de atração pelo psicopata às vezes *segundos depois* de conhecê-lo, o que criou uma elevada situação de risco. Alguns segundos ou minutos efêmeros, porém intensos, não são suficientes para que possamos filtrar e identificar psicopatas perigosos, porém muito atraentes. Essas mulheres, que têm um temperamento conservador e um caráter responsável, confessaram ter ficado tão atraídas pelo psicopata que fizeram sexo com ele minutos ou uma hora depois de tê-lo conhecido. Em nenhum momento da história sexual delas, tinham reagido de uma maneira tão "primitiva" ao sentido da atração.

Certa cliente me disse que conheceu o psicopata em um estacionamento. Ele a empurrou contra o carro e disse em um excitante sotaque chileno: "Preciso fazer amor com você! Me encontre aqui às cinco horas da tarde". Ela foi ao encontro, embora estivesse casada e feliz havia mais de 25 anos. Isso deu início a um padrão de sexo degradante para ela que durou anos, simplesmente pelo fato de a atração alimentada naquele momento ter sido tão primitiva e avassaladora.

Por quê? A atração pode parecer primitiva, até certo ponto selvagem e "impulsiva", e é muitas vezes subconsciente. Com sua magia "fora de controle", a atração parece conseguir o que quiser. A atração pode ser sutil – como o *imprinting* erótico inconsciente que leva as mulheres a selecionar os homens com base em atributos físicos, emocionais ou comportamentais. O *imprinting* erótico inicial "grava" na mente feminina as "diretrizes" de atração para o sexo oposto quando elas ainda são adolescentes. Embora esses traços possam guiar a nossa seleção de relacionamentos, essa não é a base do amor. É a base da seleção.

Para muitas mulheres, a atração é tão inconsciente que quando elas sentem uma empolgação, não pensam muito se seus sentimentos de atração são razoáveis, saudáveis, normais ou até mesmo seguros. Devido a essas seleções arriscadas (sobretudo com os portadores de patologias), o Instituto criou um manual de instruções[64] para ajudar as mulheres a trabalhar mais a fundo suas questões de atração subconsciente, aumentar a conscientização dos seus padrões de seleção e ajudá-las a identificar traços que elas escolhem repetidas vezes de modo subconsciente. Essa atração subconsciente e a escolha subsequente poderiam ser:

---

[64] *How to Spot a Dangerous Man Workbook.*

- ❖ predominantemente físicas – por exemplo, homens altos, morenos e bonitos
- ❖ emocionais – homens divertidos, emocionalmente sensíveis ou até mesmo indiferentes
- ❖ uma reencenação traumática – ela escolhe sempre seu pai em muitas formas diferentes, tentando corrigir o relacionamento que nunca teve com ele
- ❖ uma dezena de outras razões bem ocultas de por que ela se sente atraída por alguém

É claro que a atração pode levar à seleção. Quando as mulheres examinam a própria história, podem enxergar uma ligação remota, como, por exemplo, o fato de "sempre escolherem alcoólatras", mas a maioria das mulheres não percebe as conexões sutis nos seus padrões de seleção. Enquanto não compreender quais características ela está selecionando de modo *subconsciente* e voltando a selecionar em um parceiro, é provável que a mulher continue a fazer isso.

Às vezes, a dinâmica é a Atração Traumática que parece governar seus padrões de seleção. As pessoas que sofreram abuso ou foram criadas em lares disfuncionais podem ter padrões de seleção incomuns e destrutivos. Embora isso possa parecer contrário ao que esperaríamos, esses padrões são em grande medida determinados por um trauma não resolvido, e essas pessoas repetem exatamente esses padrões quando vão buscar um parceiro. Elas escolhem com frequência indivíduos com "características" semelhantes às do adulto com comportamento abusivo/negligente/viciado com quem elas cresceram ou ao qual foram expostas. O trauma não resolvido as leva a escolher perpetradores de abuso ou portadores de patologias como parceiros.

Aquilo que permanece não resolvido circula várias vezes pela vida da mulher até ser resolvido. Quando ela não tem nenhuma ideia de que a atração (boa, ruim ou disfuncional) está governando suas seleções, ela apenas continua a escolher da mesma maneira e a obter a mesma coisa. No entanto, como o mundo (e o psicopata) continua a usar a palavra "amor", ela também a utiliza e rotula de "amor" suas escolhas patológicas baseadas na atração.

A atração que ela sente NÃO tem nada a ver com amor. O que ACONTECE ou NÃO ACONTECE NO relacionamento é um dos indicadores que apontam se a relação era mesmo "amor" ou uma mera atração baseada em um trauma não resolvido.

APEGO – O ÍMÃ

Depois da atração, os estágios iniciais do que a mulher *pensa* ser a construção de intimidade ocorrem enquanto eles estão se comunicando a respeito de sentimentos, histórias comuns e aspirações na vida. Esses momentos "profundamente compartilhados" assentam a base da intensidade do apego que ela vivenciará. Embora os psicopatas se apeguem, o apego deles é um "vínculo" superficial e não uma "conexão amorosa". O apego, no seu estado mais superficial, pode ser um vínculo sem amor. As pessoas criam vínculos com outras pessoas que elas não "amam" necessariamente. Isso é, sem dúvida, verdadeiro no caso dos psicopatas. Na realidade, o psicopata tem sido denominado como o supremo *transtorno* do apego, porque ele nunca "se liga" de verdade (ou seja, ama em um sentido saudável) a outras pessoas. Os distúrbios de apego, vistos com frequência em crianças furiosas e fora de controle, são, às vezes, um precursor da psicopatia adulta.

Assim, dentro da fase do apego desse relacionamento, temos, portanto, uma mulher com uma pontuação 97% mais elevada no teste do apego do que as outras pessoas e que tende a confiar nos outros, e sobretudo no seu parceiro, o psicopata. Este, por sua vez, tem o equivalente a um distúrbio de apego adulto que está tentando camuflar, simulando uma dose exagerada de ardoroso afeto. Ainda que o apego preceda o vínculo afetivo na mulher, isso não ocorre por um intervalo de tempo muito longo! O ritmo rápido com que os psicopatas desenvolvem aptidões de relacionamento a conduzem do apego a um vínculo fortíssimo com uma incrível velocidade. O deslocamento da atração para o apego e do apego para o vínculo tende a ser muito mais rápido devido aos traços da mulher e também porque o psicopata tem pressa para que o relacionamento se desenvolva.

Os psicopatas são conhecidos pelo seu charme e carisma, e são hábeis em levar as mulheres a falar a respeito dos três Ps:

- o passado dela
- os problemas dela
- as percepções dela

... como uma maneira de obter informações para esculpir sua *persona* e aumentar o apego. Chamo esse processo de rápida exposição das mulheres de "bulimia verbal". Isso é um alerta de que um psicopata está tentando pegar o DNA emocional da mulher para reproduzi-lo em si mesmo.

Não se trata apenas de um sexo espetacular

O apego é intensificado por meio do sexo. O sexo no relacionamento com o psicopata acontece muito mais cedo do que com qualquer outro homem com quem a mulher já esteve. Ela está programada para confiar nas pessoas e se apegar profundamente. Adicione a isso um aspecto biológico pouco conhecido a respeito do hormônio oxitocina e você terá um coquetel do amor que irá deixá-la cega de paixão.

A oxitocina é um hormônio sexual. Do ponto de vista emocional, ela é chamada de hormônio do "amor", do "carinho" ou da "conexão". Ela é liberada na corrente sanguínea por meio de:

- aconchego e carícias
- abraços e beijos
- parto e trabalho de parto
- sexo e orgasmo
- e, em especial, na amamentação que induz o sentimento de "conexão" que a mulher tem com seu bebê

A oxitocina aumenta os sentimentos de amor, bem-estar, paz, afeto, proteção, segurança e apego, e faz com que os seres humanos desejem "ficar juntos" e se organizar como unidades familiares. Ela é a argamassa da estrutura familiar.

Em termos físicos, a oxitocina também:

- ❖ aumenta a frequência cardíaca
- ❖ produz sensibilidade nas terminações nervosas em vários pontos (motivo pelo qual as carícias transmitem uma sensação agradável)
- ❖ é liberada nas mulheres durante o orgasmo e aumenta o sentimento de apego ao parceiro
- ❖ também é liberada durante a gravidez

A oxitocina é encontrada no esperma dos homens. Essa é, portanto, outra maneira de as mulheres terem esse hormônio no seu corpo – através da ejaculação. Ele é hipersexual, assim, como o sexo é abundante, há muita oxitocina dela e dele!

Há pouco tempo, a oxitocina também foi associada a outro dos supertraços da mulher – a confiança. Ela não é apenas conhecida como o hormônio do amor, mas também como o hormônio da "confiança excessiva".

Em estudos recentes, o ato de confiar em alguém se correlacionou com níveis elevados de oxitocina. Paul Zak, neurocientista norte-americano, indicou o seguinte:[65]

"Cooperar transmite literalmente uma sensação boa."

... e sabemos quanta cooperação ela tem! Além disso:

"À medida que o nível do hormônio aumentava, as pessoas tendiam mais a retribuir a confiança. Quanto mais forte a confiança, mais a oxitocina aumentava. Curiosamente, elas foram incapazes de explicar por que estavam se comportando daquela maneira."

Mesmo quando não havia nenhuma razão para confiar em alguém, elas confiavam.

---

[65] Zak, Paul. The Neurobiology of Trust, *Scientific American,* junho de 2009.

A confiança cega pode ser apenas um processo químico! Eis como o processo funciona: a oxitocina só é liberada quando a pessoa sente que os outros confiam nela, o que em geral ocorre durante as interações sociais (mesmo com completos desconhecidos!). Quando a oxitocina aumenta no cérebro, a pessoa se sente mais digna de confiança. No relacionamento, em algum momento durante o envolvimento inicial, a interação com o psicopata fez com que a mulher se sentisse uma pessoa de confiança. É muito provável que isso tenha acontecido quando ele estava agindo como se "confiasse a ela seus sentimentos mais profundos ou sua história traumática". Quando o psicopata demonstra confiança na mulher, a produção de oxitocina é "acionada" sem que ela nem mesmo tenha consciência disso, reforçando na mulher o sentimento de que é seguro interagir com ele.

Figura 9.1   Ciclo da Confiança

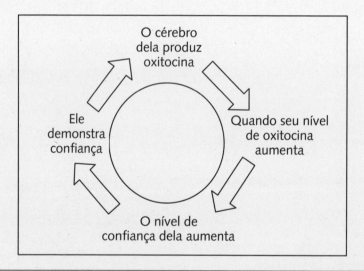

Neste ciclo, quanto mais confiança o psicopata demonstra, mais o cérebro da mulher produz o hormônio do sentimento de carinho, confiança e bem-estar. Quanto maior o nível de oxitocina, maior o nível de confiança. Portanto, embora ela já possa ter um nível de confiança elevado por causa dos seus supertraços, depois que o relacionamento deslancha e mais confiança e sexo estão acontecendo, a confiança da mulher provavelmente subirá às alturas. A confiança forma a base da proximidade emocional ou, na realidade, do apego e do vínculo afetivo.

No entanto, a oxitocina também é afetada de forma negativa pelo estresse, pela incerteza e pelo isolamento, uma vez que eles desgastam o sentimento de confiança e esgotam a oxitocina. À medida que o relacionamento prossegue e o comportamento do psicopata é revelado, o antes abundante sentimento de confiança se voltará para a dicotomia da desconfiança.

Mais coquetéis químicos

Outras substâncias químicas também bancam o cupido durante o início do namoro. A química, sem dúvida, joga um balde de água fria no amor quando olhamos para a ciência em vez de olharmos para a libido. Quer gostemos disso ou não, os neurotransmissores estão fortemente envolvidos na vida sexual de qualquer pessoa, e nossa paixão romântica é, em grande medida, função da nossa própria endocrinologia.

Pouco romântico, não é mesmo? Quando a mulher está se sentindo excitada e sensual, não é o cheiro da colônia do parceiro que ela sente; é a testosterona. Quando pensar no psicopata passa a ser uma obsessão e um trabalho em tempo integral, a mulher está mergulhada em serotonina, dopamina e norepinefrina – um composto mais poderoso do que um martíni, porém também uma combinação química semelhante à encontrada no transtorno obsessivo-compulsivo. Então a mulher estaria "embriagada" por ele – bêbada de amor? Provavelmente não. Ela está apenas sob o efeito de um copo cheio de dopamina – o mesmo barato que as pessoas extraem do álcool e das drogas.[66]

A dra. Helen Fisher[67] sinaliza que fazer sexo aumenta a dopamina e pode levar a mulher a se apaixonar. Adicionar o orgasmo a isso confere a sensação de apego. Quando a mulher está repleta da energia e da euforia causadas por esse novo amor, a feniletilamina (substância química que é liberada quando uma pessoa conhece alguém por quem se sente atraída) está "passeando" pelo

---

[66] www.molly.kalafut.org

[67] www.helenfisher.com

corpo dela. Nós já sabemos que o sentimento de aconchego que ela sente "de querer estar sempre um pouco mais com o psicopata" é causado pela oxitocina. Desse modo, embora ela pense se tratar apenas de "muito amor acontecendo" – o que está se avolumando é uma conexão química com a força gravitacional emocional de uma bomba atômica. Apenas a parte química é suficiente para ligar esse novo apego que ela está sentindo, e nem mesmo chegamos ainda a alguns dos outros fatores envolvidos no que a dra. Fisher denominou:

> *"os apegos de fato intensos e insanos que produzem o louco impulso de energia, a euforia emocional, as variações de humor, o anseio emocional, a ansiedade da separação, a possessividade infantil e a loucura total."*[68]

Quando céticos escarnecem dizendo que a mulher "com certeza sabia o tempo todo o que o psicopata estava fazendo, mas não queria enxergar", eles simplesmente não tomaram conhecimento do que a oxitocina e suas primas, as outras substâncias químicas do cérebro, podem causar a um sistema de confiança biológico.

VÍNCULO AFETIVO – A ARGAMASSA

Depois das fases iniciais, da mera atração e do apego, vem o estágio (pelo menos para a mulher) do vínculo afetivo. Sem dúvida, o psicopata está "trabalhando esse estágio" para garantir uma profunda conexão. As mulheres falam a respeito das fases do vínculo com tipos de olhares distantes carinhosos ou até mesmo contempladores. O psicopata está fazendo o melhor que pode (com o repertório emocional limitado que tem) para demonstrar atenção de todas as maneiras possíveis. A fase da conexão pode incluir o bombardeio amoroso – o foco intenso nela, o envio de presentes, mensagens de texto, telefonemas de hora em hora/diários/muitas vezes por semana. Viajar, passar o tempo todo um com o outro e o isolamento gradual disfarçado de "amor" também fazem parte desse

---

[68] www.helenfisher.com

período de conexão. À medida que vai ficando perdidamente apaixonada, a mulher perde o contato com quem era, com o que costumava fazer e com aqueles ao lado de quem ela costumava passar algum tempo. Pouco a pouco, ela não deseja mais nada além de "se perder" nessa conexão mística.

"Eu o amava tanto que queria me arrastar para dentro dele."

À medida que o relacionamento se desenvolve, o compartilhamento de sentimentos, as conversas e os olhares prolongados são fases nas quais o vínculo amoroso da mulher é criado. Uma vez que esse vínculo é formado, ele não depende necessariamente do prazer para ser mantido.[69] Sua lealdade por si só pode conduzi-la no relacionamento durante um longo tempo. Na realidade, é bastante possível que uma mulher esteja ligada a um homem que ela venha a "odiar". Isso acontece porque não foram apenas as suas emoções que se ligaram ao psicopata. Foram também as vias cerebrais e a química hormonal que responderam e se conectaram com ele. Como essa mulher tem uma pontuação elevada em investimento nos relacionamentos, e está predisposta a ser bastante suscetível a gratificações dentro do relacionamento, ela vê o sexo e o vínculo afetivo como sua recompensa. Quando ela pensa no psicopata, seu corpo recorda a recompensa de prazer que ela vivenciou com ele, *mesmo que* sua mente recorde os hábitos de traição dele. As mulheres muitas vezes confirmam esse horrendo vínculo que as mantém presas ao predador que vieram a odiar.

Elas se tornam mais conscientes do "sentimento" da conexão, do vínculo amoroso, quando este é ameaçado – como em um rompimento ou um ato de infidelidade. As ameaças ao vínculo amoroso causam depressão, estresse, ansiedade e o "pânico" de perder aquele que elas amam/odeiam. Ao lado de um psicopata, as mulheres percebem que as ameaças ao vínculo amoroso são constantes – como cada vez que desconfiam que estão sendo traídas, quando ele ameaça abandonar o relacionamento ou quando ele se desconecta e fica distante ou indiferente. Para exemplificar a questão, ela pode não o querer mais, porém tampouco quer que outra mulher o tenha. Ela se sente "forte" por deixar o

---

[69] Contribuição da dra. Liane J. Leedom.

relacionamento, até que ele encontra outra pessoa. Aí ela o quer de volta. O medo em si pode aumentar o desejo e o sentimento de apego, mesmo que ela queira pôr um fim nisso. A montanha-russa do relacionamento amoroso patológico por certo está repleto de ameaças aos verdadeiros laços de amor. Como o tema da patologia é "incoerência", essa incoerência também será percebida pelas mulheres como ameaça à conexão no relacionamento.

O vínculo de ansiedade

Essas ameaças ao vínculo amoroso aumentam a ansiedade e os níveis de hormônios do estresse. Durante o relacionamento, o psicopata isola sua companheira do resto do mundo e da rede social dela sob o disfarce de "ela ser tudo para ele". A mulher tem pouco apoio emocional de outras pessoas que em geral a ajudariam a reduzir ou administrar com eficácia a ansiedade que está sentindo. Na realidade, a perda dessa rede de apoio emocional provavelmente colabora para aumentar a sua ansiedade. O psicopata a incentiva a romper os laços de amizade, para que a rede de apoio dela não desconfie dele e a confronte. Tendo em vista o nível de lealdade dela, não é provável que a mulher rompa o vínculo amoroso agora.

Estar com um psicopata gera ansiedade. O psicopata briga com a companheira, elevando o nível de ansiedade dela. Ela pensa em ir embora ou toma medidas para deixar o relacionamento, e isso desencadeia na mulher uma profunda ansiedade. Sem o apoio de amigos e da família para ajudá-la a lidar com essa ansiedade, ela precisa encontrar uma forma de aliviá-la. Então se volta para o próprio psicopata, que é quem cria e alivia o estresse. Agradecido, ele alivia a ansiedade dela por meio do sexo, de modo que a mulher se sente mais próxima dele. Durante o sexo, hormônios são liberados, deixando-a momentaneamente menos ansiosa. Como ela tem um alto grau de otimismo, acredita que eles voltarão a se conectar durante o sexo e que isso curará o conflito existente. O psicopata, que é ao mesmo tempo o criador da ansiedade dela e aquele que a alivia, faz parte dos padrões do vínculo de trauma e do vínculo de traição[70] que produzem as conhecidas dicotomias que examinaremos mais tarde no relacionamento.

---

[70] Carnes, Patrick J. The Betrayal Bond. *Health Communications*, 1997.

Quase todas as mulheres no estudo fizeram referência ao "sexo compensador", que é extremamente poderoso para fortalecer um vínculo amoroso. O psicopata cria a ansiedade, a mulher o procura em busca de alívio para essa ansiedade, o sexo alivia a ansiedade e faz com que ela sinta que tem de novo uma "conexão" com ele, que o vínculo afetivo foi restabelecido, e depois ele volta a criar outro evento que gera ansiedade nela, de modo que essa sequência continua.

Figura 9.2   Ciclo da Ansiedade/Sexo/Vínculo Afetivo

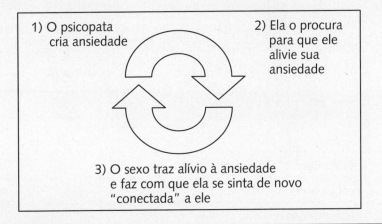

Cada ciclo é constantemente reforçado e fortalecido por meio da ansiedade e do sexo. O vínculo patológico pode ser de fato um vínculo mais forte do que aquele que é formado nos relacionamentos normais.

A frequência do sexo com o psicopata altamente sexual cria vínculo após vínculo. É por esse motivo que as mulheres descrevem os apegos e os vínculos com psicopatas como "os tipos mais intensos de apego" que já vivenciaram. Elas declararam várias vezes que esse apego pelo psicopata não é como os apegos que sentem pelos homens não portadores de patologia. Interpretando de maneira errada o que é essa intensidade, elas dizem o seguinte: "Eu pensava que significava que tínhamos sido feitos um para o outro e que de fato nos amávamos". Ou então elas perguntam: "Parece uma droga. Estou viciada nele?".

A INTENSIDADE DO APEGO NOS RELACIONAMENTOS PATOLÓGICOS

Ao longo de todas as fases da atração, do apego e do vínculo afetivo (conexão), as mulheres vivenciam uma intensidade sem precedente que permanece "indefinida" e incompreendida. O que causa na verdade esse nível incomum de intensidade? Por que o *status* de "alma gêmea" é atribuído de forma equivocada a esses relacionamentos fortemente aglutinados?

❖ **A patologia como intensidade**. Os transtornos com baixa consciência são, pela sua natureza, vivenciados com intensidade por aqueles que convivem com seus portadores. As pessoas com esses distúrbios são muitas vezes descritas das seguintes maneiras:

Positivamente	Negativamente
• instigantes	• extenuantes
• existe alguma coisa diferente a respeito delas	• fatigantes
• interessantes	• sugam a sua vida
• estimulantes	• exigem muita atenção
• sempre estão envolvidas com alguma coisa	
• misteriosas	
• inatingíveis	
• é de fato difícil entendê-las, o que é intrigante...	

Independentemente do nome que você dê ao transtorno, ele é intenso para aqueles que estão ao redor dessas pessoas, o que inclui a família, os amigos e os psicoterapeutas. Não conheço ninguém que diria que uma pessoa narcisista ou antissocial não é intensa! O que a sociedade não compreende é que essa intensidade é com frequência uma patologia velada.

❖ **Uma qualidade/traço dentro do transtorno.** A intensidade que a mulher está vivenciando dentro do relacionamento é *muitas vezes uma qualidade ou traço dentro do transtorno*. Ela pode estar reagindo à impulsividade, à montanha-russa emocional de sentimentos não regulados, ou à grandiosidade que está experimentando como "intensa". Qualquer um dos traços nos transtornos com baixa consciência pode ser o responsável por causar a intensidade. Além disso, os portadores de transtorno da personalidade narcisista (TPN) e transtorno da personalidade antissocial (TPAS) têm qualidades que "atraem" as pessoas, como se aqueles tivessem um "vórtice emocional" ou uma "atração magnética" irresistível para os indivíduos normais. A intensidade da "atração" pode ser decididamente mal interpretada ou até mesmo aumentar o sentimento da mulher com relação à atmosfera de mistério dele.

❖ **O comportamento de alto risco como intensidade.** O transtorno em si é atraído por comportamentos de alto risco que causam:
- doenças físicas (vícios)
- comportamentos autodestrutivos e temerários (detenções, cadeia, prisão)
- comportamento sexual descontrolado (descobrir a infidelidade, rompimento)
- opor-se às leis e à sociedade (sempre lutando ou em conflito com alguém)

Com esses tipos de patologias que são motivadas pelo risco/recompensa e não pela punição/culpa, eles criam um drama por meio de farras, casos amorosos, prostitutas, vícios pornográficos e outros comportamentos muitas vezes associados a desvios sexuais. Problemas = drama. O drama e os desvios sexuais aumentam a intensidade.

❖ **A doença mental e o vício como intensidade.** A existência de outros transtornos de saúde mental e vícios está relacionada com muitos transtornos da personalidade e com a patologia em geral. A instabilidade crônica dos distúrbios mentais (não tomar medicamentos, não permanecer em tratamento, não obter ajuda ou o tratamento não está de fato ajudando) aumenta a intensidade. A reincidência nos vícios também aumenta a intensidade (quer ela saiba abertamente que o psicopata teve uma recaída ou que está apenas vivendo o inconfesso efeito colateral adverso).

- **Confundir o vínculo com um apego intenso.** As mulheres confundem o vínculo afetivo autêntico com o apego superficial dele. O vínculo e o apego são processos diferentes e refletem profundidades diferentes. Como os portadores de patologias perseguem intensamente o que desejam, ela tende a confundir a intensidade dessa perseguição com a verdadeira intimidade. As pessoas normais formam vínculos, mas os portadores de patologias apenas se apegam, motivo pelo qual conseguem avançar tão depressa para outra pessoa.
- **O vínculo da traição e do trauma como intensidade.** Os relacionamentos exploradores podem criar vínculos de trauma que ligam a vítima a alguém que é perigoso para ela. Essas situações de exploração são incrivelmente intensas e aumentam a sensação de um (pseudo) vínculo.
- **O medo como intensidade.** O medo AUMENTA o sentimento de vínculo e, de modo indireto, aumenta a intensidade. O medo e a intensidade são usados na coerção, na tomada de reféns, na Síndrome de Estocolmo e na guerra. Os Relacionamentos Amorosos Patológicos usam níveis variados de medo (de violência, de abandono do relacionamento, de ser infiel) para um efeito de medo ampliado que faz a pessoa senti-lo como um intenso apego. O medo é vivenciado como intensidade. Quanto maior e mais frequente for a emoção do medo, com mais força o apego e a intensidade serão percebidos.
- **A atração é o *imprinting* erótico inicial como intensidade.** A mulher confunde a atração com a emoção do amor. Os portadores de patologia tendem mais a perseguir intensamente o que desejam. Essa perseguição intensa é percebida pela mulher como "uma vez que ele está se esforçando tanto para me conquistar, devo ser de fato a pessoa que ele

sempre procurou". O calor da atração física dela por ele é vivenciado como intensidade. Além disso, a impressão erótica inicial, que é subconsciente e permanece em grande medida despercebida, se torna sobrenatural, uma atmosfera de mistério que é vivenciada como intensidade.

❖ **A atração traumática como intensidade.** A mulher se envolve em uma repetição do trauma ou em uma nova encenação dele, que volta a se envolver em situações que reproduzem uma ferida autêntica que ela está tentando curar. Cada novo envolvimento é vivenciado (de modo subconsciente) como uma maneira de resolver o trauma, o relacionamento ou a ferida. Quanto mais isso se repete, mais arraigado é o padrão de ser atraída para ele. Quanto mais ela é atraída para o psicopata, mais este parece ter uma "vida própria" e menos controle ela tem sobre isso. Sentir-se "fora de controle" tem um nível de intensidade que lhe é associado.

❖ **O vínculo sexual como intensidade.** Os hormônios aumentam a sensação de apego. O sexo espetacular cria mais hormônios, o que aumenta a sensação de "vínculo afetivo" ou "conexão". O sexo é vivenciado como intenso.

❖ **Traços de temperamento como intensidade.** Os supertraços dessas mulheres foram 80-97% MAIS ELEVADOS do que os das outras mulheres: Investimento nos Relacionamentos, Tolerância, Apego/Vínculo Afetivo, Lealdade, Confiança. Com traços de personalidade tão altos, todas essas emoções são intensamente vividas pela mulher dentro do relacionamento patológico. Níveis elevados de investimento no relacionamento estabelecem um ciclo enredador que é vivenciado como intensidade.

❖ **Os estados de transe como intensidade.** A intensidade do apego também pode ser aumentada por meio de estados de transe casuais que são considerados ritmos naturais do corpo. As mulheres tinham uma suscetibilidade maior ao transe e à sugestionabilidade.

Com todos os múltiplos níveis de fatores de intensidade entrelaçados e a "agitação" dos hormônios do vínculo, essa "união sobrenatural" com sua alma gêmea provavelmente não será vista como o poço de patologia que na verdade é. A mulher continuará a viajar no limite da intensidade acreditando que isso é de fato a marca do "amor".

O PSICOPATA E O VÍNCULO

Embora a mulher tenha passado por um intenso processo de conexão (formação de vínculo) emocional, sexual e hormonal com o psicopata, isso de modo algum significa que ele tenha passado pelo mesmo processo com ela. Na realidade, ele não passou. Os psicopatas não têm a mesma experiência com relação ao vínculo que os não portadores de patologias. Quase toda a literatura existente discute a incapacidade do psicopata de se apegar ou formar um vínculo. Embora eu concorde com os outros pesquisadores que o psicopata *não forma um vínculo*, acredito que ele *se apega*. O verdadeiro vínculo exigiria o espectro completo de emoções, algo que o psicopata não possui.

No entanto, ele tem a capacidade de "se apegar". Esse nível de apego só requer o desejo, como o anseio de possuir alguma coisa ou alguém. Os apegos entre coisas e pessoas não são tão diferentes para um psicopata. Eles procuram outras pessoas porque é por meio do contato humano que eles vivenciam a dominância. Os relacionamentos são o único caminho que lhes proporciona o controle e a satisfação de prejudicar outras pessoas. Os apegos também ajudam o psicopata a superar o tédio, motivo pelo qual eles se relacionam com muitas mulheres. *Se os psicopatas não se apegassem, eles também não perseguiriam as pessoas, o que sabemos que eles fazem com frequência.*

As pessoas normais também se apegam. Podemos ser apegados à nossa confortável poltrona reclinável, ao nosso chinelo velho ou à nossa TV de plasma. No caso dos psicopatas, o intenso apego a uma televisão ou a uma pessoa é semelhante. É por isso que é tão fácil para eles deixar os relacionamentos como se estivessem jogando a poltrona no lixo e indo à loja de móveis comprar outra. Trata-se de um apego superficial capaz de ser substituído por outra coisa ou outra pessoa.

Nada no apego tem algo a ver com a intimidade emocional ou o vínculo entre o casal. O sexo é apenas ejaculação e, segundo o psicopata espera, um meio de dominar a mulher (quer apenas na mente dele, quer ele de fato venha a controlá-la durante o sexo). O sexo é apenas mais uma atividade (além de muitas outras) na qual ele pode desfrutar sua dominância e vivenciar o auge das suas recompensas.

À semelhança de muitas outras maneiras pelas quais a mulher projeta suas emoções e experiências no psicopata, o vínculo é outra projeção. Ela pode confundir intimidade emocional com sexo por causa do vínculo que *ela* vivencia e pressupõe que ele também esteja vivenciando. É o vínculo que produz o sentimento de intimidade emocional, mas como o psicopata não tem os circuitos do cérebro dos quais a intimidade emocional depende, ele não cria um vínculo. A experiência do vínculo da mulher não é compartilhada por ele.

Figura 9.3　Imitação de Vínculo

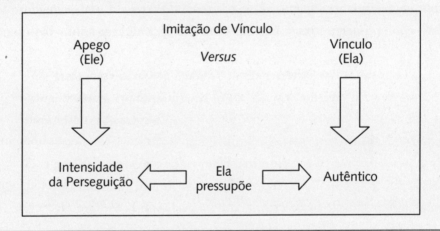

Embora o apego na verdade não seja um vínculo, quando a mulher desconfia de que ela formou um vínculo e o parceiro não, suas experiências sexuais e conexões emocionais com ele já consolidaram o relacionamento. Ela foi fisgada.

COMO É O SEXO COM UM PSICOPATA?

As experiências sexuais com o psicopata variam muito. Sistematicamente, porém, as mulheres fizeram alusão a algumas semelhanças, entre elas o vínculo que achavam que se formava, a intensidade, a frequência, o desvio sexual e o melhor ou pior sexo que já fizeram. As sequelas sexuais dos sintomas contribuíram para aquilo contra o que as mulheres lutavam para se recuperar. Grande parte do que elas vivenciavam dentro desse relacionamento foi identificado como abuso emocional, psicológico, físico ou sexual, ou manipulação. Quase nenhuma das mulheres, em retrospecto, sentiu que o relacionamento foi "normal" ou que elas emergiram dele "imaculadas" ou "incólumes". Embora elas reconhecessem que o sexo era bom, com o tempo as coisas mudaram, afetando seu relacionamento como um todo.

A pressuposição do vínculo

"O sexo com ele era a melhor parte da minha vida. Formei um vínculo com ele maior do que com qualquer outro ser humano no planeta. Nós nos entrosávamos tão bem. Nós nos fundíamos como se fôssemos um só. Nunca tive algo igual antes. Eu sei que ele sentia a mesma coisa."

"Ele estava completamente cativado pela maneira como o nosso impulso sexual era idêntico. Ele disse que nunca tinha sentido isso com relação a ninguém, e que éramos tão diferentes de tudo o que ele já tinha experimentado."

"Nossa vida sexual era maravilhosa. Era emocionalmente mais íntima do que já foi com qualquer outra pessoa. Ele estava sempre presente no momento. A mente dele não parecia divagar e sua disposição de ânimo nunca parecia afetar essa parte do nosso relacionamento. Nesse aspecto, ele era muito focado. Era muito excitante sentir que eu era tão desejada."

"Éramos muito conectados, desinibidos, sensuais e em total sintonia um com o outro."

Intensidade

"Ele era sempre muito insistente, intenso e sexualmente insaciável, o que eu achava maravilhoso no início. Mas aquilo logo se tornou a coisa mais perturbadora que eu jamais vivenciara."

"Nós dois tivemos orgasmos apenas pensando um no outro a distância. E às vezes isso acontecia quando olhávamos nos olhos um do outro antes das carícias preliminares. Eu podia sentir os espasmos no corpo dele e no meu também, e ambos sentíamos a energia subir pela nossa coluna e nos tornar duas pessoas em êxtase."

"O sexo foi incrível e intenso desde o início. Embora ele parecesse muito tímido, dizia que o sexo era sagrado para ele. Eu não acreditava, porque estava em conflito com seu comportamento de gângster!"

Hipersexualidade/bom sexo

"Temos uma vida sexual maravilhosa. Depois que fazemos sexo, ele pergunta quando podemos fazer de novo. Às vezes, ele diz que nunca fizemos – não tenho certeza se ele está tentando se divertir à minha custa, ou o quê."

"Ele sempre me fazia querer mais, e a paixão era eletrizante. Ele era um amante muito generoso. Ele era um dos meus amantes favoritos e comparável apenas com o outro (psicopata) com quem eu estava!"

"O sexo era muito bom e nós dois o queríamos mesmo que estivéssemos no meio de uma discussão – apenas fazíamos sexo. Não faz sentido, a não ser que seja um vício mútuo."

"Ele foi o melhor amante que já tive. Era como se ele conhecesse meu corpo melhor do que eu conhecia, e estava muito determinado a me agradar, mas nunca deixava que eu o agradasse."

Nenhuma conexão emocional

"Era um excelente sexo 'animal'. Apenas sexo. Sem sentimentos."

"Ele era sexualmente atencioso, em alguns aspectos estava sempre interessado em que eu tivesse um orgasmo [...] e uma coisa, com certeza a única coisa, que ele não criticava em mim era meu corpo [...] eu sentia que ele me desejava e que gostava do meu corpo. Nunca senti que tivéssemos feito amor, pois não havia nenhum sentimento ou emoção. Era apenas sexo. Não havia nenhuma conexão emocional ou intimidade, não compartilhávamos sentimentos, apenas o ato físico."

"Na última vez em que fizemos sexo eu irrompi em lágrimas histéricas porque ele estava desligado demais, sem demonstrar nenhum sentimento. Ele continuou e em seguida saiu de cima de mim depois de ter ejaculado. Não consegui deixar que ele se aproximasse de mim depois disso!"

Sexo degradante/traumático

"Ele falava comigo de uma maneira repugnante, como: 'Venha cá e chupe meu pau'. Ele me menosprezava sexualmente. Ele não conseguia entender que a maneira como ele me tratava fazia com que eu não sentisse desejo por ele. Ele me disse que não tinha que me aturar, que outras mulheres o queriam."

"Ele me fazia sentir como um pedaço de carne e, às vezes, me tratava como uma prostituta. Ele podia ser completamente desrespeitoso e hostil. Ele usava uma linguagem de baixo calão para falar de sexo quando estava comigo e fazia referências infantis a partes do corpo e atos sexuais."

"Ele segurou minha cabeça e me obrigou a engolir sua ejaculação. Eu quase vomitei. Eu era virgem [...] até hoje nunca mais fiz sexo com ninguém."

Exigências sexuais narcisistas

Os psicopatas muitas vezes exigiam que suas parceiras expressassem admiração pelas suas habilidades sexuais especiais.

> *"Ele me obrigava a falar a respeito de como ele era bom."*

> *"Eu tinha que medir regularmente o pênis dele com uma fita métrica e dizer a ele como era bom saber que eu estava dormindo com um homem tão bem-dotado e que o pênis dele era atraente."*

> *"Eu tinha que estar disponível sempre que ele me chamasse, a qualquer hora, em qualquer lugar, e era melhor que eu aceitasse satisfazer as necessidades dele se não quisesse ser punida."*

Poder e controle

Embora os psicopatas desejem ser adorados pelas suas habilidades sexuais, eles não apreciam que as mulheres tomem a iniciativa no sexo com eles. Isso porque uma mulher que avance durante o sexo pode reduzir a experiência de poder que ele tem sobre ela.

> *"Descobri que se eu usasse uma lingerie bonita e tentasse seduzi-lo, ele desprezava minhas tentativas e me rejeitava, não importa o que eu fizesse. Compreendi que aquilo era uma questão de controle para ele. Se eu conseguisse excitá-lo e seduzi-lo, isso me daria uma espécie de poder. Ele não queria isso, de modo que só fazíamos sexo quando ele o instigava, e eu não ousava rejeitá-lo."*

Sádico/pervertido/sombrio

> *"Ele gostava de dar surras, aplicar e receber dor, e fazer sexo anal, do qual eu não conseguia participar. Ele queria sexo de duas a três vezes por dia e tinha uma ereção o tempo todo."*

"Tudo era muito vigoroso. Devo dizer que foi o melhor sexo que eu provavelmente tivera em qualquer relacionamento – embora eu percebesse ali um aspecto tortuoso, sombrio."

"Nunca me senti totalmente à vontade com ele no sexo. Sempre senti que ele parecia um pedófilo."

"Era sombrio [...] alguma coisa não estava certa ali – com ele, ou comigo. Não tenho certeza de quem ou o que estava errado [...] mas não era normal."

Eis outros comportamentos sádicos relatados:

1. Foi forçada a fazer sexo anal contra a vontade.
2. Obrigou-a a fazer sexo anal quando ela estava grávida de 39 semanas.
3. Recusou-se a usar preservativo quando teve Hepatite C.
4. Obrigou-a a fazer sexo durante uma discussão.
5. Obrigou-a a fazer sexo oral nele quando chegou em casa embriagado.
6. Rompeu a vagina dela com o punho.
7. Como tinha ejaculado prematuramente, ele se virou e defecou sobre ela.
8. Cuspiu nela enquanto faziam sexo.
9. Jogou um balde de água fria nela durante o sexo.
10. Espalhou esperma no cabelo dela.
11. Passou DSTs para ela.
12. Drogou-a para fazer sexo com ela.
13. Coagiu-a a fazer filmes pornográficos e depois reproduziu as gravações e as distribuiu sem a permissão dela.
14. Criticou o desempenho sexual dela.

15. Chamava-a de frígida ou puritana quando ela não queria fazer alguma coisa.
16. Falava a respeito da sua vida sexual com outras mulheres para aumentar a insegurança, a baixa autoestima e o medo dela de que ele deixasse o relacionamento.

CONCLUSÃO

Sem sombra de dúvida, as vítimas do sexo feminino são as melhores pessoas a serem ouvidas a respeito da intensidade da atração, do apego e do vínculo com psicopatas. De fato, elas estavam corretas ao afirmar que muitos fatores contribuíram para a intensa atração, o ímã do apego e os "grilhões" do vínculo. Elas também estavam certas ao relatar que esses relacionamentos eram, de fato, diferentes dos outros que tiveram e que a intensidade era alimentada por muitas influências patológicas.

Infelizmente, quando se deu conta de que seus sentimentos descontrolados eram uma premonição da patologia dele, ela já tinha sido prejudicada. Vamos dar uma olhada em alguns dos estágios da dinâmica do relacionamento.

10

O USO DO TRANSE, DA HIPNOSE E DA SUGESTIONABILIDADE

"Uma ilusão é responsável pela seleção voluntária de um caminho que conduz ao sofrimento."

– The Soul Illusion

A SEDUÇÃO POR MEIO DO TRANSE E DA HIPNOSE

A atração, o apego e o vínculo foram nítidos fatores de envolvimento e intensidade no relacionamento amoroso patológico. Os poderes hipnóticos do psicopata também aumentaram a sensação de intensidade e afetaram a dinâmica do relacionamento. Na realidade, as qualidades hipnóticas tendem a ser um dos fatores de intensidade mais fortes dentro de todo o relacionamento dinâmico da mulher. Pode ter sido o calor da atração, o ímã do apego e os "grilhões" do vínculo. Dada a rapidez com que as pessoas podem ser induzidas à hipnose, a sedução que acontece pode ser altamente hipnótica. Além disso, tendo em vista a propensão dos supertraços presentes em determinadas mulheres, o relacionamento com um psicopata pode se iniciar sobretudo por meio de um turbilhão hipnótico, uma vez que esse tipo de mulher pode ser envolvida com facilidade devido ao próprio conjunto de características que possui.

As mulheres questionam se o psicopata estava, de fato, induzindo o transe, a hipnose, o controle mental, ou usaram outras formas de coerção subconsciente. As mulheres se fazem essa pergunta, porque agiram ao contrário do que costumavam fazer nos seus relacionamentos com outros homens. Algumas afirmam que, durante grande parte do relacionamento com o psicopata, elas se sentiam dominadas emocionalmente, como se estivessem em transe ou fora da realidade. O psicopata tem habilidade de induzir o transe? A resposta é sim.

Não deveríamos ficar surpresos com o fato de o habilidoso psicopata descobrir muitos métodos para seduzir as mulheres e manter o controle emocional sobre elas, entre eles recorrer à hipnose, ao transe e tirar proveito da sugestionabilidade dela. Embora seja provável que o psicopata tenha introduzido esses métodos nos estágios iniciais da sedução e da atração, eles também tendem a permanecer ou reaparecer ao longo do relacionamento. Uma vez que a hipnose esteja em ação, ela tende a permanecer em ação durante o relacionamento e até mesmo depois que ele termina. Afinal de contas, se ela funciona, por que o psicopata deixaria de usá-la?

O psicopata, assim como qualquer pessoa, é capaz de induzir o transe nos outros. Procure por "técnicas de sedução" na internet e você encontrará centenas de *sites* que ensinam os homens a usar técnicas veladas de hipnose e Programação Neurolinguística (PNL) a fim de contornar a resistência cognitiva de uma mulher para que ele a "pegue" ou a "seduza". Se essas técnicas não funcionassem, não haveria tantos homens usando-as, e essa não seria uma indústria milionária.

No entanto, os psicopatas são diferentes desses meros "estudantes de sedução" porque a maioria deles não precisa aprender a usar estados de transe, hipnose e sugestão. Eles têm um talento natural para usar essas coisas.

O QUE SÃO ESTADOS HIPNÓTICOS E DE TRANSE?

Por que o transe e a hipnose funcionam? Porque é assim que a mente funciona. O transe é um estado mental natural que envolve a maneira como a mente entra em sintonia ou sai de sintonia ou, falando de um modo simples, liga ou desliga. Ele também está relacionado com o que acontece com as informações enquanto estão nesses estados de "sintonia". Isso não envolve nenhum truque – trata-se apenas de um mecanismo psicológico usado pela mente.

O desligamento e a intensa concentração

A "hipnose da estrada" é uma forma de se desligar. Você vivencia isso quando vai ficando sonolento enquanto olha para a faixa contínua amarela na estrada. Em pouco tempo, você chegou à sua saída e não se lembra dos últimos quilômetros que dirigiu. Enquanto você dirigia, sua mente estava desligada. Quanto você voltou a se sintonizar, coisas tinham acontecido, tempo tinha decorrido, você estava de novo consciente e tinha chegado ao seu destino. No entanto, durante alguns minutos, você esteve em transe.

O transe pode ser outra razão pela qual as mulheres que amam psicopatas têm uma tolerância tão elevada para a dor emocional. Isso pode ser devido ao fato de o seu limiar da dor ter sido desligado, silenciado ou entorpecido pelos estados de transe. A capacidade dessas mulheres de não perceberem a dor física ou emocional, ou até mesmo a exaustão física, pode possibilitar a permanência delas em circunstâncias dolorosas inacreditáveis.

Outra forma de nos desligarmos está relacionada com os nossos biorritmos naturais do corpo, como o metabolismo, a taxa de glicose no sangue e o sono. Observe a maioria das pessoas depois do almoço, por volta das duas horas da tarde, e você verá pessoas sonolentas e induzidas pelo transe nas suas mesas de trabalho lutando para permanecer "focadas" nos serviços que estão realizando.

Embora o transe seja às vezes associado ao processo de desligamento, ele é com mais frequência associado à atenção hiperfocada, que é como os hipnotizadores o utilizam na hipnose formal (e como o psicopata o utiliza). A única diferença entre o transe e a hipnose formal é que a hipnose formal é um *transe focado e controlado*. É por isso que o hipnotizador diz: "Olhe fixamente para os meus olhos" – porque o olhar fixo força o foco da atenção.

Tanto a hipnose quanto o transe envolvem a capacidade de focar de forma intensa uma coisa e ao mesmo tempo bloquear outras. Se você está olhando para a estrada ou prestando total atenção a uma palestra, você está entrando em um estado de transe. Enquanto você está nesse estado, você não nota outras coisas que estão acontecendo à sua volta. Se você estiver prestando atenção a uma palestra, poderá não notar se alguém sair da sala e fechar a porta. Na hipnose da estrada, você poderá errar o caminho e passar direto pela sua saída.

Essa atenção extremamente focada em uma única coisa é, em essência, um estado de transe. Os estados de transe de intensa concentração produzem a perda de consciência do tempo. Muitas mulheres fazem referência ao tempo que passaram com o psicopata e como o "tempo voava", ou páginas dos meses sendo arrancadas do calendário antes que elas se dessem conta da quantidade enorme de momentos da sua vida que estavam passando apenas com ele. Quando as pessoas estão "extasiadas" se concentrando uma na outra, elas perdem a noção do tempo. A perda repetida da noção do tempo indica estados de transe.

Algumas mulheres são possíveis candidatas ao transe porque têm a capacidade de dedicar sua "total atenção" a alguma coisa e é provável que sejam induzidas com facilidade à hipnose. E, quando elas estão de fato concentradas em um projeto ou pessoa, é possível que já estejam em algum nível de transe ou estado de fluxo. Admitindo-se que as mulheres sejam bem-sucedidas, elas aprenderam a se concentrar bem e a "ter foco".

Não vamos negligenciar o fato de que os psicopatas podem ser divertidos e eletrizantes no início, oferecendo às mulheres muitas coisas para elas focarem. Quanto mais instigante, estimulante e gratificante é uma situação, mais intensamente ela pode absorver uma pessoa, sobretudo se essa pessoa for bastante hipnotizável.

COMO ELE FAZ

Existem muitas maneiras de se entrar em transe, de modo que induzir um transe em outra pessoa não é muito difícil, já que implica apenas ajudá-la a ficar focada.

Como um psicopata pode colocar uma mulher em estado de transe sem que ela perceba? Como ele é muito intenso, pode utilizar com naturalidade essa intensidade para estimular a concentração. Como eles passam muito tempo juntos, ele tem inúmeras oportunidades de fazê-la se concentrar intensamente "neles". Toda aquela troca de olhares prolongados, tão conhecida nos estágios iniciais dos relacionamentos, é um solo fértil para a técnica de indução do transe do tipo "olhe nos meus olhos".

O psicopata não precisa necessariamente compreender a mecânica do transe para utilizá-lo. Ele é mestre em observar o que funciona e o que não funciona em sua tentativa de controlar os outros, e foi assim desde a infância, quando começou a observar. Lançar mão da "intensidade" ou de qualquer outra técnica que dê certo em um relacionamento é tudo que ele precisa para colocá-la em ação e usá-la em benefício próprio.

Não há dúvida de que o psicopata recorre a várias técnicas hipnóticas na dinâmica do relacionamento – desde as fases de atração/sedução, apego/lua de mel e até o aprofundamento/vínculo com o poder da mente subconsciente. Eis algumas outras técnicas que são utilizadas tanto pelos hipnoterapeutas quanto pelos psicopatas:

Reconhecer a resistência

Segundo as próprias mulheres, a resistência inicial que sentem em relação ao psicopata é facilmente superada. Pelo fato de as mulheres quererem confiar e demonstrar confiança, o psicopata apenas faz um comentário a respeito da resistência delas, o que com frequência é suficiente para vencê-la.

> *"Para neutralizar a resistência [...] comente que a resistência é normal e até mesmo desejável."*[71]

Usar imagens

A mente subconsciente pensa e se relaciona por meio de imagens. É por esse motivo que a maioria dos textos religiosos contém imagens, metáforas ou parábolas. (Pense na frequência com que Jesus falava por meio de parábolas.) As mulheres assinalaram que o psicopata usava imagens com frequência. (Lembre-se de que ele não é competente com a linguagem abstrata, mas as imagens podem ser usadas de maneira concreta.)

---

[71] Hunter, Marlene E. *Creative Scripts for Hypnotherapy*. Nova York: Brunner/Mazel, 1994.

> *"Descubra as imagens preferidas das pessoas."*[72]

Isso é bem parecido com "falar a linguagem dela" – uma forma de espelhamento e imitação, na qual o psicopata descobre as imagens que a mulher prefere e utiliza-as para esculpir a realidade dela.

Convidar

Assim como a serpente no Jardim do Éden convidou Eva para compartilhar a Árvore do Bem e do Mal, o psicopata, por sua vez, convida a mulher a:

- compartilhar suas emoções com ele
- recordar seu passado
- falar a respeito da dor que ela sente
- fazer planejamentos para o relacionamento deles juntos
- contemplar o futuro (embora na verdade ele possa não contemplá-lo muito)

> *"Use uma voz suave e convidativa, mesmo que a orientação seja um comando disfarçado como um convite."*[73]

Incentivar a recordação, o que produz o aprofundamento hipnótico

Levar as mulheres a falar a respeito do seu passado é útil para o psicopata de várias maneiras. Ao tomar conhecimento da história dela, ele pode se transformar de modo a se adequar o máximo possível a ela, dando a si mesmo a oportunidade de imitar e reproduzir uma história que de fato não lhe aconteceu, de forma a aumentar o sentimento de apego da mulher. Além disso, falar a respeito

---

[72] *Ibid.*
[73] *Ibid.*

do passado é uma indução hipnótica natural. Isso não ocorre apenas por intermédio dos sentimentos que vêm à tona (abordados mais adiante), mas também por meio do processo da recordação, que é um convite à regressão hipnótica.

> *"Recordar a experiência passada é um estado alterado por meio da regressão."*[74]
>
> *"Explorar, pesquisar o passado e chegar ao presente (às vezes ao futuro) atravessa intervalos de tempo e é uma confusão técnica que aumenta a possibilidade de ser hipnotizado."*[75]

(As mulheres confirmaram que muitas vezes se sentiam "confusas" quando conversavam com ele. Não só o psicopata podia estar tentando iludi-las, como elas também podiam estar entrando e saindo do estado de transe, tropeçando entre as conversas e sentimentos do passado, presente e futuro.)

> *"A regressão à infância é uma técnica de aprofundamento."*[76]

O psicopata usa a técnica de aprofundamento que faz com que a mulher tenha lembranças e sensações ao mesmo tempo a respeito de determinada situação. Cada uma dessas sensações a reconecta a uma época em que ela pode ter estado em transe (e sob o efeito da oxitocina) e acentua ou aprofunda a experiência hipnótica.

> *"O redirecionamento para uma experiência hipnótica anterior é uma técnica de aprofundamento – você se lembra quando nós _____ ou sentimos _____ ou como foi maravilhoso quando _____."*[77]

---

[74] *Ibid.*
[75] *Ibid.*
[76] *Ibid.*
[77] *Ibid.*

> *"Para um aprofundamento: entre e saia da hipnose falando e usando a imaginação ou pensando a respeito de quando [...] (passado ou futuro)."*[78]

Estados de sentimentos e emoções

Os estados de sentimentos são um solo fértil para a indução e o aprofundamento do transe e estão associados a determinados estados emocionais. Palavras como "apaixonada", "arrebatada", "em êxtase" e "absorta em elevada atenção", podem ser usadas para descrever condições emocionais relacionadas com estados de transe efetivos.

> *"Para aprofundar a hipnose, o foco interior é atribuído a estados alterados."*[79]
>
> *"Crie uma ponte emocional – tenha consciência dos sentimentos que acompanham essa experiência e dos sentimentos que, às vezes, podem ser quase esmagadores."*[80]

Reformulação

O psicopata tem um talento natural para a reformulação. Ele pega seu mau comportamento e reformula seus motivos, usando muitas vezes o *gaslighting* para reformular o que acaba de fazer. Quando as pessoas estão em transe ou hipnotizadas, é muito fácil reformular o que lhes aconteceu ou o que ainda estão vivenciando. Causa surpresa o fato de a mulher não conseguir se ater aos conceitos do mau comportamento do psicopata, uma vez que esses conceitos foram reformulados durante o estado de transe?

A reformulação envolve reorganizar um novo contexto para a situação. O psicopata não mudou; nós sabemos disso. No entanto, ele ou o seu

---

[78] *Ibid.*
[79] *Ibid.*
[80] *Ibid.*

comportamento podem parecer diferentes quando reformulados. Seu comportamento pode ser mais tolerado e menos ofensivo quando reformulado durante o estado de transe do outro.

> *"O retrato não mudou; ele apenas parece inteiramente diferente na sua nova moldura."*[81]

O psicopata também tem talento para o que é chamado de "reformulação espontânea" do seu comportamento. Isso ocorre quando alguma coisa a respeito da qual a mulher tinha uma opinião negativa antes passa a ser vista de uma maneira diferente depois que ela conversa com o psicopata. É provável que ele diga a ela que é mais vantajoso pensar a respeito do assunto *"de determinada maneira"*. As emoções associadas ao mau comportamento do psicopata são modificadas de imediato, já que ele as reformulou de modo espontâneo para ela. Se ele fizer isso com frequência, o processo logo se tornará automático e a mulher também reformulará automaticamente o comportamento dele. A reformulação sugestiva possibilita que o subconsciente dela reavalie coisas do passado que estão interferindo no presente. Como ela já investiu muito no relacionamento, procura razões para reformular e desculpar o antigo comportamento do psicopata, para que este não interfira no que ela deseja hoje para o relacionamento.[81]

Programação neurolinguística (PNL)

A programação neurolinguística (PNL), que é "prima" da hipnose formal, induz o transe mantendo a mente ocupada com declarações como: "Você é maravilhosa e muito bonita", e depois direcionando outras mensagens para a mente subconsciente por meio da narração de histórias. Os psicopatas são contadores de histórias magistrais – induzindo o sistema de crenças da mulher a acreditar nas virtudes dele enquanto ela está em estado de transe. Uma das principais técnicas da PNL é a narração de histórias – a

---

[81] *Ibid.*

criação de uma convicção por meio do desenvolvimento de um enredo. A PNL é hoje ensinada a profissionais de vendas e de marketing para que eles aprendam a maneira mais eficaz de penetrar no subconsciente de uma pessoa para fechar o "negócio". Quem é melhor vendedor ou contador de histórias do que um psicopata?

No caso da narração de histórias, não causa surpresa o fato de os contos de fadas funcionarem da mesma maneira para nós quando éramos crianças?

A absorção no transe e a fascinação

Os psicopatas também usam a fascinação. A capacidade de a mulher ser "absorvida" pela experiência com ele está relacionada com o nível de fascinação que ela vivencia. A fase sedução/atração e lua de mel/apego consiste basicamente na fascinação. A mulher vivencia a absorção no estado de transe como "natural", embora a perda de controle na experiência hipnótica aconteça fora da sua consciência. Esse é o poder da delicada experiência da hipnose, embalada em um estado de fascinação no qual a realidade começa a se desvanecer.

As mulheres descreveram que a realidade geral da sua vida como um todo se desvanecia em segundo plano, enquanto elas permaneciam no primeiro plano, vivenciando apenas a vida com o psicopata. Quando as mulheres perguntam: "O que aconteceu com a minha vida? Onde estão todas as coisas com as quais eu costumava estar envolvida?", a resposta é o "desvanecimento da vida". Quando elas passam a se concentrar menos na vida que levavam antes, a memória de todas as outras coisas esmorece enquanto ela está fascinada por ele. Como o foco intenso só pode se fixar em uma coisa de cada vez, o fascinante relacionamento ocupa toda a sua atenção, e as experiências anteriores são relegadas a um segundo plano.

O transe e o aprendizado dependente do estado

O aprendizado dependente do estado significa a maneira como o que foi aprendido antes influencia a forma como alguém se comporta no presente, o que inclui o que é aprendido "em" transe. A linguagem simbólica e o significado são percebidos de um modo diferente e, no entanto, muito forte sob hipnose e em estado de transe. Por exemplo, quando o psicopata fala por meio de símbolos ("Tenho você trancada no meu coração"), os símbolos são armazenados como fortes mensagens. Uma imagem interna de estar "trancada" e incapaz de escapar pode ser criada na mente subconsciente disfarçada de amor e de estar "no coração dele". É por isso que as mensagens do psicopata detêm um poder de permanência e uma força emocional tão grandes muito tempo depois de as mulheres descobrirem a verdadeira natureza dele. Os psicoterapeutas que tentam discutir "racionalmente" as maneiras como as mulheres percebem o psicopata deparam com esses baluartes nas memórias emocionais delas que estão relacionados com os símbolos incutidos em suas mentes.

O transe produz vieses perceptivos. Isso significa que se o psicopata estiver contando coisas maravilhosas para a mulher e ela estiver eufórica com ele, ela tenderá a associar coisas maravilhosas e eufóricas à memória dele, mesmo depois de ele ter se transformado em um monstro. Enquanto está em transe, a mulher tende a "consolidar" o que sentiu ou aprendeu nesse estado. É por isso que as mulheres têm tanta dificuldade em acreditar que o psicopata é um mentiroso, trapaceiro ou vigarista, porque ela aprendeu todas as coisas maravilhosas a respeito dele em estados de transe que foram "cimentados" na sua memória. Se você perguntar a ela qual a impressão dele que parece mais forte dentro dela:

a lembrança de estar intensamente conectada a ele

ou

as traições e a desonestidade dele

ela responderá: "a lembrança da conexão." O aprendizado dependente do estado causou nela o condicionamento adquirido, no qual a euforia como recompensa está conectada a ele e não ao comportamento negativo preexistente dele.

O que é adquirido em um estado (euforia, felicidade, intensa sexualidade e o vínculo) pode ter pouca influência no comportamento exibido em um estado diferente. Quando a mulher pega o psicopata roubando suas economias de uma vida inteira, o fato de ele roubar exerce pouca influência no aprendizado dependente do estado dele como seu amante, aquele com quem ela formou um vínculo, aquele que a conduz à euforia – os sentimentos que ela ainda alimenta por ele.

O aprendizado dependente do estado influencia a motivação e o desempenho. Quando nos perguntamos por que as mulheres têm dificuldade em abandonar os psicopatas, a dificuldade está associada, pelo menos em parte, à maneira como o transe afetou o aprendizado dependente do estado da motivação para ir embora e o ato efetivo *de* partir. Isso não é o que ela escolhe sentir; essa é a natureza do aprendizado dependente do estado que muitas vezes acontece nos estados de transe e sobre a qual ela não tem controle.

Um tema recorrente na recuperação das mulheres está relacionado com o aprendizado dependente do estado. Elas ficam imobilizadas porque é mais fácil recordar as boas lembranças do que as más. As más lembranças se tornam distantes ou nebulosas quando ela pensa a respeito do parceiro, e as coisas boas aparecem de repente, o que torna difícil lembrar por que ela está duvidando dele ou deseja deixá-lo.

CAMADAS DE TRANSE

O transe também pode ser induzido de outras maneiras, o que nos ajuda a verificar quantas camadas de transe podem estar ocorrendo em qualquer relacionamento patológico, tais como:

1. Intensidade sexual
2. A respiração e a frequência cardíaca ficam em sincronia durante o sexo
3. Música
4. Dança
5. Jejum
6. Privação do sono

7. Euforia – sentimentos de conexão e os efeitos dos hormônios sexuais
8. Luz bruxuleante – como a luz de vela
9. Cinestesia – por meio do sentido do tato, dos sentimentos ou das emoções
10. Intensas brincadeiras ou prazer
11. Prece e meditação – motivo pelo qual os cultos as utilizam
12. *Neurofeedback* – também chamado de *biofeedback* –, que modifica as ondas cerebrais e altera o estado de consciência
13. Experiências de pico ou estados de fluxo – nos quais a intensa concentração produz um sentimento de harmonização e interconexão

Esses exemplos são encontrados na literatura e em estudos científicos como maneiras pelas quais o transe pode ser induzido. A maioria deles faz parte do início de qualquer relacionamento – mas quando adicionado ao problema que está ocorrendo dentro de um relacionamento com uma pessoa patologicamente perturbada, o dano torna-se inevitável.

A SUGESTIONABILIDADE DELA E A POSSIBILIDADE DE HIPNOTIZAÇÃO

Distúrbios que aumentam a possibilidade de hipnotização

Os traços da personalidade e os distúrbios podem fazer com que algumas mulheres sejam mais altamente hipnotizáveis do que outras. As mulheres que se dissociam devido a um transtorno dissociativo, as que têm experiências de um trauma emocional anterior e aquelas que sofrem do transtorno de estresse pós-traumático são mais hipnotizáveis. Em parte, alguns sintomas do trauma que gerou esses distúrbios e os próprios distúrbios em si são estados de transe. Entre outras situações que podem levar as mulheres a ser facilmente hipnotizáveis estão as seguintes:

- histórias de abuso ou negligência
- questões de uma ampla dependência, vulnerabilidade ou incompetência
- autossacrifício excessivo, atitudes perfeccionistas ou níveis elevados de expectativa pessoal
- persistência elevada

As mulheres que amam psicopatas são muito engenhosas e direcionadas para metas, o que significa que elas são persistentes e mais fáceis de hipnotizar do que outras mulheres.

Os psicopatas tiram proveito da sugestionabilidade?

A sugestionabilidade é a facilidade com a qual uma pessoa aceitará uma sugestão de outra ou agirá movida por ela. A sugestionabilidade também está relacionada com a possibilidade de hipnotização. Para ser hipnotizado, você precisa aceitar a sugestão que lhe é feita.

As mulheres nesse estudo seriam consideradas altamente sugestionáveis porque obtiveram uma classificação elevada em cooperação no ITC. As habilidades de cooperação as ajudam a aceitar com mais facilidade as sugestões, enquanto sua prestimosidade e aceitação dos outros também criam a sugestionabilidade. Não podemos deixar de fora a "lábia de vendedor" do psicopata e a capacidade dele de "vender" para a mulher as sugestões que ele deseja que ela aceite.

A sugestionabilidade também está associada à desejabilidade social, outro traço que o ITC avalia como parte do investimento no relacionamento e da sociabilidade positiva. Essas mulheres se importam com a maneira como os outros as percebem – até mesmo o psicopata. Sua desejabilidade social (e relacional) é provavelmente importante o bastante para que elas aceitem sugestões a respeito desse aspecto, até mesmo por parte do psicopata. Ele pode enfatizar ou depreciar isso, dizendo à mulher quanto ela é desejável, aumentando o investimento dela no relacionamento, ou dizendo que as outras pessoas não gostam dela ou não a consideram atraente, diminuindo sua autoestima e aumentando suas preocupações a respeito do fracasso do relacionamento.

A sugestionabilidade está relacionada com uma memória sofrível para recordações, o que é provável que comece a acontecer com as mulheres no relacionamento devido ao estresse, à fadiga e ao estado de transe. Quase todas as mulheres que buscam tratamento dizem que sua memória foi gravemente afetada. Quanto mais elevado o nível de privação do sono a que ela é submetida, mais elevado será seu nível de sugestionabilidade. É por esse motivo que a privação do sono também é usada nos cultos e na guerra psicológica.

A maioria das mulheres relatou privação do sono por causa das "maratonas" de sexo, das brigas ou das preocupações. Elas tendem a se tornar mais sugestionáveis à medida que o relacionamento continua devido à confusão criada pelas mentiras, pelas traições, pelo *gaslighting* e pelo comportamento dicotômico. Quanto mais a mulher acha que sua mente está começando a lhe pregar peças (como o psicopata a encoraja a acreditar), mais sugestionável ela ficará. Quando ele a manipula psicologicamente dizendo que ela não viu, ouviu ou vivenciou alguma coisa, é provável que ela acredite nisso.

As pessoas que têm níveis elevados de sugestionabilidade também recordam os eventos com menos precisão. As mulheres que têm aprendizado dependente do estado tendem a se lembrar das coisas boas do relacionamento em vez das más. Elas podem efetivamente se recordar com menos exatidão das más memórias devido à sugestionabilidade. O aprendizado dependente do estado e a sugestionabilidade podem, portanto, funcionar como um golpe duplo contra a capacidade da mulher de se agarrar com força às lembranças verdadeiras de abusos do comportamento do psicopata. Agarrar-se a memórias de traição e abuso é importante, porque elas possibilitam a partida e a recuperação após o fim do relacionamento. Como parte do tratamento, introduzimos exercícios nos quais a mulher escreve em um diário os traumas sofridos nessa relação patológica e que ajudam a deslocar as memórias traumáticas "para a frente" para que sejam conservadas e usadas no distanciamento emocional do relacionamento.

Os psicopatas realmente fazem isso de propósito?

Vamos lá... Você provavelmente já sabe a resposta para essa pergunta. É difícil imaginar que os psicopatas "tentem" usar o transe e a sugestionabilidade para obter o que desejam – mas esses são os mesmos caras cuja motivação para a comunicação é iludir!

Os psicopatas são estudiosos do comportamento humano desde a infância – estudando o que funciona para motivar, fraudar e ludibriar os outros. Seria natural para eles reunir uma base de conhecimento de técnicas eficazes. Por conseguinte, não é uma ideia absurda que os psicopatas induzam o transe se este funciona para o que de fato eles almejam. No entanto, o que dizer de "outras pessoas menos patológicas" – elas tentam controlar a mente dos outros?

Portadores de patologias que ensinam PNL, transe e hipnose para outras pessoas

Este livro vem tratando de todo o espectro da psicopatia, desde meros traços até os casos mais severos. Traços psicopáticos são encontrados em muitas pessoas, não apenas nos psicopatas diagnosticados. Os *sites* dedicados a "técnicas de sedução" são um exemplo de níveis variados de psicopatia que estão agora sendo ensinados *on-line*. Qualquer pessoa que deseje seduzir outra, por definição, possui muitos traços psicopáticos. Eis uma lista de exemplos do que é ensinado em apenas um dos *sites* dos quais extraí informações:

1. Andar com passos lentos e regulares para um profundo entrosamento
2. Espelhar a mulher
3. Sedução na velocidade máxima
4. Exploração dos traços da personalidade
5. Comandos hipnóticos velados
6. Expressões de prestidigitação linguística
7. Técnicas de excitação subliminar
8. Dominação sensual
9. Atratividade

A diferença entre os alunos de sedução e o psicopata profissional é que a maioria dos psicopatas conhece instintivamente essas técnicas. Na verdade, os piores psicopatas são aqueles que ensinam esse tipo de técnicas aos outros e ganham uma fortuna com as novas comunidades *on-line* de sedução intensa.

O olhar hipnótico do psicopata

O olhar do psicopata tem o seu próprio fascínio e pode ser eficaz na indução da hipnose. Muitas mulheres, antes de descobrir que o parceiro era um psicopata, achavam esse olhar *sexy* ou intenso. O olhar do psicopata de fato encerra algo extraordinariamente poderoso. No livro *Violent Attachments,* o dr. Reid Melloy diz que as mulheres e os homens notaram o olhar incomum e intimidante do psicopata. Ele se referiu ao olhar como um "olhar implacável que parece prevenir a vítima ou o alvo da destruição pelo psicopata". Ele também é muitas vezes chamado de "Olhar Reptiliano", por causa da sua aparência predatória.

Robert Hare se referiu ao olhar do psicopata como "um intenso contato visual e olhos penetrantes", e até mesmo sugeriu que as pessoas evitassem contato visual sistemático com eles. As mulheres, no entanto, fizeram o oposto, perdendo-se na troca de olhares demorados dos apaixonados. Outros autores o chamam de "olhar de raio laser" ou de "olhar hipnótico vazio". As mulheres do nosso estudo rotularam o olhar de:

- intenso
- sensual
- perturbador
- invasivo

Elas disseram:

"Fiquei tão perturbada com o olhar dele no bar que não consegui mais aguentar."

"Ele olhou para mim como se eu fosse a coisa mais deliciosa do mundo!"

"Ele olhou através de mim como se pudesse enxergar tudo em mim. Eu não sabia o que era aquilo... Eu nunca tinha tido essa experiência antes e nunca me esquecerei dela."

"Tive a impressão de que ele poderia ter me comido viva."

As mulheres descreveram o olhar dele como invasivo, intimidante, espreitando-as como um animal. Elas confundiram o olhar dele com uma inspeção sexual quando, na verdade, ele era mais predatório do que isso.

Olhar nos olhos como uma forma de induzir ao transe significa que as palavras que acompanham a indução são marcadas na mente da mulher com muito mais significado e um poder muito mais duradouro. Olhos que não desgrudam um do outro, quando o psicopata acaricia o rosto da mulher e a conduz a um leve estado de transe dizendo: "Você é a mulher mais generosa que conheci [...], você me deu o que nenhuma outra pessoa me deu. Eu sei que você sempre será assim comigo e ficaremos juntos para sempre. Eu sei que você nunca me magoaria, ou me deixaria, ou mentiria para mim, ou me trairia [...]", são as algemas hipnóticas que a mantêm presa a ele.

Muitas mulheres relataram que determinadas frases continuaram a se repetir sem parar em sua mente muito tempo depois de ele ter ido embora. Isso provavelmente se deva aos estados de transe e ao aprendizado dependente do estado que se forma em um a partir do outro e aumenta o poder da indução.

CONCLUSÃO

Quanto mais estudarmos a maneira como o psicopata utiliza a linguagem, o transe e o aprendizado dependente do estado, mais seremos capazes de ajudar as mulheres a romper o fascinante diálogo que se repete em suas cabeças. Uma coisa é certa: a forma como o psicopata utiliza a hipnose, o transe e o aprendizado dependente do estado precisa ser estudada com mais detalhes.

11

ENGANAR E ACREDITAR: O ESTÁGIO DA SEDUÇÃO E DA LUA DE MEL

"Enganar os outros. É isso que o mundo chama de romance."
– Oscar Wilde

Até aqui, este livro estabeleceu o trabalho preliminar para entendermos como ocorreram as primeiras fases do relacionamento e por quê. Examinamos amplamente o psicopata – seu cérebro, suas motivações, seus comportamentos e comunicação, por que ele passa despercebido no radar da mulher e não é identificado e a sedução hipnótica que exerce sobre ela. Examinamos os supertraços dela, o que a torna um alvo tão atraente para o psicopata, e como ela tende a reagir ao charme dele durante a sedução. A mulher não tem a menor ideia do que está prestes a acontecer em sua vida por meio desse predador que se assemelha a um tubarão faminto.

Pergunta: Onde encontramos um psicopata?
Resposta: Em toda parte.

A maioria das mulheres no nosso estudo conheceu seu psicopata:

- no trabalho
- por intermédio de um colega de trabalho
- em um bar ou outro lugar público
- *on-line*
- por intermédio de amigos

As mulheres que conheceram o psicopata no trabalho, ou por intermédio de um colega de trabalho ou de amigos, nunca imaginaram que alguém que elas conheciam as poria em contato com um perigoso portador de patologia. A maioria acreditava que a maneira mais segura de conhecer uma pessoa era ser apresentada a ela por alguém conhecido. Isso ajuda a ilustrar que, assim como a mulher, as pessoas que a apresentaram ao psicopata foram incapazes de identificar o distúrbio patológico presente nele.

O início do relacionamento amoroso patológico é uma época crucial na dinâmica entre o casal. Ele precisa "dar o tom" para seduzi-la para o relacionamento. Os psicopatas não aparecem anunciando o seu distúrbio secreto para as mulheres – "Oi, eu me chamo Ed, sou um psicopata". Os encontros com os psicopatas não começam como nos depoimentos iniciais de participantes de uma reunião dos Alcoólicos Anônimos. Eles começam com a única coisa que o psicopata sabe fazer – enganar e fazer com que a mulher acredite nele.

Por meio de uma série de perguntas que faz à mulher, ele descobre o que ela está *buscando* em um relacionamento. **Quase todas as mulheres disseram que contaram logo de início ao psicopata o que procuravam nos homens com quem se relacionavam.** Isso acontece com frequência nos relacionamentos *on-line*, já que grande parte dessas informações é compartilhada por meio dos perfis que as pessoas fornecem do amor "dos seus sonhos". No entanto, essas mulheres se inclinavam a descrever pessoalmente para os psicopatas todas as suas esperanças e sonhos, sem se dar conta de que essas revelações seriam, mais cedo ou mais tarde, usadas contra elas, seja em forma de informações que ele usaria para se transformar na pessoa que elas desejavam, ou, mais adiante no relacionamento, quando ele usaria as confissões que essas mulheres tinham feito como armas emocionais contra elas.

Como os psicopatas raramente se comportam no início do relacionamento da mesma maneira como irão se comportar mais tarde, eles usam o charme que descobriram que "funciona" logo de saída, quando estão atraindo as mulheres para um novo relacionamento. Alguns psicopatas dizem que aprenderam a seduzir assistindo a filmes românticos ou espreitando outros casais para poder entender a linguística (o que dizer para a mulher), os comportamentos (como agir) e os gestos românticos (o que as mulheres gostam). Depois, ele acrescenta sua própria irresistibilidade e uma perseguição frenética para atraí-la.

É óbvio que eles também aprendem por tentativa e erro, ajustando suas habilidades relacionais em cada relacionamento. É assim que muitos psicopatas se tornam tão "competentes" em namorar – nada de mancadas, tudo tranquilo e harmonioso.

MÉTODOS QUE ELE USOU

A personalidade dele

Os primeiros dias em que foram cortejadas e seduzidas por um psicopata são os momentos mais estimulantes de que essas mulheres recordam. O psicopata usa sua personalidade como chamariz e tem sido sistematicamente descrito como:

- interlocutor charmoso e envolvente
- agradável
- aparentemente perspicaz
- meigo
- olhos brilhantes
- conversador cativante
- engraçado
- um grande contador de histórias
- companhia divertida
- encantador
- estimulante
- sociável
- leal e protetor
- empolgado e alto-astral
- sensível

A partir dessa lista de traços é fácil perceber por que as mulheres se apaixonam pela personalidade do psicopata. O que poderia nos desagradar nessa lista de qualidades excepcionais?

Elogios, bajulação e atenção

Nesse estágio, o psicopata é altamente lisonjeiro, efusivo com a bajulação e quase sufocante com sua atenção. Embora a mulher possa tender a se sentir perturbada com relação à exigência dele de vê-la 24 horas por dia, todos os dias da semana, ela fica impressionada com quão generoso ele é com suas atenções ou romântico com os presentes.

> *"Ele fez desenhos para mim, me deu flores, me levou para jantar e satisfez todas as minhas necessidades. Ele me fez sentir desejada e disse que eu era muito especial. Ele era tolerante, prestativo, amável e lisonjeiro, gentil e compreensivo. Ele me cortejou como ninguém jamais tinha feito."*

Interesse por formar uma família

As mulheres que desejam ter filhos ou uma família unificada muitas vezes são seduzidas pela insinuação de que ele também deseja uma família – a dela, a deles ou ela como mãe dos filhos dele. Ele está com pressa de "dar início à própria família" em qualquer formato que consiga idealizar. Alguns psicopatas, na verdade, nunca chegam a ter os filhos que a mulher tanto desejava. Outros, no entanto, não se importam em ter filhos dos quais nunca cuidarão, sobretudo se isso significar que ele vai morar com a mulher, se aproveitar dos recursos financeiros dela ou se beneficiar de alguma outra maneira do fato de ter vínculos com ela por causa dos filhos ou da família.

> *"Ele me elogiava, me bajulava, me adorava e praticamente me idolatrava. Ele me agradecia por trabalhar em mim mesma para me tornar disponível para um compromisso em longo prazo. Ele dizia que eu seria uma ótima mãe."*

Apoio aos sonhos e desejos dela

O psicopata finge um aparente apoio. Ele se concentra nos desejos da mulher relacionados com a carreira ou de se expandir nas artes ou na educação. Ele a incentiva a "encontrar a si mesma", a "correr riscos" ou a "fazer aquela pós--graduação". Essa é uma forte razão pela qual a mulher fica chocada quando o parceiro transforma o apoio em uma sabotagem deliberada. Ele faz com que ela largue os estudos, seja demitida ou a faz se sentir culpada a ponto de desistir dos seus *hobbies* e sonhos.

Gosto tanto de você que não consigo esperar

Para impedir que as mulheres possam refletir ou reagir aos sinais de alerta, o psicopata induz relacionamentos em ritmo acelerado, um namoro com intensidade vertiginosa e usa técnicas de sufocação emocional chamadas de bombardeio de amor. O psicopata foi tão insistente e persistente (ou até mesmo impetuoso) que elas se viram incapazes de desacelerar a corrida para o altar, para a cama deles ou para a casa deles.

Uma característica do relacionamento em ritmo acelerado é levar a mulher a se apaixonar e dominá-la emocionalmente, para que ela avance o mais rápido possível para um relacionamento permanente ou um compromisso sob o disfarce de "Gosto demais de você, nunca me senti assim antes". Os psicopatas sugerem a imediata intimidade emocional, embora tenham acabado de se conhecer, querendo ficar com ela o tempo todo já nos primeiros dias e respirando o ar que ela exala. Essa é a mais antiga abordagem do psicopata que tem um objetivo. Afirmando ser "viciado no sorriso dela" e "encantado pelo som da voz dela", ele também a considera "espirituosa, divertida, brilhante ou irresistível" e "sua alma gêmea". Ele logo quer ir morar com ela ou se casar, em geral em poucas semanas ou meses.

O traço de temperamento do investimento nos relacionamentos significa que a mulher valoriza comportamentos que indicam que o parceiro está tão envolvido e comprometido quanto ela. Isso é um sinal de alerta – não conheço muitos homens normais que *queiram* se casar em poucos dias, semanas ou até mesmo alguns meses!

"Ele disse que me amava na segunda vez que saímos, me pediu em casamento duas semanas depois de nos conhecermos e fomos morar juntos dois meses depois do primeiro encontro."

"Ele de fato me procurava o tempo todo e passava muito tempo comigo – todas as noites durante a semana e os fins de semana inteiros. A fase do namoro foi muito curta. Viagens-relâmpago, presentes, e desde cedo começou a me dar apelidos carinhosos, como se estivéssemos juntos havia séculos. Ele ia me buscar no trabalho todos os dias, me telefonava constantemente, me enviava mensagens de texto, fazia quase todas as refeições comigo, mandava flores para minha casa e para o meu trabalho, me enviava e-mails constantes."

Embora isso possa parecer apenas "um sonho" para ela, é pura manipulação e planejamento da parte dele.

"Ele grudou em mim como cola. Me visitava o tempo todo. Às vezes era sufocante e, às vezes, era bom. Ele me enchia de e-mails, CDs de música, presentes, cartões e telegramas cantados."

"Ele apressou o romance e em cinco meses estávamos casados. Ele usou presentes, atenção, ameaças de afastar a atenção e dizia: 'Preciso muito, muito de você'."

Muitas mulheres compreenderam, em retrospecto, que havia uma "razão" pela qual o relacionamento estava em ritmo acelerado. O psicopata tinha uma "necessidade" que precisava ser satisfeita; um lugar para morar, uma parceira comercial ou uma parceira sexual. **O fato de o relacionamento ter um ritmo tão rápido fazia parte dos planos dele.**

"Ele me procurava o tempo todo, sempre aparecendo onde eu estava. O relacionamento ficou mais intenso e, antes que eu me desse conta, ele estava basicamente morando comigo."

"Ele me mandava flores, cartões, me seduzia com vinho, jantares e viagens. Ele era agressivo e ao mesmo tempo gentil quando me cortejava. Ele me prometia o mundo e me disse que estava morrendo, de modo que sucumbi ao seu pedido para que eu me casasse com ele – eu sabia que era cedo demais, mas ele estava morrendo [...]"

Alguns psicopatas escondem a motivação por trás de um relacionamento em ritmo acelerado por outras razões:

"Ele era meu chefe e eu trabalhava com ele, mas quando o romance de fato começou, ele me beijou na quinta-feira e me levou para um motel na sexta. Na semana seguinte, fomos duas vezes ao motel e ele disse que me amava."

"Eu achava que nosso encontro romântico tinha sido coincidência, quando na realidade ele havia me espreitado durante anos antes de finalmente me conhecer."

Nem mesmo os sinais de alerta dela foram suficientes para refrear o vigoroso ímpeto que o psicopata tinha em andamento:

"Desde o início ele quis passar muito tempo comigo. Ele me ligava sem parar. Eu me sentia perseguida sem conseguir parar um único minuto para pensar. Eu na verdade apreciava toda aquela atenção, mas havia um sinal de alerta, que desprezei e dizia: 'Esse cara não tem uma vida sem mim?'."

A frase "gosto tanto de você" era proferida pelo ator supremo com um desempenho digno de Oscar.

"Ele olhava para mim como se eu fosse a coisa mais deliciosa do mundo! Ele parecia obcecado por mim [...] ele dizia que era 'fascinação' e que nunca sentira nada assim por ninguém antes. Ele não *conseguia manter as mãos longe de mim e parecia emocionalmente apegado de uma maneira muito inocente – como se eu fosse tudo o que ele conseguia enxergar. Ele disse que eu era maravilhosa, sexy, atraente e desejável."*

"Ele me olhou intensamente no bar, como se estivesse fascinado por mim e quisesse me conhecer. Ele disse que éramos almas gêmeas. Ele olhava nos meus olhos e me fazia sentir como se eu fosse a única mulher no mundo. Ele me dava tanta atenção que eu ficava sem fôlego."

Prestativo

Muitas mulheres constataram que o psicopata no início era prestativo – ajudando em casa, no negócio dela, com os filhos ou simplesmente escutando os problemas dela. Ele estava interessado em se caracterizar como dedicado e prestativo – uma combinação de psicoterapeuta, pastor e pau pra toda obra.

"Ele fazia tudo para me ajudar – levar e buscar coisas para mim, comprar coisas, cuidar dos meus filhos. Ele deu um jeito de se tornar indispensável para mim."

Essa mulher também tem traços muito elevados de prestimosidade. Os atos de prestimosidade do psicopata eram compatíveis com a personalidade prestativa da mulher, o que dava a ela a impressão de que ele tinha "bons valores" e queria ser um companheiro para ela.

Aproveitando-se da empatia e da compaixão dela

Os psicopatas expõem seu lado ferido para mobilizar a empatia da mulher e levá-la a se dedicar a curá-lo. Isso se conecta com o traço de elevada compaixão/empatia das mulheres. Os psicopatas contam histórias tristes (verdadeiras ou falsas) a respeito da sua vida, de relacionamentos anteriores e histórias "de quando era apenas um garoto" sobre o que ele sofreu na vida. Como as mulheres normalmente não têm medo daquilo que sentem pena, o medo e a compaixão não estão em geral associados na sua mente.

"Ele disse que estava morrendo e, é claro, ele não morreu!"

"Segundo ele, eu era a única pessoa que poderia impedi-lo de usar crack *e beber."*

Alguns usavam histórias a respeito dos filhos:

"Ele despertou minha compaixão desde o início com histórias a respeito do filho que queria ver, mas não podia, e de como isso o deixava inconsolável."

"Ele não tinha um lar e sentia saudades da filha."

Outros contavam histórias a respeito da sua infância ou dos pais abusivos:

"Ele me disse que tinha sido abandonado pela mãe, falou da morte do pai, e de ter sofrido abuso quando criança, inclusive sexual. Eu realmente chorei com pena do menino que ele fora, que queria amor e cuidados que nunca recebeu, e eu o abracei. Ele era muito sensível, infantil – ele estava envolvido por um sofrimento silencioso."

"Ele me disse que seu pai era distante, que ele odiava os homens que traíam as mulheres porque isso acontecera com sua mãe."

Outros ainda usavam o enredo da namorada ou da esposa:

"Ele me disse que sua namorada morrera de repente e que ele obviamente estava sofrendo. Ouvi a história dele e ele me disse que nunca conhecera uma pessoa tão compreensiva quanto eu."

"Ele me disse que sua esposa tinha uma grave doença mental, que lhe roubara todo o seu dinheiro, o traíra e abusara dos seus filhos."

"Ele era um pobre pai divorciado."

Independentemente do "gancho" utilizado, o psicopata se aproveitava da empatia, da compaixão e da natureza solidária das mulheres. E com toda essa empatia, ela precisava de alguma coisa pela qual sentir empatia.

Química

É bastante provável que as mulheres estivessem se referindo tanto à intensidade do relacionamento quanto à "impressão" diferente que os portadores de patologias passaram para elas quando mencionaram a "química" deles. O psicopata, com sua elevada sexualidade e "atmosfera de mistério", exala uma vibração extremamente sensual. No entanto, o que as mulheres pensam que é química é, na verdade, a intensidade do apego patológico. A curiosidade das mulheres é despertada e elas precisam entender como e por que esse cara é diferente dos outros. Se ao menos elas soubessem! Quase todas as mulheres descreveram o vínculo incomum que sentiam e que de fato não compreendiam. Algumas sentiram esse vínculo instantaneamente:

"Parecemos ter essa química incrível e imediata."

"Eu me envolvi com ele quando ele disse olá..."

"Foi uma química imediata. Foi o jeito como ele olhou para mim. Tinha uma energia."

"O nosso vínculo foi instantâneo. Ele era igual a mim."

Outras sentiram que a química foi mágica ou induziu o transe:

"Eu achei que ele era estranho, mas especial. Eu sentia que era diferente."

"Ele me dizia que eu o encantava, como se ele estivesse agindo contra sua própria vontade."

"Ele me dizia que eu o tinha enfeitiçado, mas a verdade é que eu me sentia como se tivesse sido enfeitiçada de alguma maneira."

Outros ainda usavam a técnica de olhar nos olhos:

"O contato visual e o vínculo que eu tinha com ele eram muito intensos."

Alguns usavam o público em geral para confirmar a forte ligação que eles tinham:

"Ele me dizia que quando entrava em um lugar comigo, todo mundo sentia inveja da nossa ligação."

Outros usavam técnicas de sedução sexual:

"Ele me provocava sexualmente a princípio e se continha para que eu me mostrasse carinhosa com ele. Ele era muito charmoso e sua sedução era uma droga muito poderosa que me cativou de forma instantânea."

Uma parte das mulheres notou a intensidade da atração ou da química:

"Tínhamos essa incrível atração um pelo outro. Era horrível e maravilhoso ao mesmo tempo."

"Nós simplesmente parecíamos nos conectar."

"Eu o achava muito atraente de várias maneiras. Ele sabia disso e explorava a situação."

"Tentei ficar longe dele, mas..."

"Achei que ele era o homem dos meus sonhos. Tínhamos tanto em comum, nos demos bem imediatamente e eu me sentia de fato ligada a ele."

Comunicação

Para "fechar o negócio" durante o estágio da sedução, o psicopata utiliza suas melhores habilidades de ouvinte e de comunicação. Ele é respeitoso, incentiva a independência e os pontos fortes da mulher, e parece estar muito interessado em resolver os problemas junto com ela.

"Foi muito fácil desde o início – ele parecia meu irmão gêmeo. Podíamos conversar durante horas. Completávamos as frases um do outro."

"No início do relacionamento, a comunicação era excepcionalmente maravilhosa. Ele estava em completa sintonia com minha ética e minhas convicções. Não havia nada que não pudéssemos discutir. Mas quando me teve onde queria, ele voltou contra mim todas as informações que estava reunindo."

"No início, ele era charmoso, envolvente e divertido. Parecia muito interessado em se comunicar. Ele adorava conversar, de modo que conversávamos muito."

"No começo, ele era muito diferente do que foi no final. No início, ele era compreensivo e solidário, muito agradável. Parecia depender de cada palavra minha, demonstrava interesse pelas minhas ideias e opiniões, parecia feliz e empolgado por estar comigo. Compreendíamos um ao outro perfeitamente, e ele apreciava as discussões intelectuais."

"No início, achei que ele gostava de se comunicar, porque telefonava muito para mim. Parecíamos ter muito em comum. Agora, compreendo que ele estava me espelhando."

Respeito e verdade

Para criar uma conexão, o psicopata reproduz o respeito e o que diz, às vezes, encerra um certo nível de verdade! Os psicopatas "falam" sobre os conceitos de respeito e/ou da verdade, mas não conseguem vivê-los. Alguns psicopatas efetivamente discutiram sobre o respeito:

"No início, ele falava sobre a igualdade, os direitos e o respeito pelas mulheres. Eu de fato acreditava que ele tinha consideração pelas mulheres."

"Ele achava que dizer a outras pessoas que respeitava meus esforços e meu sucesso no trabalho era a mesma coisa que me respeitar. Aprendi com ele que é possível tratar uma pessoa com respeito sem de fato respeitá-la no fundo do coração."

"Ele fazia longos discursos incoerentes sobre o respeito. Ele podia fazer preleções sobre o respeito, mas não o praticava e nem o entendia."

Outros psicopatas fingiam, ou tentavam fingir, respeito:

"Ele foi respeitoso até o dia em que nos casamos. Depois disso, o respeito desapareceu."

Os psicopatas distorcem a verdade com muita facilidade porque eles não têm consciência a respeito do que significa mentir. Eles são *mentirosos patológicos*; isso significa que eles mentirão sobre qualquer coisa, até mesmo coisas que não terão consequências negativas para eles. Os psicopatas também mentem como uma forma de dominância. Eles gostam de controlar a realidade do que é verdade ou do que não é verdade que oferecem às mulheres. Parte da patologia do psicopata é sua "visão de mundo patológica", que inclui como ele vê a si mesmo, os outros e o mundo. Sua visão de mundo determina a maneira como ele percebe a verdade.

"A interpretação dele dos eventos era sempre a verdade. Não acredito que ele soubesse o que era verdade e o que era de fato falso. Como ele acreditava naquilo, era difícil dizer que ele não estava falando a verdade."

Os psicopatas tendem a "misturar as coisas" e combinar a verdade com mentiras, ou a verdade com distorções. Ou, como costumamos dizer: "Se os lábios dele estiverem se movendo, ele está mentindo".

"Rememorando, havia muita ficção misturada com fatos."

"As coisas eram sempre distorcidas. Ele achava que sua verdade estava acima da dos outros porque ele tinha uma experiência espiritual com Deus."

"Ele não gosta do mundo real. Ele inventa sua própria realidade e depois pede que eu viva a mentira com ele."

"Havia geralmente algum elemento de verdade no que ele dizia – mas eu tinha que procurar muito por esse elemento. Eu acabava com mais perguntas do que fatos."

Cúmplices

Alguns psicopatas enganam e seduzem sozinhos. No entanto, vários deles acumulam cúmplices ao longo do caminho que o ajudam nas fases de sedução do relacionamento. É fácil conseguir cúmplices porque os psicopatas são muitas vezes envolventes e convincentes. Sua visão de mundo patológica é contagiante, e outras pessoas passam a apoiar sua filosofia de vida divertida ou sua vida de golpes.

Membros da família

Muitos dos cúmplices do psicopata são membros da sua família que também podem ser patológicos e aderir à sua visão de mundo patológica. Alguns membros da família podem não ser patológicos, mas "defendem" o psicopata até o fim, como se ele fosse um pobre excêntrico "incompreendido".

"A mãe e os irmãos dele foram ao nosso casamento sabendo que ele já era casado e continuaram a manter o assunto em segredo."

"Toda a família dele costumava me espionar e contar para ele o que eu estava fazendo."

"Ele usou a mãe e as irmãs para tentar me convencer a voltar para ele. Elas me contavam histórias que ele, obviamente, disse a elas para me contarem. Elas estavam tentando me convencer de suas virtudes."

"A família dele me disse que ele era um brilhante homem de negócios. Na verdade, ele era um pai parasita que não pagava pensão para os filhos!"

Os amigos dele

"Havia uma rede de amigos sustentando o jogo dele. Alguns mentiam para proteger o segredo de que o negócio dele estava 'afundando', e para retratá-lo para mim de um modo favorável, para que eu não desconfiasse de nada."

Outros portadores de patologias

Os psicopatas usam outros narcisistas e psicopatas, para que colaborem em suas trapaças. Muitos psicopatas têm amigos com a mesma patologia e tão perturbados quanto eles, e que não têm nenhum problema em ajudá-los em seus jogos e tramoias, sobretudo naqueles relacionados com o "amor". Mas a situação pode se reverter, como na época dos pistoleiros, em que os criminosos se protegiam, mas depois se viravam e atiravam uns nos outros. Como não são confiáveis, esse talvez seja o tipo de situação pela qual os psicopatas podem passar ao aceitar a ajuda de outros psicopatas.

Pessoas normais

Para atingir seus objetivos, o psicopata também usa pessoas normais, pessoas com quem trabalha, pessoas com quem as mulheres trabalham, ou amigos comuns, como uma maneira de enganar sua companheira. Essas pessoas inconscientemente acabam por filtrar as mentiras e as histórias do psicopata para a mulher, ou o acobertam quando ele tem uma vida paralela.

Pessoas inexistentes

O psicopata usa até mesmo cúmplices "invisíveis" que supostamente entregam bilhetes, cartões ou deixam mensagens para a mulher apoiando as tramas dele. Eles ainda criam pessoas imaginárias que aumentam o seu plano secreto, adicionam dimensão à sua narrativa a respeito de si mesmos e usam pessoas inexistentes como disfarce quando eles têm uma vida secreta.

As pessoas que ele podia manipular

> *"Ele disse que ela era sua secretária, mas na verdade era uma prostituta. Ele usava outras mulheres oferecendo-se para ajudá-las e depois elas ficavam em débito com ele, de modo que faziam o trabalho sujo que ele pedia. Com frequência ele as usava arranjando lugares para elas morarem. Em troca, elas me diziam o que quer que ele quisesse que eu acreditasse a respeito dele. Qualquer pessoa mentiria para mim porque ele pedia."*

> *"Às vezes, eu sentia que ele usava outras mulheres para me magoar e me controlar. Ele sutilmente tinha contato com outras mulheres e pedia que elas ligassem para ele para que eu o visse falando com elas no telefone. Eu sei que ele dizia a elas o que deviam e não deviam me falar no início do relacionamento."*

Alguns cúmplices ajudam voluntariamente o psicopata. Outros não têm a menor ideia de que estão sendo "usados" de maneira a favorecer as mentiras, a vida, a renda ou a vida sexual do psicopata. Os cúmplices ajudam o psicopata a manter viva a imagem que ele está tentando projetar desde o início, ajudam a ocultar sua verdadeira patologia, a acobertar seus outros relacionamentos ou vícios e, de resto, a convencer a mulher de que ela está com um cara saudável e agradável.

TODAS AS FERRAMENTAS NAS MÃOS DE UM PSICOPATA

Essas técnicas são usadas para enganar a mulher e atraí-la para o relacionamento. Devido à sua habilidade de voar abaixo do radar e se manter camuflado, o psicopata se esconderá bem. Alguns se escondem durante décadas enquanto vivem uma vida completamente secreta, repleta de outras mulheres, filhos, doenças e criminalidade descarada ou encoberta. Ao que tudo indica, ela não é a única na fase da sedução de um relacionamento com ele. A maioria dos psicopatas tem, ao mesmo tempo, muitos relacionamentos nas fases inicial, intermediária ou final. A mulher é apenas uma dentre inúmeras que se deixaram levar pelo charme irresistível do psicopata e foram enganadas por ele.

Figura 11.1   Cronologia dos Relacionamentos

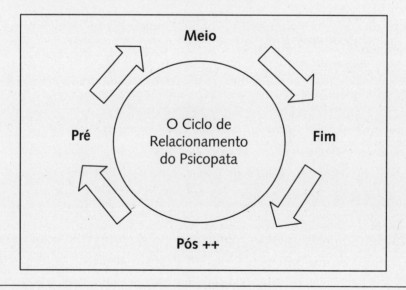

Enquanto a mulher está vivendo o romance da sua vida, o psicopata está em várias fases de contato e relacionamento com uma profusão de outras. Mesmo que ela não descubra nada sobre as outras mulheres, isso não significa que elas não existam. Às vezes, as mulheres se deparam anos depois com a evidência do que ele de fato estava fazendo enquanto vivia ao lado delas.

Tendo em vista sua extroversão, dominância, disfunção cerebral, falta de discernimento moral e hipersexualidade, a maioria dos psicopatas nem mesmo conhece o verdadeiro significado de monogamia. Nós sarcasticamente nos referimos ao conceito deles como "monogamia em série" – eles são monogâmicos em muitos relacionamentos simultâneos! Como eles detestam ficar sozinhos ou entediados, e não conseguem dizer não para uma recompensa adicional de sexo extracurricular, a infidelidade é iminente mesmo no início do relacionamento.

Os estágios da cronologia do relacionamento relacionados a seguir são múltiplos estágios que existem ao mesmo tempo com várias pessoas. As mulheres no nosso estudo foram apenas mais UMA entre muitas que estiveram envolvidas nesses estágios de relacionamento com o psicopata.

O pré-estágio: O psicopata está buscando – *on-line*, no mundo físico, no trabalho, na vizinhança, em qualquer lugar. Ele está procurando e sondando o terreno da conexão com outras mulheres e outros homens. Ele avalia suas possibilidades por meio do contato visual, da violação de limites e de outros indícios e sinais que sugerem a ele que alguém é um alvo fácil. Muitas mulheres e homens podem também estar nessa fase de teste em que o psicopata está sondando o terreno antes de avançar para a sedução.

O estágio inicial: O psicopata avança para fazer mais contato com aqueles em quem está interessado. Ele pode ter vários números de celular, vários endereços de e-mail e uma dezena de outras maneiras pelas quais ele se mantém disponível para o contato com outros possíveis parceiros sexuais de ambos os sexos. (Até mesmo os psicopatas que alegam não ser homossexuais podem se envolver em atividades sexuais com pessoas do mesmo sexo.) No estágio inicial, os parceiros são incluídos e descartados em função dos seus níveis de disponibilidade. Ele "fisgará" apenas por um determinado tempo e depois procurará aqueles que estão dispostos a avançar para um novo patamar no relacionamento.

O estágio intermediário: O psicopata está tendo contato regular e fazendo sexo com numerosos parceiros, e pode estar mantendo também outra vida semicompleta com esses outros parceiros sexuais. A mulher que está na sua vida poderá começar a perceber comportamentos estranhos ainda no estágio do "romance". Ele pode ficar o tempo todo com ela e, de repente, sumir durante vários dias. Ele dá desculpas "plausíveis" que encobrem onde ele estava, mas mensagens de texto, telefonemas, e-mails e outros comportamentos suspeitos de outras pessoas podem começar a surgir já no início da fase da lua de mel com ela. Isso acontece porque ele tem vários relacionamentos que já existem há algum tempo e que é provável que tenham começado antes de ele conhecê-la.

O estágio final: O psicopata está constantemente terminando o relacionamento com alguém em algum momento. O fim do relacionamento acontece por várias razões: algumas mulheres percebem a verdade e o confrontam, outras se recusam a continuar a dar dinheiro ou fazer sexo com ele, ou ele tem um excesso de relacionamentos em andamento e precisa acabar com alguns. O psicopata pode ter muitos motivos para terminar um relacionamento.

O estágio pós ++: Este é um período que se estende depois do "fim" formal do relacionamento com a companheira ou com outras pessoas. As pessoas com quem o psicopata rompeu nunca saem da discagem rápida do seu telefone, e nunca estão fora do seu círculo de relacionamentos mesmo que ele não tenha entrado em contato com elas durante anos! As mulheres que estão tendo um relacionamento com o psicopata e descobrem sobre os seus casos sentem que se ele diz que "parou" de ter aventuras é porque ele interrompeu o contato com outras. Embora ele possa fazer um intervalo para reconquistar a lealdade de uma das mulheres, ninguém de fato deixa a vida de um psicopata.

As mulheres disseram que tiveram notícias do psicopata "inesperadamente", de seis meses a dez anos *DEPOIS* do rompimento. Ele telefona como se nada tivesse acontecido, diz que pensou nela por acaso e quis saber como ela estava e dizer quanto sempre se importara com ela. Tendo em vista tanto o tédio que ele sente quanto a busca de emoções dele, as mulheres precisam saber que nem elas, nem qualquer outra amante, jamais estão fora do radar dele – por muito tempo.

CONCLUSÃO

O círculo de relacionamentos exemplifica o direcionamento estratégico que os psicopatas usam, de múltiplos relacionamentos ao mesmo tempo. Enquanto a mulher número 1 recebe de toda a sua atenção, o psicopata está nos diferentes estágios de relacionamento com outros homens e mulheres. Os múltiplos relacionamentos dele que estão começando, perdurando e terminando sem dúvida influenciam a dinâmica do relacionamento da mulher com o psicopata. É claro que os níveis de oxitocina estão elevados na mulher número 1, e ela simplesmente não consegue acreditar que acaba de conhecer sua alma gêmea!

12

SOFRER E SE APEGAR

A DINÂMICA DA FASE INTERMEDIÁRIA DO RELACIONAMENTO QUANDO A MÁSCARA ESTÁ CAINDO

"O fato de tudo estar diferente não implica que alguma coisa tenha mudado."

– Irene Peter

Como é o relacionamento quando o casal entra na parte intermediária do tempo em que estão juntos? Nessa fase, o psicopata:

- seduz a mulher com êxito e a atrai para o relacionamento por meio do emprego excessivo de atenção, adulação, intensidade e espelhamento dos valores e interesses dela
- caracteriza-se como útil e indispensável
- demonstra interesse por ela
- aplaude as virtudes e a força dela
- exibe seu lado estimulante e divertido
- provavelmente a isola da família e dos amigos
- diz a ela que a acha desejável
- faz muito sexo com ela, o que a leva a formar um profundo vínculo e apego
- tem muitos outros relacionamentos, os quais estão no começo, no meio e/ou no fim enquanto o relacionamento com ela está se desenvolvendo

Embora ele tenha se esforçado arduamente para conquistá-la no estágio da sedução e cortejá-la durante a fase da lua de mel, no estágio intermediário do relacionamento ele começará a "iscar e trocar",* para ver quanto ela está apegada, tolerante e interessada. A dinâmica da parte intermediária do relacionamento pode começar em alguns meses ou quando o relacionamento já dura vinte anos ou mais. As mulheres podem levar anos, ou até mesmo décadas, para chegar ao ponto intermediário do relacionamento com o psicopata. O tempo de duração do relacionamento depende da competência dele em encobrir sua vida secreta. Outras mulheres atingem rápido esse estágio porque seu relacionamento global com o psicopata foi curto. Independentemente de quando ela atinge o ponto intermediário, quando a máscara dele cai, ela compreende que não está com a pessoa que imaginava estar.

O que está por trás da máscara?

A patologia, é claro! A mulher começa a perceber os sinais do lado sombrio da personalidade do psicopata. Ela pode tomar consciência ou desconfiar de prostitutas, pornografia (até mesmo pedofilia), crimes, desfalques, do uso e exploração de outros relacionamentos, abuso, problemas com drogas/álcool, vício sexual, do estilo de vida parasita dele, ou de outros relacionamentos dele por meio de mensagens de textos, telefonemas ou e-mails incomuns. O que ela encontra do outro lado da máscara lhe causa um grande pesar.

- ❖ Pesar pelo relacionamento que ela achava que tinha.
- ❖ Pesar pelo lado estimulante do psicopata.
- ❖ Pesar pelo futuro que ela se pergunta se de fato terá com ele.
- ❖ Pesar pelo tempo perdido no passado e talvez do risco que irá correr ao se expor ainda mais.
- ❖ Pesar pela realidade de que ele talvez não seja quem ela pensava que era.

---

* *Bait and switch* (no original) é uma estratégia de venda "iscar e trocar", que consiste em atrair os consumidores para a loja, oferecendo-lhes produtos baratos, com o único propósito de fazê-los comprar mercadorias de preço mais elevado. (N. E.)

É por isso que a dinâmica da fase intermediária do relacionamento é marcada pelo sofrimento. A mulher se torna consciente de que seu sofrimento é causado por uma característica própria do psicopata. Essa característica singular é definida pelas inacreditáveis contradições, divergências e dicotomias que destacam esse homem como a pessoa perturbada que ele é. É isso que distingue os relacionamentos amorosos patológicos de outros "rompimentos difíceis e desagradáveis". Essas dicotomias não apenas marcam esses relacionamentos como o caldeirão de infortúnios que eles são, como também causarão um profundo impacto na mulher com a criação da dissonância cognitiva.

AS DICOTOMIAS DE UM RELACIONAMENTO AMOROSO PATOLÓGICO

Dicotomia *substantivo* a divisão em duas partes ou opiniões contraditórias.

As dicotomias são os traços positivos que o psicopata exibiu no início e os traços negativos que ele revela mais adiante no relacionamento. A existência dos bons e maus comportamentos é demonstrada em diferentes ocasiões. As duas partes contraditórias são o que compreende a personalidade Médico/Monstro do psicopata (motivo pelo qual o logotipo do Instituto é uma máscara preta e branca que representa o bem e o mal). Essas manifestações, comportamentos e convicções incompatíveis e totalmente contraditórias fazem com que as mulheres sintam que estão "enlouquecendo" no relacionamento.

A exposição dessas convicções e comportamentos dicotômicos começa quando o psicopata não consegue mais funcionar por completo na ilusão que criou a princípio. Esses comportamentos sinalizam o final do processo de "iscar" e o início do de "trocar". De acordo com algumas vítimas, nada prepara uma mulher para um relacionamento com um homem psicopático, no qual nenhum dos elementos de um relacionamento saudável está presente. Em vez disso, os elementos são o oposto (ou dicotômicos) da ideia que ela tem de um relacionamento saudável e do que ela viveu no passado. Seu sistema de referência para "o que compõe um relacionamento" está em grande medida relacionado com o que ela viveu nos relacionamentos anteriores. Ela então traz essas convicções e pensamentos para o relacionamento com o psicopata a fim de descobrir que tudo em que ela sempre acreditou, segundo ele, está errado.

A mulher começa a questionar as próprias experiências, convicções e pensamentos. Quanto mais o psicopata insiste em afirmar que o relacionamento deles é normal, e não os outros que a mulher teve, mais ela começa a acreditar que é "louca" ou que há algo errado com ela, levando-a a não entender os conceitos básicos do que é um bom relacionamento. Uma vez que o psicopata a convence de que o relacionamento deles é normal, ele pode começar a mudar a realidade "errada" dela. O psicopata cria um dilema no qual a mulher começa a se dedicar mais ao relacionamento patológico (com base no seu grande investimento no relacionamento), enquanto ele lhe diz que ela simplesmente não está à altura dos padrões e que "não é nenhuma surpresa que ela não tenha tido até então relacionamentos bem-sucedidos". O dilema a mantém ocupada tentando vencer as provas de resistência criadas pelo psicopata enquanto este se mantém a distância aumentando cada vez mais a dificuldade das provas. Quanto mais ela se esforça, mais ela fracassa.

Tudo de que ela consegue se lembrar é que, até esse ponto, ela viveu uma extraordinária fase inicial de namoro, em que o charmoso, estimulante e atencioso psicopata a idealizou e idolatrou, e se caracterizou como um excelente partido e parceiro. A última coisa que ela esperava era que seu príncipe se transformasse em uma pessoa traiçoeira e que tudo o que ela viveu fosse uma mentira.

Ela não espera que:

- todas as coisas sensíveis que ele disse a seu respeito irão se tornar coisas horríveis a seu respeito
- tudo o que ele contou a ela sobre si mesmo, sua história ou outros detalhes é uma mentira
- o propósito dele no relacionamento não seja amar e sim dominar e manipulá-la psicologicamente de qualquer maneira para satisfazer suas necessidades pervertidas

- ❖ tudo o que ela confiou a ele a seu respeito será mais tarde usado contra ela
- ❖ tudo o que ele pontificou sobre a vida, relacionamentos, amor, comunidade, família, filhos, Deus ou qualquer outra coisa não tinha nada a ver com o que ele acreditava

À medida que as mulheres tentam se ajustar ao sistema de crenças do psicopata, este muda. Quando elas tentam se ajustar aos comportamentos ou promessas dele, estes também mudam. A constante modificação e o movimento mantêm as mulheres desestabilizadas. É como tentar transpor a falha geológica de um terremoto. Elas despendem a maior parte da sua energia emocional se esforçando para estabilizar o relacionamento com uma pessoa extremamente instável.

Antes de a mulher aceitar os novos comportamentos e atitudes opostos e surpreendentes, essas dicotomias são a princípio peneiradas através do temperamento e dos traços da personalidade dela. Muito antes que a mulher tenha um momento "eureca", no qual perceberá que não está louca, sua personalidade em todos os seus supertraços está observando e amando o psicopata:

	O Supertraço Dela	O Pensamento Dela
1.	Empatia elevada	"Ele é assim porque foi ferido."
2.	Baixa impulsividade	"Não vou simplesmente fugir."
3.	Sentimentalismo elevado	"Ele pode ser amável – como quando..."
4.	Apego elevado	"Eu o amo como nunca amei ninguém – eu me sinto tão ligada a ele."
5.	Investimento elevado no relacionamento	"Eu me dediquei de corpo e alma a esse relacionamento. Sei que posso fazer com que ele dê certo."
6.	Consideração elevada	"Quero que ele pense bem de mim. O que estou fazendo de errado?"
7.	Evitação de danos elevada	"Será que eu algum dia encontraria outra pessoa se eu o deixasse?"
8.	Evitação de danos baixa	"Ele não é tão mau assim. Tenho certeza de que ele é capaz de reverter isso."
9.	Engenhosidade elevada	"Eu poderia encontrar um orientador psicológico para ele e poderíamos fazer terapia de casal."

Os opostos que produzem a dissonância cognitiva

As pessoas normais levam para o relacionamento um eu essencial que não é altamente dicotomizado. Elas não estão fragmentadas no grau extremo dos comportamentos bons/maus que são tão representativos da patologia. As pessoas normais não estão acostumadas a tentar se ajustar a uma pessoa que tem pensamentos, sentimentos, maneira de se relacionar e comportamentos tão opostos. Esses extremos no comportamento do psicopata fazem com que a mulher desenvolva também, de algumas maneiras, uma estratégia de enfrentamento que a ajuda a viver um relacionamento com o que há de bom e mau nele. Em essência, ela tem dois relacionamentos acontecendo ao mesmo tempo, e precisa recorrer a habilidades adquiridas em ambos. Sua adaptação aos dois lados do psicopata cria a dissonância cognitiva dela e, com o tempo, a intensifica.

A coluna à esquerda da figura a seguir são exemplos de sentimentos que o lado bom do psicopata Médico/Monstro inspirou nela. É bem provável que eles representem a maneira como ela era tratada no estágio da sedução ou da lua de mel. A mulher pode ainda carregar esses sentimentos e lembranças de quando o relacionamento era maravilhoso e o parceiro, incrivelmente magnético. A coluna à direita relaciona os sentimentos dela e os comportamentos dele quando a lua de mel acaba e o comportamento patológico o psicopata vem à luz.

Figura 12.1   As Dicotomias do Relacionamento

Ela sente uma forte conexão...	... e, no entanto, espera um provável abandono
Ela sente níveis elevados de proteção da parte dele...	... e, no entanto, se sente extremamente exposta e em situação de risco por causa dele
Ela confia muito nele...	... e, no entanto, sinais de alerta de desconfiança estão se formando
Ela é adorada como uma madona sexual...	... e, no entanto, é tratada com frequência como uma prostituta

Ela sente um amor imenso por ele...	... e, no entanto, ao mesmo tempo, sente uma intensa aversão por ele
Ela acha que ele lhe proporciona a maior emoção que ela já vivenciou...	... e, no entanto, fica exausta por causa dele
Ela sente a vulnerabilidade ou mágoa infantil dele...	... e, no entanto, a aura mística adulta debaixo da qual ele esconde sua vida é muito intrigante
Ela o escuta dizer que a apoia...	... e, no entanto, percebe que ele a sabota
Ela tem se divertido muito com ele...	... e, no entanto, no meio da diversão ele muitas vezes se enfurece
Ela acha que ele é uma alma gêmea maravilhosa...	... e, no entanto, é a pessoa mais doentia do planeta
Ele age como se fosse seu salvador...	... e, no entanto, é o seu atormentador
Ele pode ser muito deliberado no que faz...	... e, no entanto, ser também impulsivo e instintivo
Ele é com frequência hipersexual...	... e, no entanto, é frequentemente não sexual/rejeita a sexualidade dela
Ele a idealiza...	... e, no entanto, a desvaloriza totalmente
Ele está superconectado, inalando o ar que ela exala...	... e, no entanto, se mostra absolutamente alheio
Ele age como se a compreendesse completamente...	... e, no entanto, demonstra estar desinformado a respeito dos sentimentos e motivos dela
Ele é a pessoa mais bondosa...	... e, no entanto, pode ser a mais sádica
Ele é abertamente generoso...	... e, no entanto, incrivelmente mesquinho e egoísta
Ele é atrativamente viril...	... e, no entanto, também é fracote e carente

Embora não seja necessário que eu explique cada item na lista de dicotomias, vou abordar alguns para dar um exemplo de como essas convicções e comportamentos opostos são exibidos nos relacionamentos amorosos patológicos.

A dicotomia do vínculo e, no entanto, do provável abandono

A mulher sente que formou um vínculo afetivo mais forte com essa pessoa do que com qualquer outra na sua vida. O psicopata também espelhou para ela essa incrível sensação do *status* de "alma gêmea" e, no entanto, não compartilhou a experiência do vínculo. Contudo, quando a máscara cai, e o "iscar e trocar" começa, a mulher se torna mais consciente de que, a qualquer momento, poderá ser abandonada ou deixada para trás no relacionamento. Embora ela tenha sentido antes que ele era a pessoa com quem mais tinha se conectado, e com quem passaria o resto da sua vida, seu outro conjunto de sentimentos e convicções lhe diz que ela nunca correu um risco tão grande de ser descartada, traída ou abandonada, e ainda de ficar emocionalmente arrasada.

> *"Nossa intimidade e fortes emoções explodiram em vez de evoluir. Ele parecia precisar e querer muita coisa de mim. Mas isso não passava de uma cortina de fumaça – ele também podia desaparecer em um piscar de olhos."*

Em uma única frase o psicopata tem a capacidade de dizer quanto está apegado e conectado, e na frase seguinte lembrar à mulher quanto ela é descartável ou que está pretendendo deixá-la. Alguns psicopatas não dizem essas coisas de forma direta, mas "dão a entender" ou deixam pistas espalhadas que indicam que ele está pensando em ir embora, ou então se tornam alheios, desligados, desinteressados e distantes.

> *"Ele me atraía e depois me afastava com vários métodos. Eu ficava constantemente perplexa a respeito de por que parecia que ele desejava ter um relacionamento comigo em alguns níveis, mas não em outros. Ele às vezes se comprometia, mas não por inteiro. Nunca me senti tão confusa com relação a como uma pessoa de fato se sentia a meu respeito."*

Isso faz com que a mulher se sinta instável no relacionamento. É provável que o psicopata diga que ela é louca e que o relacionamento está exatamente como sempre foi, levando-a a questionar a própria percepção dos acontecimentos. Ou pode dizer que algo que ela fez o levou a querer abandonar o relacionamento (como questioná-lo, desafiá-lo, apanhá-lo mentindo ou pedindo a ele que executasse tarefas adultas). Esse apego e rejeição cria nela a reação interior de saltar sem parar de um lado para o outro como uma bola de pingue-pongue e a deixa cheia de dúvidas como no antigo jogo infantil "Bem-me-quer, mal-me-quer".

> *"A intensidade – a mutabilidade – tudo podia parecer bem e normal em um minuto, e eu me esquecia da loucura, e em seguida, de repente, as coisas mudavam drasticamente e o monstro com quem eu estava vivendo reaparecia."*

A dicotomia de idealizar e, no entanto, desvalorizar a mulher

As mulheres nunca sentiram antes essa adulação toda. O psicopata disse que a considerava a pessoa "mais incrível, brilhante, amorosa e *sexy*" do mundo. A idealização acelera a sensação de apego com frequência chamada de "formação de um profundo entrosamento". No entanto, já no meio do relacionamento, ele a está desvalorizando – porque é isso que a patologia faz, ela vive em função dos dois lados da máscara. Ao desvalorizar a mulher, o psicopata aumenta sua sensação de poder sobre o relacionamento. Os dias de elogios podem ter acabado. Isso leva a mulher a querer fazer alguma coisa para que ele volte a sentir o que sentia anteriormente por ela. A mulher pode gastar muita energia emocional tentando descobrir como fazer o relacionamento voltar à dinâmica anterior, na qual vivenciou o lado bom do psicopata.

> *"Ele podia ser horrível e ultrajante comigo e nem mesmo parecer perceber que o que estava dizendo era horrendo. Era como se ele achasse normal se relacionar daquela maneira. Ele costumava chamar aquilo de briga normal. Mas não havia nada de normal no que ele fazia e dizia."*

A dicotomia de aparentemente proteger e, no entanto, criar dependência

A mulher nunca se sentiu mais protegida do que nos estágios iniciais do relacionamento. O psicopata pode até mesmo ter falado a respeito do sentimento de proteção que ele tem por ela. Como os portadores de patologias são extrovertidos e dominantes, eles de fato "parecem" protetores. Embora a mulher possa estar se aconchegando aos superpoderes dele de mantê-la longe do perigo, o outro lado das suspeitas dela está crescendo. De muitas maneiras, a mulher nunca se sentiu mais exposta ou em perigo. E estava certa. A proteção proporcionada por um psicopata é uma ilusão. A exposição à doença, à ruína financeira e à devastação emocional, e o comportamento impulsivo dele, sem dúvida, a colocam em risco.

> *"Eu desejava a segurança de um relacionamento, um pai para os meus filhos. Eu estava envolvida com uma ilusão. Ele não era nada daquilo – embora sempre fingisse me proteger."*

A dicotomia da madona perseguida e, no entanto, a suposta prostituta

A experiência de intensa sexualidade do psicopata arrasta a mulher para os poderes emocionais da conexão sexual que se aprofundam. O psicopata é bastante sensual e a mulher é alvo de intensa perseguição sexual por parte dele. É provável que o psicopata descreva o relacionamento sexual entre eles como "único" ou "profundo e significativo", ou simplesmente como um "sexo maravilhoso". Não importa a maneira como ele descreve o relacionamento sexual; o certo é que a mulher se sente especial e perseguida como uma madona. No entanto, com o tempo, para humilhá-la, o título de madona é abandonado e ele passa a tratá-la como uma prostituta.

A dicotomia de ter vivido esse intenso vínculo sexual com ele e ser rejeitada (como uma prostituta ou como mera parceira sexual) configura a dinâmica perseguição/rejeição na vida sexual deles. Muitas mulheres mencionaram ter se sentido humilhadas, pois foram obrigadas a implorar por sexo não apenas pela experiência sexual, mas para tentar se religar emocionalmente e levá-lo a experimentar o "vínculo" que elas julgavam ser a base do relacionamento.

> "Não sei o que nós tínhamos. Eu costumava achar que sabia. Eu pensava que ele estava tão conectado quanto eu estava. No início, ele estava sempre querendo mais de mim. No entanto, no meio do relacionamento, ele reprimiu o sexo e passou a agir como se eu fosse repugnante. Ele me chamava por nomes sexuais horríveis [...] usando até mesmo mesmo aquela palavra com C...[cunt*]. Como eu posso ter despencado tanto aos olhos dele?"

Os psicopatas não raro:

- ❖ acusarão suas mulheres de infidelidade para que possam rotulá-las de prostitutas e rejeitá-las
- ❖ ou as introduzirão em práticas sexuais pervertidas que elas desconheciam, e dirão que mais ninguém as desejará por terem participado delas
- ❖ ou eles as compararão com outras parceiras sexuais na tentativa de coagi-las a praticar mais atos sexuais indesejados, e assim o ciclo se repetirá

Tudo isso faz com que a mulher se sinta inadequada e se esforce para agradar sexualmente o psicopata, de modo a se submeter a mais atos sexuais que considera degradantes. Ele, por sua vez, a humilha por ela praticá-los, mas, no entanto, os exige.

> "Sinto repulsa pelo meu próprio comportamento sexual. Permiti tantas coisas que iam contra quem eu sou como pessoa – contra meus valores pessoais. Nunca mais serei a mesma sexualmente [...] eu me sinto tão suja

---

* Considerada como a palavra mais ofensiva da língua inglesa, é um termo depreciativo para as mulheres em geral e significa pessoa desprezível, desqualificada e desagradável. É utilizada para descrever a genitália feminina de forma chula. (N. E.)

e violada. É óbvio que era isso que ele queria o tempo todo. Ele me faz lembrar de cada ato sexual horrível que executei e de como os homens normais me considerariam uma prostituta. Como sou tão deplorável, ele acha que eu deveria ficar apenas com ele – já que somos parecidos e nos entendemos sexualmente."

A dicotomia da confiança e, no entanto, a desconfiança

O psicopata despendeu muito tempo na fase de sedução até estabelecer a confiança mútua. Não é difícil fazer isso, porque as mulheres tendem a confiar antes mesmo que a confiança seja conquistada ou confirmada. Ele pode ter contado histórias a respeito da sua confiabilidade ou praticado ações confiáveis para firmar a confiança dela desde cedo. Isso passa a ser a base que permite que ele se refira com frequência a si mesmo como confiável, ao mesmo tempo que suas ações provem que ele é indigno de confiança.

"Metade de ser um vigarista é o desafio. Quando sou bem-sucedido, fico mais entusiasmado do que com qualquer outra coisa: o sucesso é a maior emoção da minha vida."[82]

Embora a mulher possa ter o sentimento incômodo de que ele está violando sua confiança em alguma área, o psicopata provavelmente deturpará o que ela está sentindo, dizendo que se trata de um problema ligado à paranoia e a questões emocionais dela, ou de qualquer outra razão que ele use para abandonar o relacionamento. A dicotomia produz na mulher um conflito entre confiar na sua intuição ou confiar nas suas lembranças. Na primeira parte do relacionamento, ela confiará nas lembranças que tem dele. Apenas *muito* mais tarde ela passará a confiar no seu instinto. Curiosamente, devido ao traço de confiança elevado da mulher, ela vai acreditar na explicação do psicopata mesmo quando o pegar em flagrante. O flagrante pode estar relacionado a pegá-lo na cama com outra pessoa, roubando seu dinheiro ou contando outra mentira horrenda.

---

[82] Blum, R. H. *Deceivers and Deceived*. Springfield, IL: Charles C. Thomas, 1972.

Quando impelida a escolher entre acreditar no que acaba de descobrir ou acreditar na explicação fornecida pelo psicopata, muitas mulheres acreditam no psicopata e desprezam a verdade a respeito do que descobriram.

> *"Abri a porta e o vi na cama com outra mulher. No final da noite, eu já não estava certa de que tinha visto o que vi! Ele não me convenceu de que o que eu vira não significara nada; ele me convenceu de que aquilo **não tinha acontecido** e que não havia ninguém na cama com ele! Eu levei séculos para aprender a confiar na minha percepção. Quando você acha que está enlouquecendo, é fácil confiar na versão da realidade de outra pessoa. Não era a questão da realidade que agora eu vejo [...] era a questão da verdade."*

Esse conflito entre acreditar no que a mulher descobre ou acreditar nas explicações do psicopata se repetirá muitas vezes antes do término do relacionamento. Mesmo que ela o pegue em flagrante, é bem provável que ele alegue que ela não viu o que viu, não leu o que leu e não ouviu o que ouviu. Tentativas desavergonhadas de manipular psicologicamente a realidade da mulher fazem parte do psicopata, e é um método bastante usado por ele. Com o tempo, isso desgasta a capacidade da mulher de fazer seu próprio teste de realidade, além de pregar peças na mente dela de modo a levá-la a pensar que está ficando louca. Como último recurso, o psicopata também a ameaçará dizendo que se ela não consegue confiar nele (mesmo após pegá-lo em flagrante), então o melhor que ele tem a fazer é arrumar suas coisas e ir embora. A conveniente ameaça de abandono está sempre presente.

A dicotomia da emoção e, no entanto, a exaustão

A parte da mulher que busca emoções e que achou a extroversão do psicopata atraente, agora está causando uma extrema exaustão emocional. O ímpeto de adrenalina que ela costumava ter com o "espírito inovador", a "tendência para correr riscos" ou simplesmente a dominância extrovertida do psicopata está começando a se esgotar. O conflito emocional, os altos e baixos, as lutas de poder diárias, a descoberta semanal de alguma mentira nova e o medo constante de ser abandonada estão agora produzindo fadiga.

> *"Eu ficava pensando – se esse é o homem mais excitante com quem eu já estive, por que estou tão esgotada de todas as maneiras – emocional, física e até mesmo financeiramente? Se isso é tão divertido, por que estou me sentindo ASSIM?"*

A dicotomia da sua vulnerabilidade infantil e, no entanto, a sua mística adulta

O psicopata investiu muito para se caracterizar para a mulher como um homem "ferido" pela vida. Os psicopatas não têm nenhuma dificuldade em desempenhar ao mesmo tempo a *persona* dominante e a desamparada. É bem provável que ele tenha agido como se a revelação da sua dor oculta tenha sido feita apenas a ela. A mulher era a única que "o compreendia" ou com quem ele se sentia "seguro o bastante" para compartilhar sua dor. As mulheres afirmaram que o psicopata tinha uma "qualidade infantil" ou que parecia "vulnerável" ou "ferido emocionalmente". A dicotomia da vulnerabilidade por meio dos golpes sofridos se depara com o distanciamento, o que o envolve em uma "aura sobrenatural". As mulheres o definem como "diferente", "único", "excêntrico" ou "arrebatador". Algumas confundem a vida oculta e a dissimulação dele com uma qualidade mística.

Ocorre um conflito quando a mulher tem um pressentimento de que deve ir embora. Ela se sente como se estivesse abandonando uma criança ferida que precisa dela. A mulher também quer ficar porque o parceiro é tão desconcertante que ela deseja compreendê-lo antes de partir. É bem provável que o psicopata represente o papel desses dois extremos.

> *"Ele era uma criança ou um homem? Uma pessoa perturbada ou um bebê começando a andar que se agarra ao seu joelho? Não sei [...] ele era as duas coisas. Eu não conseguia identificar o que havia nele que atraía os dois lados meus – o que o via como poderoso e misterioso, e o que o via como ferido e precisando de mim."*

A dicotomia de amar e, no entanto, detestar

A mulher sente a atração magnética em um turbilhão emocional e sexual do qual não consegue se libertar. Ela confunde intensidade com amor e paixão com vínculo afetivo. O psicopata não precisa de muito tempo para testar quanto ela o ama (e a tolerância dela), e descobrir que ele tem muita margem de manobra no relacionamento para cometer abuso.

Quando a mulher começa a enxergar o outro lado da máscara do psicopata, esse reconhecimento faz com que ela passe a detestá-lo. Ela odeia as mentiras, a perversão e o distúrbio dele, e pode até odiar a si mesma por amá-lo, mesmo depois de tudo o que descobre.

"Cheguei agora num ponto em que me encolho quando estou perto dele. Eu costumava sentir pena por ele ser muito doente. Agora, sinto repulsa. Ele é revoltante."

Os crimes de paixão ocorrem dessa maneira, quando o apego do amor patológico e a traição são ardorosos. Lamentavelmente, o vínculo amoroso transcende o ódio, de modo que a mulher permanece presa ao psicopata apesar da sua aversão.

Outras ocorrências

Já no estágio intermediário do relacionamento, uma mulher que seja em geral dominante e engenhosa pode, pela primeira vez na vida, se sentir "frágil" ou até mesmo "mentalmente doente". Ela pode buscar orientação psicológica por recear que esteja "doente" ou "perturbada". Não foi apenas isso que o psicopata lhe disse várias vezes, mas ela também está abalada pelas incongruências no relacionamento e nas suas próprias emoções. A montanha-russa dos altos e baixos e das imensas tentativas de agradar ao psicopata e de estabilizar o relacionamento já causaram estragos.

"Você se sente aprisionada o tempo todo em um tipo estranho de jogo, do qual, para início de conversa, você nunca quis participar. Você sabe que nunca mais será a mesma. Você vê a pessoa que você era simplesmente se evaporar."

Quando as dicotomias se tornam aparentes e começam a causar reações psicológicas na mulher, ela já está bastante envolvida na dinâmica do relacionamento patológico. Do mesmo modo, o tempo necessário para que seja feita a transição para a fase final do relacionamento é diferente para cada mulher.

As dicotomias de uma mulher

"Senti tudo o que acaba de ser descrito, mas também achei que eu não era uma mulher de verdade por estar sentindo essas coisas. Senti que simplesmente não sabia como ter um relacionamento e culpei a mim mesma. Ele me fez sentir que todos os seus relacionamentos anteriores tinham dado certo, de modo que o problema só podia ser eu. Esses são os mesmos relacionamentos em que ele afirmava que as mulheres eram falsas, loucas e o traíam. Era como se ele estivesse disposto a demonstrar que todas as mulheres eram malucas e os homens eram santos por aturá-las. Ele acreditava que todas as mulheres eram fáceis de manipular no sexo e que todas podiam ser manipuladas e usadas, porque eram idiotas e carentes. Ele provava isso para si mesmo manipulando as mulheres para que enviassem fotos seminuas para seu site na internet. No início, ele achou que era divertido ganhar dinheiro com aquilo, e depois passou a ficar mais interessado na indústria do sexo. Para ele, isso provava que todas as mulheres podiam ser compradas, porque todas queriam provar que eram sexualmente atraentes. Ele não conseguia ver como as estava manipulando. Ele não conseguia enxergar que ele próprio estava sendo seduzido e manipulado pela indústria do sexo. Ele achava que estava no controle. Eu sentia que aquilo era uma forma de escapismo para ele e o ajudava a se distanciar de mim. Ele me fazia sentir inadequada em comparação com aquelas mulheres que pareciam felizes por conhecê-lo e que o faziam se sentir atraente e poderoso enquanto o usavam para se promover no site dele. Ele me mostrava fotos de mulheres seminuas que pareciam mais vulgares do que sensuais, e ficava frustrado porque eu não compartilhava o entusiasmo dele por estar ganhando dinheiro com aquilo. Comecei a odiá-lo e não gostava da maneira como o futuro estava se descortinando. Ele parecia um

aspirante a ator pornográfico frustrado que precisava da aceitação de mulheres pornográficas frívolas para se sentir sexualmente poderoso e dominante. Aquilo me fazia sentir que todas as suas declarações apaixonadas de desejar um relacionamento baseado na sinceridade, fidelidade e confiança não estavam de acordo com suas ações e verdadeiros sentimentos de inadequação sexual."

Figura 12.1 Resumo das Dicotomias – Percentual de Mulheres que Endossam

% de Mulheres que Endossam	Dinâmica do Relacionamento
92	Aprontar e depois se fazer de vítima
89	Criar o vínculo e, no entanto, negar que a mulher esteja conectada
88	A vulnerabilidade infantil e o poder/aura mística dele
82	Idealização e desvalorização
80	Conexão e abandono
73	Mulher competente e respeitada, e mulher incompetente
63	Segurança e insegurança
55	Madona perseguida e suposta prostituta
50	Homem rico que pede dinheiro

Figura 12.2 Resumo das Dicotomias – Percentual de Mulheres Profundamente Afetadas

% de Mulheres Profundamente Afetadas	Dinâmica do Relacionamento
89	Aprontar e depois se fazer de vítima
76	Criar o vínculo e, no entanto, negar que a mulher esteja conectada
76	A vulnerabilidade infantil e o poder/aura mística dele
75	Idealização e desvalorização
59	Conexão e abandono
53	Mulher competente e respeitada, e mulher incompetente
59	Segurança e insegurança
49	Madona perseguida e suposta prostituta
43	Homem rico que pede dinheiro

À medida que as dicotomias destroem pouco a pouco a estrutura da estabilidade da mulher, isso aumenta sua sensação de dissonância cognitiva – a incapacidade de sustentar uma opinião coerente sobre o psicopata ser maravilhoso ou horrível. Isso também afeta a capacidade da mulher de manter um comportamento regular com o psicopata – ir embora ou ficar. Em vez disso, ela faz as pazes e termina várias vezes o relacionamento, com cada ato aumentando os sintomas desorientadores de dissonância cognitiva. Isso leva ao que as mulheres chamam de "jogo de pingue-pongue" mental, no qual os traços positivos do psicopata desfilam na sua mente, sendo depois atraída para a outra dinâmica dos seus traços negativos. Ela é fustigada internamente por ser puxada de um lado para o outro entre os bons e os maus conceitos, e as boas e as más lembranças que tem do parceiro.

Já no meio do relacionamento, quando a máscara cai e ela vê o lado sombrio do psicopata, a tranquilidade da simulação anterior dele é logo substituída por uma maratona de conflitos. Cada briga produz um "ciclo" de comportamentos e tentativas que ele usa para tê-la de volta ou, pelo menos, para ter o poder de volta. A devolução do poder para o psicopata, como uma rebatida em uma partida de tênis, pode fazer com que ele queira romper com a mulher sem demora. Ele pode tê-la perseguido para que ela voltasse para ele com o objetivo de apenas terminar o relacionamento. Muitas das dicotomias do relacionamento são executadas e ficam evidentes nos ciclos de brigas.

A seguir, apresento o que chamo de Ciclo de Eventos do Relacionamento, que vai ajudar a perceber o nível de exaltação e amplitude vivenciado pelos portadores de patologia durante uma altercação, discussão ou rompimento. Isso exemplifica por que a comunicação com os psicopatas é difícil, por que o esgotamento emocional no relacionamento é tão grande, e por que os métodos a que eles recorrerão para recuperar a dominância no relacionamento são tão drásticos. Para eles, estar certo é preferível a estar feliz.

Quando ocorre uma discussão ou ameaça de rompimento:

- ❖ Ele fica furioso.
- ❖ Quando isso não funciona, ele fica carinhoso.

Figura 12.3   Ciclo de Eventos do Relacionamento

- Quando isso não funciona, ele diz que ela é tão doente quanto ele, de modo que é melhor que fiquem juntos.
- Quando isso não funciona, ele ameaça encontrar outra mulher.
- Quando isso não funciona, ele finge compreender que ela provavelmente estava certa o tempo todo a respeito do que está errado com ele e que ela é a única que o compreende.
- Quando isso não funciona, ele recorre à chantagem – contará à família dela, aos filhos dela, aos colegas de trabalho dela etc. alguma coisa negativa a respeito dela.
- Quando isso não funciona, ele oferece como incentivo alguma coisa que ela queria – se casar, ter um filho, comprar uma casa nova.
- Quando isso não funciona, ele diz que ela deve ter outro homem e por isso não está querendo reatar com ele.
- Quando isso não funciona, ele vai à igreja.
- Quando isso não funciona, ele afirma que tem um grave problema de saúde, como câncer, para trazê-la de volta.

Os eventos que acabam de ser relacionados não abrangem de modo algum todas as desculpas que o psicopata inventará durante o evento. A única limitação dele é sua criatividade.

CONCLUSÃO

Esse é um ponto crucial e difícil no relacionamento patológico. A mulher sente muita dor quando compreende que a lua de mel chega ao fim e o psicopata para de idealizá-la. Reconhecer os comportamentos dicotômicos perturbadores dele acarreta um enorme sofrimento. No entanto, tendo em vista seus supertraços de empatia, conexão, tolerância e investimento no relacionamento, ela se apegará e não irá embora durante esse período do relacionamento. É por isso que esse estágio do relacionamento é chamado de Sofrer e Se Apegar. Quanto mais o psicopata se afasta, aumentando o medo da mulher, mais ela se apegará. Os ciclos de rompimento e reatamento estão apenas elevando o apego que ela tem pelo psicopata e pelo relacionamento, ao mesmo tempo que odeia o lado sombrio dele que está se tornando cada vez mais fácil de identificar.

13

PERCEBER E PARTIR
O FIM DA DINÂMICA DO RELACIONAMENTO ENQUANTO ELA E O RELACIONAMENTO SE DESINTEGRAM

"E chegou o dia em que o risco necessário para permanecer aconchegada no botão se tornou mais doloroso do que o risco necessário para florescer."
– Anaïs Nin

Desintegrar *verbo* deteriorar, fragmentar, se desagregar, se decompor, apodrecer.

PERCEBER

O caminho que leva a mulher a perceber o distúrbio do psicopata em toda a sua destruição está repleto de vestígios da mente e da alma dela. Os traços positivos/negativos dele da personificação de Médico/Monstro estão constantemente brincando de esconde-esconde. No entanto, a dor da mulher ao já ter vislumbrado o lado sombrio da máscara está sucumbindo a uma intensa realidade atual. Ela reúne percepções dele e do relacionamento que apontam para a gravidade dos problemas que eles enfrentam.

Quando a mulher tenta se comunicar com o psicopata a respeito do seu comportamento impulsivo e errático:

❖ ela passa pelo processo de triangulação enlouquecedor que não resolve nada
❖ a linguagem dele é contraditória

- ❖ as palavras dele têm um significado diferente
- ❖ ele não parece compreendê-la
- ❖ ele está fazendo *gaslighting*

Todos os dias são terríveis, porque ela sabe que vai descobrir algo novo, como:

- ❖ outras mulheres/acompanhantes/prostitutas
- ❖ pornografia
- ❖ gastos
- ❖ mentiras/ocultando outra vida
- ❖ desvalorização/degradação
- ❖ violência (quando aplicável)
- ❖ ele ser muito diferente do que costumava ser

"Ele zombava tanto dos meus sentimentos que realmente comecei a questionar meu próprio ser e a maneira como eu percebia as coisas. Ele era muito convincente. Conseguia me levar a fazer qualquer coisa. Nunca estive tão vulnerável, tão crédula ou tão disposta a concordar com qualquer ideia que ele tivesse. Perdi o rumo de quem eu era. Não sei aonde 'Eu' fui."

A realidade visceral de que, de alguma forma, o fim está próximo começa a se insinuar. As mulheres vacilam entre terminar o relacionamento com alguém que odeiam e permanecer para entender quem ele é, por que ele fez isso e o que aconteceu exatamente. Ela não consegue decidir se deve esperar que ele vá embora ou esperar reunir a clareza emocional necessária para que ela mesma faça isso. Tudo o que a patologia é atua contra sua compreensão clara do distúrbio do psicopata. Tudo o que os supertraços dela são funciona contra seu desligamento emocional voluntário. Tudo o que a intensidade do apego gera age para manter sua mão algemada à fantasia do seu relacionamento sem que seu psicológico aprovasse essa escolha. Pouca coisa está cooperando com sua terrível necessidade de sair da vida desse homem perturbado.

A PARTIDA – SAINDO DO INFERNO

Quando ele vai embora

Se o psicopata tiver um número suficiente de novos relacionamentos emergindo no fluxo dos seus ciclos de namoradas/parceiras sexuais, ele poderá não estar mais interessado no relacionamento. Como a maior parte do seu comportamento se baseia no poder e na dominação, ele não se importará em partir se isso acarretar uma exibição de poder da sua parte. Essas exibições sempre se baseiam na destruição ou na perversão. A maneira como ele termina o envolvimento amoroso é tão indicativa da patologia quanto o seu comportamento dentro desse relacionamento. O portador de patologia poderá:

- fazer coisas que levarão a mulher a pensar que ela está tendo um esgotamento nervoso/*gaslighting*
- "aprontar" com a mulher, usando informações que possui a respeito dela para influenciá-la a transferir legalmente para ele dinheiro, tutela ou propriedades antes de ir embora, ou tornando isso uma condição para sua partida
- tentar fazer com que a mulher seja demitida/afastar dela a família e os amigos para que ela tenha um esgotamento nervoso
- exibir relacionamentos diante dela, ter conversas falsas no telefone para que ela escute seus planos, sentimentos e pensamentos de que ele não a quer mais
- deixar uma mensagem por telefone, ou enviar uma mensagem de texto ou por e-mail rompendo com ela sem nenhuma explicação
- simplesmente desaparecer, sem dar nenhuma explicação de por que foi embora, deixando-a preocupada com a possibilidade de ele ter morrido. Ela não terá notícias dele durante meses ou até mesmo anos

Em outros casos, o psicopata não apenas irá embora sem uma definição sobre seu impacto sobre a mulher, como também:

- ameaçará matá-la, bem como seus filhos, sua família ou animais de estimação
- praticará atos finais de abuso físico contra ela ou outras pessoas (mesmo que nunca tenha sido violento antes)
- praticará ações veladas para dar a impressão de que ocorreu um acidente (cortando o freio do carro, adulterando equipamentos etc.)
- tentará efetivamente matá-la
- a perseguirá de modo furtivo

Romper com um psicopata não é como terminar um relacionamento qualquer – seja o rompimento uma escolha dele ou dela. É preciso enfatizar que os psicopatas raramente:

- vão embora sem uma exibição de poder
- vão embora e nunca mais voltam
- vão embora sem deixar mais uma marca na alma da mulher

Os psicopatas são como bumerangues. Mesmo quando são atirados "ao longe", dão meia-volta e retornam. Se as mulheres não estiverem atentas, os psicopatas as surpreenderão ricocheteando no mundo delas outra vez. Os psicopatas e outros portadores de patologias não desaparecem do radar da mulher por muito tempo, mesmo quando saem da vida dela.

Como você acha que os psicopatas rompem os relacionamentos? Como Scott Peterson terminou o relacionamento com a esposa? O que dizer de O. J. Simpson e do término de seus relacionamentos? E os noticiários noturnos repletos das mesmas histórias de psicopatas que deixam sua marca em um envolvimento amoroso? Se de fato prestássemos atenção ao modo como os portadores de patologias terminam seus relacionamentos, saberíamos que todos os desenlaces ocorrem dentro das condições impostas por eles e, com frequência, em circunstâncias terríveis, ou até mesmo fatais. Tendo em vista a mente, a impulsividade e a megalomania dele, por que ficamos tão surpresos? Vítimas que estão lendo este livro, prestem muita atenção. Os psicopatas raramente renunciam ao seu poder e controle sem lutar – inclusive o poder de terminar os relacionamentos. Essa é outra razão por que é necessário que se busque apoio, planos de segurança, a proteção da polícia e toda a ajuda que se conseguir aceitar.

Quando ela não consegue ir embora

Com demasiada frequência, a mulher já está com o íntimo tão desestruturado que não consegue iniciar a separação. Isso pode acontecer por várias razões. Uma delas é que a intensidade do apego é tão forte que, mesmo com todas as evidências do comportamento e da patologia do psicopata, o "encantamento" da mulher pelo relacionamento a mantém presa a ele. Em alguns relacionamentos, as mulheres são afetadas demais pelo transtorno de estresse pós-traumático, pela depressão e por outros sintomas para ser capazes de iniciar e levar adiante o processo de desligamento, que requer um nível de subsistência que no momento ela não tem. No caso de outras mulheres, contemplar a ideia de partir desencadeia a ansiedade que, por sua vez, também ativa a lembrança do conforto proporcionado pelo psicopata. Isso aciona a dinâmica do Vínculo da Traição/Trauma que aumenta o apego quando o medo é vivenciado. Para algumas mulheres, pode haver outras razões financeiras, sociais, profissionais, familiares ou religiosas que as impedem de ir embora. Devido aos seus supertraços relacionados com a autossuficiência e a engenhosidade, essas mulheres, infelizmente, estão muito mais propensas a NÃO procurar apoio ou proteção. Elas também podem se mostrar menos inclinadas a obter uma ordem de afastamento, notificar sua empresa da necessidade de proteção ou conceber um plano de segurança.

Por estar com o lado emocional paralisado e incapaz de partir, a mulher se torna um brinquedo nas mãos do psicopata, o qual dilacera a essência de sua alma como se a mulher fosse uma presa. Apesar da sua devastada condição psicológica e da profundidade da perversidade que experimentavam nas mãos do psicopata, as mulheres ainda assim descreveram a decisão de se separar como "excruciantemente difícil".

Mulheres competentes, como CEOs de empresas, se tornam paranoicas e acreditam que o psicopata saberá quando ela tentar ir embora – mesmo que ele esteja fora da cidade. Advogadas poderosas não conseguem se lembrar de como entrar com uma ação cautelar de afastamento para si mesmas. Médicas que salvam vidas não se lembram de como cuidar de si mesmas. Psicoterapeutas perspicazes não sabem identificar os sintomas que estão tendo, e a maioria das mulheres não consegue descobrir como ir embora ou permanecer segura depois de partir. Essa não é uma prova da indecisão dela, mas uma demonstração do poder de influência de um psicopata para imobilizar a capacidade de outras pessoas de combater sua malignidade de maneiras estratégicas.

> *"Não consigo acreditar em quanto abuso e dano eu suportei. Acho que é porque ele começava a chorar e a usar chantagem emocional para que eu ficasse. Nunca me vi como o tipo de pessoa que me sujeitaria a esse tipo de dor e abuso. Estou furiosa comigo mesma por ter aturado isso durante tanto tempo quando tudo estava obviamente errado."*

Quando ela consegue ir embora

Nos casos em que a mulher consegue iniciar o rompimento, ela pode estar certa de que desencadeou a ira e a dominação narcisista do portador de patologia, que contra-atacará com tudo o que existe de mais desprezível nele. São *esses* homens com múltiplos distúrbios, controle deficiente dos impulsos, elevado ímpeto de dominação e pouca reação ao medo da punição que são os mais letais, tanto física quanto emocionalmente. Os psicopatas com controle deficiente dos impulsos e baixa reação à punição não são motivados por limites verbais ou mesmo ordens de afastamento. As mulheres têm muita dificuldade para deixar esses relacionamentos devido não só à própria exaustão, mas também por causa da percepção da "letalidade" que há no psicopata. Elas acreditam que existe uma maneira mais segura de deixá-lo, que há um jeito de amenizar a partida, de se afastar dele com delicadeza, de tentar argumentar com ele para que desista dela. Outras mulheres acreditam que se o psicopata se relacionar com outra pessoa, isso será uma porta aberta. Infelizmente, os psicopatas, com sua habilidade de executar várias tarefas e microgerenciar múltiplos relacionamentos ao mesmo tempo, nem sempre verão as coisas dessa maneira. Por razões genéricas de poder, não é provável que eles façam vista grossa e aceitem enquanto elas lhes roubam o poder ao abandoná-los.

É necessário desenvolver um plano detalhado de segurança, uma vez que as mulheres correm maior risco quando estão deixando o psicopata, ou pouco depois de deixá-lo. Isso é problemático porque não é provável que ela queira desenvolver um plano de segurança. A mulher também pode não avaliar de modo realista o que ele é capaz ou está inclinado a tentar fazer contra ela. Na verdade, sabemos que ela não é propensa a ser realista a respeito da situação devido aos seus supertraços. Do mesmo modo, os psicoterapeutas que não entendem a psicopatia podem ter dificuldade em "prognosticar" o passo seguinte do psicopata contra a mulher durante o rompimento do relacionamento e podem ter poucas ideias realistas a respeito do potencial perigoso dele quando provocado da maneira como ela o está provocando.

Letalidade

A falsa choradeira do psicopata e suas promessas elaboradas de mudar terão início, sobretudo, se não foi ele quem teve a iniciativa de romper o relacionamento. Consulte o Ciclo de Eventos do Relacionamento no capítulo anterior para uma revisão de todos os comportamentos que acompanham o drama do rompimento. Os homens com traços psicopáticos têm mais probabilidade de perseguir suas ex-parceiras do que os homens que não têm esses traços, de modo que é mais provável que essa perseguição comece ou continue de onde parou. Isso aumenta o risco de letalidade pelo fato de a mulher ter rompido o relacionamento. Adicione também a tudo isso a falta de respeito do psicopata pelas autoridades ou pelas leis, seus sentimentos frenéticos com relação a perder o controle, sua necessidade de dominação, e quaisquer armas às quais ele possa ter acesso, e você tem um risco de letalidade elevadíssimo. As mulheres não raro têm a esperança de que se ele for para a prisão, isso contribuirá para o processo de desligamento. Os psicopatas que acabam sendo presos raramente veem a prisão como um desligamento. Afinal de contas, eles sempre têm cúmplices do lado de fora da prisão e, com o tempo, estarão livres.

Alguns dos psicopatas:

❖ perseguirão furtivamente a mulher e a assediarão na internet
❖ desconsiderarão ordens de afastamento
❖ tentarão fazer com que ela seja demitida
❖ sequestrarão os filhos (dela ou do casal)
❖ contratarão pessoas para espionar, prejudicar ou fazer mal a ela
❖ tentarão matá-la
❖ a perseguirão por meio de ações judiciais contra ela

"Ele estava sempre me espionando e vigiando outras pessoas. Que tipo de pessoa precisa fazer isso? E por quê?"

Os psicopatas são vingativos e despenderão muito mais tempo, energia e dinheiro para garantir que a mulher seja ferida *ainda mais*. Ele poderá feri-la ainda mais não lhe dando nenhuma explicação de por que foi embora, a perseguirá furtivamente, a importunará ou usará as crianças durante o rompimento. Ele exibirá sua vida com outras mulheres enquanto a persegue porque ela está saindo com outra pessoa. O comportamento dicotômico do psicopata sem dúvida não é interrompido porque eles não estão mais juntos.

Rompendo o relacionamento e usando a lei contra ela

No caso das mulheres que entram com processos judiciais contra os portadores de patologias, também existem dicotomias legais. O psicopata gastará mais dinheiro com honorários advocatícios do que aquilo que a mulher está pedindo, permanecerá com casos na justiça durante anos, não importa quanto isso custe, para ter acesso às emoções dela, e será reprovado na mediação, no aconselhamento, nas aulas de criação conjunta dos filhos porque todas as informações e o aprendizado caem em ouvidos patológicos. Até mesmo os tribunais identificam esses casos como de "Conflito Elevado" porque nada jamais é resolvido, porque a motivação do psicopata é causar confusão. As mulheres sentem que jamais superam o rompimento porque nunca conseguem sair do tribunal.

Irreconhecível para si mesma e para os outros

As mulheres descrevem o rompimento como se tivessem rastejado para fora de uma sepultura, erguendo-se em terreno seguro – esforçando-se para respirar um ar que não está repleto da patologia e das dicotomias do psicopata. Há muita coisa a ser curada depois que o falso monstro moral entrou em sua vida – depois que o "Don Juan da Fraude" a pegou. Seus sintomas aumentam quase todos os dias, fazendo com que a mulher pareça mentalmente doente ou obcecada por entender o que está errado com ela, com ele ou com ambos. Algumas das mulheres são diagnosticadas de forma equivocada como paranoicas ou portadoras do transtorno da personalidade *borderline*, neuróticas ou lunáticas. Na realidade, muitas mulheres têm os mesmos sintomas presenciados em outros tipos de distúrbios associados à manipulação emocional ou à tortura psicológica, como:

- Síndrome de Estocolmo
- programação de culto
- guerra psicológica
- coerção
- controle mental
- pensamento lógico de transe

À medida que a mulher vai perdendo o equilíbrio psicológico, ela vivencia (e já vivenciou) as mesmas quatro dinâmicas vistas na Síndrome de Estocolmo:

1. Ela **percebe** (e já experimentou) uma ameaça à sua sobrevivência física ou psicológica e acredita que o psicopata poderá cumprir suas ameaças. Ela já viveu meses e talvez anos em que ele pôs em prática sua capacidade de fazer mal a ela usando suas dicotomias, e talvez tenha feito isso de forma violenta.
2. Pequenas gentilezas **percebidas** da parte dele definiram o tom emocional para que ela repetidas vezes baixasse a guarda e o visse como

humano ou amável. Essa amabilidade que se repete aumenta o investimento dela no relacionamento e a esperança que a mulher deposita nele.
3. O isolamento de outras *perspectivas* externas que não sejam a dele é uma doutrinação da visão de mundo patológica dele. O psicopata começa a controlar a percepção que a mulher tem da realidade por meio de ações que criam experiências quase ilusórias da realidade.
4. Uma incapacidade *percebida* de ir embora. A mulher foi treinada pelo psicopata para acreditar que ele a encontrará ou que ele tem habilidades especiais para saber quando ela está partindo e para onde irá.

Os sintomas refletem a percepção deformada que a mulher desenvolveu de si mesma, do psicopata, do relacionamento e do que ela acaba de vivenciar. Infelizmente esses sintomas nem sempre são reconhecidos pelos outros (entre eles seu psicoterapeuta, advogado ou familiares) como sendo terror psicológico porque o psicopata aparenta ser normal. Como ela poderia ser aterrorizada por uma pessoa normal?

Nas ocasiões em que outras pessoas *entendem* de fato que ele é portador de uma patologia e que a mulher foi prejudicada, elas ainda tendem a não compreender a gravidade dos sintomas da mulher. Os amigos e os familiares dizem: "Todos já passamos por rompimentos desagradáveis. Apenas siga em frente. Volte a sair com outras pessoas. Não pense mais no assunto!". Eles se lembram de como a mulher era antes de ser destruída e esperam que a forte *persona* ainda esteja dentro dela. Quando os sintomas aumentam em vez de diminuir, eles acham que ela está fingindo que está doente, enrolando, sendo histriônica, tentando não superar as dificuldades ou fazendo drama. Suas funções reduzidas poderiam estar afetando seu desempenho no trabalho, sua capacidade de criar os filhos ou seus outros relacionamentos com a família e os amigos. Não existe praticamente nenhuma área na sua vida pessoal ou profissional que não tenha sido despedaçada.

Na verdade, não existem muitas mentes capazes de suportar esse tipo de tortura e estresse sem se desintegrar. Os sintomas da mulher indicam e apontam para uma exposição anormal à tortura emocional e psicológica, e provavelmente se situam ao longo do *continuum* do transtorno do estresse de vários transtornos relacionados com o estresse. Estes podem variar de moderados a graves, incluindo o transtorno de estresse pós-traumático (TEPT). Outras mulheres têm depressão nervosa (também chamada de transtorno depressivo maior ou depressão nervosa profunda) e outras formas de ansiedade ou da síndrome do pânico (ou transtorno do pânico). Algumas desenvolveram toxicomania ao tentar medicar os sintomas dos distúrbios que não sabiam que tinham.

Quando por fim as mulheres vão ao Instituto, muito poucas foram formalmente diagnosticadas ou receberam tratamento para seus graves sintomas de TEPT, depressão nervosa, pânico, distúrbios do sono emergentes ou toxicomania. Embora as mulheres possam não saber "que tipo" de distúrbio elas têm, sabem que não se parecem mais com a profissional forte e confiante que costumavam ser. Elas não reconhecem mais a pessoa passiva, distraída e assustada que se tornaram. A consumada advogada, médica, artista, psicoterapeuta ou professora que essas mulheres representam na sua carreira, hoje se tornaram mortas-vivas. Entre seus sintomas estão:

- olhos vidrados
- dissociação
- distúrbios alimentares com excesso de peso ou magreza excessiva
- privação de sono, excesso de sono ou uma oscilação entre os dois
- hipervigilância com uma reação de alarme exagerada
- adrenalina sendo cronicamente lançada no seu corpo
- cérebro completamente exaurido de serotonina e/ou dopamina
- problemas de foco do tipo déficit de atenção
- paranoide e com elevada evitação de danos
- alterna entre a hipervigilância e a letargia
- pensamentos intrusivos
- *flashbacks*
- obsessões no relacionamento
- dissonância cognitiva
- início de distúrbios autoimunes

- outros problemas médicos como enxaquecas, deslocamento de articulação temporomandibular, problemas gástricos
- abuso de substâncias (inclusive de remédios de venda controlada)

CONCLUSÃO

Essa lista abrangente de graves distúrbios emocionais mostra a verdadeira face da pessoa com quem a mulher estava. Se ela fosse um soldado que estivesse voltando do *front* no Iraque, esperaríamos que tivesse alguns desses sintomas devido à implacável exposição aos eventos anormais da guerra. E, no entanto, ela esteve em combate com um terrorista durante muitos meses ou anos com uma exposição implacável à patologia anormal. Essa lista de sintomas resultantes mostra o poder da patologia, a verdadeira inclinação da psicopatia para causar um dano no mesmo nível do da guerra ou da tortura.

Em certa medida, essa é a exibição máxima do poder de uma pessoa portadora de patologia, que se relaciona com uma pessoa forte e consegue destruí-la emocionalmente. Esse é o supremo triunfo psicológico para o psicopata. Vitimizar os fracos não exibe sua força psicológica, perversão ou manipulação da maneira como destruir os fortes faz. Essas eram, e são, as mulheres mais fortes que já conheci.

14

O ALÍVIO E A CONSECUÇÃO
RECUPERANDO-SE DAS SEQUELAS

"É a ostra ferida que repara sua concha com pérola."

– Emerson

Ao longo dos anos que tratei das mulheres e de suas sequelas, cheguei a uma nova e pungente conscientização não apenas das semelhanças entre elas, mas também da gravidade da situação. Este livro assentou as bases para a compreensão de por que *todas* as mulheres foram prejudicadas – do funcionamento do cérebro do psicopata aos supertraços da mulher, da dinâmica da comunicação e da intensidade ao TEPT dela. As sequelas da mulher são uma complexa manifestação da contribuição de vários fatores. O resultado final é que as mulheres talvez correspondam ao grupo de vítimas mais prejudicado pela exposição a essa patologia tão tóxica (e com frequência letal). Isso nos faz lembrar por que a Educação Pública em Psicopatia é tão importante no mundo atual devido ao inevitável dano tóxico. Este capítulo ajudará a pôr em foco o que descobrimos a respeito das mulheres e o que elas precisam para ter uma boa recuperação.

Vamos examinar especificamente os tipos de vitimização que as mulheres relataram em nosso estudo.

O DANO INEVITÁVEL: TODAS AS MULHERES FORAM PREJUDICADAS

Acima de tudo, todas as mulheres relataram que foram prejudicadas pelo relacionamento com o psicopata. Em outras palavras, nenhuma declarou que não foi prejudicada. Esse fato, por si só, deveria alertar os tribunais, os avaliadores de custódia, os juízes, os advogados, os mediadores, os programas de intervenção para agressores, as aulas de gerenciamento da raiva e outros que têm interações com psicopatas e portadores de patologias, e poder de decisão sobre eles, de que alguém é *sempre* prejudicado por eles. Meu mantra a respeito do comportamento patológico é o seguinte:

> *O gerenciamento percebido pela tentativa de reduzir o comportamento de um psicopata e seu efeito sobre os outros é uma ilusão.*

Proclamação de patologia

Se um dia *realmente* entendermos esse mantra:

Os programas destinados aos praticantes de abuso filtrariam e excluiriam aqueles que não são capazes de mudar.

Eles fariam mais testes para saber quem são esses portadores de distúrbios intratáveis e ofereceriam menos "tratamentos" ineficazes.

Eles diriam para as mulheres a verdade a respeito da incapacidade do psicopata de sustentar uma mudança positiva.

A custódia seria tratada de um modo diferente, e as crianças não seriam forçadas a sofrer um controle mental pela visão de mundo distorcida de um portador de patologia.

Em vez disso, o dinheiro dos contribuintes seria destinado mais ao tratamento dos praticantes de abuso que *têm* a capacidade de mudar e bem menos para aqueles que são portadores de patologias e não podem mudar.

As sentenças seriam diferentes e refletiriam se houve "propensão para sustentar uma mudança positiva e compreensão de como o comportamento dele afetou outras pessoas".

A liberdade condicional e o livramento condicional em experiência seriam vinculados às verdadeiras raízes da reincidência.

Menos mulheres seriam prejudicadas, menos morreriam e menos crianças seriam lesadas pela exposição aos psicopatas.

Haveria uma campanha de conscientização nacional financiada para a Educação Pública sobre Psicopatia, assim como existe para o Câncer ou a Depressão.

Reconheceríamos que o resultado para todas as mulheres é o dano inevitável porque ninguém se separa incólume da devastação do psicopata – nem a mulher, nem seus filhos.

Muitas coisas poderiam mudar se ao menos acreditássemos neste conceito: independentemente das circunstâncias, a patologia envolve um dano inevitável.

Eis alguns dos efeitos dos danos inevitáveis que as mulheres vivenciaram:

Percentual com o tipo de sintoma relatado
- 95% declararam que foram emocionalmente prejudicadas
- 85% declararam que foram psicologicamente prejudicadas
- 71% declararam que tiveram prejuízos financeiros
- 67% declararam que tiveram a carreira prejudicada
- 51% declararam que foram prejudicadas no sexo
- 51% declararam que foram fisicamente prejudicadas
- 26% declararam que também foram prejudicadas de outras maneiras

Muitas mulheres sentem que sua capacidade de ter outro relacionamento ficou permanentemente prejudicada

"Nunca mais vou namorar de novo. Não consigo confiar em ninguém. Não consigo nem mesmo ter certeza de que serei inteligente o bastante para saber quando estarão brincando comigo ou me usando [...] e também não consigo acreditar que existam por aí homens que mereçam minha confiança."

"Nosso relacionamento terminou há quatro anos e ainda tenho ataques de ansiedade quando penso em sair com alguém e namorar. Ainda estou solteira e adotei um estilo de vida eremita para garantir que nunca mais passarei por algo semelhante."

Dano emocional e psicológico

"Estou sobretudo entorpecida neste momento. Ele afetou meu nível de energia e minha capacidade de concentração. Estou esgotada e tentando processar tudo o que aconteceu."

"Estou com o meu emocional esgotado. Eu não costumava beber. Ele é alcoólatra, e eu me tornei uma ao tentar me esconder de mim mesma, dos meus sentimentos de desamparo e impotência, e para aguentar emocionalmente não importa o que acontecesse ou eu viesse a saber."

"O maior impacto foi o sentimento de culpa que eu tinha o tempo todo. Ele conseguia me manipular e eu sempre acabava sentindo pena dele. Eu sempre tinha sentimentos de culpa."

"Tudo isso na verdade destruiu minha autoestima. Minha energia emocional e mental foi consumida enquanto eu tentava encontrar um significado para o que tinha acontecido e descobrir como ficar curada."

"Descobrir que o homem que eu amava não existe [...] que o homem solteiro que me procurava com uma intenção 'respeitável' era na verdade casado. Esse tipo de traição mexeu com meu coração, minha mente e meu espírito."

Dano financeiro e profissional

Muitos dos homens iniciaram esses relacionamentos com o único objetivo de prejudicar financeiramente suas companheiras. Isso é em particular trágico, tendo em vista que as mães que criam os filhos sozinhas já correm o risco de ter dificuldades financeiras. Amigos e membros da família tiveram que assumir parte das responsabilidades dela para ajudá-la. Algumas mulheres que antes eram produtivas no trabalho foram parar em algum programa de ajuda do governo. O ônus financeiro que um psicopata traz às pessoas e à sociedade é inacreditável.

> *"Perdi minha casa por causa de todos os refinanciamentos que fizemos para poder sobreviver enquanto esperávamos que os supostos recursos financeiros dele aparecessem. Ele pegou um empréstimo dando como garantia uma propriedade que estava apenas no meu nome, levando uma vizinha a se passar por mim."*

> *"Ele gastou à vontade mais de 40 mil dólares da minha poupança e dos meus ganhos."*

> *"Quando conheci esse homem, minha única dívida era o dinheiro que eu devia dos empréstimos estudantis da pós-graduação. Agora, devo uma quantia imensa em dívidas com cartões de crédito, do pagamento de um carro e outras coisas. Ele pegava dinheiro de um lugar para cobrir um buraco em outro, e fez tudo isso sem eu saber."*

> *"Ele pegou todo o dinheiro que tínhamos. Quando seu cartão de crédito foi cancelado, ele me obrigou a estourar o meu. Ele deixou que a hipoteca da nossa casa fosse executada. E enquanto ainda estávamos casados, ele constantemente optava por se divertir em vez de pagar as contas, colocando-nos em uma precária situação financeira, devido à qual agora vou ter que entrar com pedido de falência."*

Dano físico e sexual

O dano físico é mais do que abuso físico. O dano físico também pode proceder de DSTs e dos efeitos de longo prazo do estresse sobre a saúde. Muitas mulheres contraíram herpes, outras DSTs ou hepatite. Elas sofreram danos sexuais e efeitos negativos na sua sexualidade. Tendo sido expostas a práticas sexuais pervertidas, humilhadas por causa do seu desempenho sexual ou do seu corpo, comparadas a outras mulheres, traídas e muitas vezes prejudicadas sexualmente – a maioria delas sentiu que precisava de uma cura sexual intensiva para superar os efeitos do relacionamento íntimo com um psicopata.

"Ele me incentivou a ligar as trompas (ele não gostava de usar preservativos) alegando que tínhamos um relacionamento monogâmico enquanto continuava a fazer sexo desprotegido com outras mulheres."

"Esse relacionamento causou graves estragos no meu corpo. Tenho vários problemas médicos agora. Pareço cerca de vinte anos mais velha do que na verdade sou."

Dano em longo prazo

O senso de autoestima e confiança da mulher também é afetado de forma significativa. Lembre-se de que essas são mulheres que tinham níveis muito elevados de autossuficiência e uma sólida noção do eu antes de conhecer o psicopata.

"Não tenho a menor capacidade de confiar em ninguém e me inclino a esperar o pior das pessoas. Parto do princípio de que elas vão me magoar e que não mereço deixar de ser magoada. O mais importante é que o que aconteceu eliminou a confiança que eu sentia na minha capacidade de escolher um parceiro."

"Sinto como se tivesse tirado a carta 'vá para a cadeia' e tenha que ficar sentada lá por um longo tempo antes que eu possa realmente começar a viver de novo."

"Tenho TEPT de longo prazo e há muito tempo estou recebendo aconselhamento psicológico. Minha terapeuta diz que ainda não estou pronta. Quem sabe quanto tempo isso vai durar?"

ALÍVIO: QUANDO A CURA TEM INÍCIO

A recuperação é um desafio ainda maior para as mulheres que sofreram um dano físico e psicológico tão grande. Quando o relacionamento termina, as mulheres acreditam que o "alívio" da constante manipulação psicológica, infidelidade e comportamentos patológicos será suficiente para ativar sua cura. Lamentavelmente, o TEPT e outras reações ao estresse já fizeram seu estrago e definiram o rumo. É óbvio que a cura não pode começar enquanto o trauma constante não parar, de modo que o alívio é a primeira etapa na cura. No entanto, uma trajetória ou tratamento específico de recuperação será necessário para que ela encontre o caminho de volta para si mesma. As mulheres perderam um tempo precioso na intervenção dos próprios sintomas ao não buscar ajuda desde cedo. Com seu nível de engenhosidade, ela desejará fazer as coisas sem a interferência de ninguém e não buscará ajuda, o que retarda a evolução da cura. Naturalmente, muitas buscaram ajuda, mas encontraram pouca dentro da área da saúde mental. Vamos examinar como o Instituto abordou a satisfação das necessidades das mulheres.

Níveis de cuidado do Instituto – nosso modelo de abordagem dos cuidados para os Relacionamentos Amorosos Patológicos

O Instituto emergiu como o principal serviço de apoio e provedor de tratamento para as pessoas que estão se recuperando das sequelas dos Relacionamentos Amorosos Patológicos. Embora a discussão de todos os aspectos de uma completa recuperação esteja além do escopo deste capítulo, no restante dele destacarei alguns dos profundos sintomas resultantes que mais afetam as mulheres e de que maneira o Instituto aborda a assistência a esses sintomas. O Instituto desenvolveu sua abordagem exclusiva de Modelo de Assistência criada a partir das centenas de vítimas que ajudamos até agora. Nosso modelo de abordagem leva em consideração um grande número de condições e circunstâncias relacionadas com a mulher, como os supertraços, o transtorno de estresse, a exposição a uma patologia implacável, eventos do início da infância e sua inclinação para, no futuro, voltar a escolher Relacionamentos Amorosos Patológicos.

O Instituto oferece vários níveis de assistência, dependendo das necessidades e sintomas da mulher. Cada nível de assistência foi especificamente projetado pelo Instituto, e toda a equipe de apoio usa nossa abordagem do Modelo de Assistência.

- ❖ O *Nível 1* é nosso programa de *coaching* por telefone que utiliza *coaches* de vida e de relacionamento (também vítimas desses relacionamentos) que são amplamente treinados pelo Instituto. Os *coaches* trabalham com mulheres que não têm distúrbios diagnosticáveis como depressão, ansiedade/pânico ou TEPT. O Nível 1 também inclui a disponibilidade de grupos de apoio por teleconferência, além do *coaching* individual.
- ❖ O *Nível 2* é dirigido por profissionais de saúde mental credenciados, como assistentes sociais clínicos [Licensed Clinical Social Workers], orientadores profissionais [Licenced Professional Counselors] etc. (em geral vítimas desses relacionamentos), que são amplamente treinados pelo Instituto. Os profissionais de saúde mental trabalham em particular com mulheres que têm distúrbios diagnosticáveis como TEPT, outros transtornos de estresse diagnosticáveis, depressão nervosa ou outros distúrbios de ansiedade.
- ❖ O *Nível 3* contém os programas de apoio presenciais que incluem os programas de retiro de cinco dias ou mais oferecidos várias vezes ao ano, a orientação psicológica individual com profissionais de saúde mental credenciados nos seus consultórios particulares (disponíveis apenas em algumas cidades dos Estados Unidos) e apoio individualizado com Sandra Brown na nossa sede na Carolina do Norte.
- ❖ O *Nível 4* envolve nossas intervenções intensivas, que incluem a Programação Intensiva de Pacientes Externos [Intensive Outpatient Programming (IOP)] com Profissionais de Saúde Mental Credenciados, que envolve de três a cinco horas de terapia por dia durante

ciclos de cinco a dez dias, ***ou*** o nosso Programa de Tratamento Residencial, com aproximadamente cinco a dez dias de duração, que inclui assistência semelhante à internação e também avaliações de medicamentos e tratamento.

O que as mulheres precisam para se recuperar

Educação em Patologia: Acima de tudo estão as informações sobre a educação em patologia às quais elas, e a maioria das outras pessoas, nunca tiveram acesso porque essas informações não são disseminadas. A capacidade de compreender a permanência, a dinâmica e as inevitabilidades dos relacionamentos, como reconhecê-los no futuro, os sinais de alerta, o desenvolvimento da intensidade e outras informações sobre as doenças mentais e os distúrbios de personalidade são fundamentais.

Exame dos Padrões de Seleção: O condicionamento do início da infância pode ter colocado a mulher em um caminho de padrões de seleção subconscientes. Uma dinâmica familiar patológica, a normalização de um comportamento anômalo ou a atenuação de sinais de alerta podem estabelecer padrões de seleção que se repetem ao longo da vida. É comum as mulheres não conseguirem especificar os traços, padrões e reações de atração subconscientes que vivenciam.

Apoio Especializado e Constante: A ausência de profissionais capacitados, paraprofissionais, grupos de apoio e familiares e amigos compreensivos dificulta a recuperação. Conectar a mulher a *coaches* capacitados, orientadores psicológicos e grupos de apoio e fornecer informações para que a família e os amigos entendam por que esse relacionamento é diferente dos outros, pode realmente ativar o processo de recuperação. Desenvolvemos produtos para a família e os amigos, de modo que eles possam entender melhor o que a mulher sofreu e como apoiá-la.

Gerenciamento dos Sintomas: O TEPT, a depressão, a ansiedade e o pânico são sintomas posteriores comuns. A mulher tem dificuldade em trabalhar, se curar ou seguir em frente enquanto seus sintomas permanecem inalterados. Como as mulheres são muito competitivas e criativas devido aos seus supertraços, a maioria não deseja tomar de bom grado medicamentos para os sintomas que afetam sua disposição de ânimo. No entanto, depois de um longo estresse ou uma longa exposição à psicopatia, até mesmo as mentes mais fortes exaurem a química do cérebro.

EMDR/Hipnose: Como o aprendizado dependente do estado ocorre nos estados de transe enquanto a mulher está interiorizando experiências do psicopata, essas experiências precisam ser alteradas da mesma maneira como foram criadas. A hipnose é uma excelente maneira de restabelecer a condição anterior da mulher. Além disso, a EMDR (Eye Movement Desensitization and Reprocessing [Dessensibilização e Reprocessamento por meio dos Movimentos Oculares]) processa o trauma – uma maneira suave de lidar com os *flashbacks* e os pesadelos, reduzindo o poder emocional deles sem voltar a traumatizar a mulher.

Autopercepção: As mulheres têm fatores de risco sem precedente ao ter Relacionamentos Amorosos Patológicos associados aos seus supertraços. O maior potencial para a segurança futura da mulher reside em um entendimento completo, profundo e meticuloso das próprias características, do motivo pelo qual elas são fatores de risco, de como complementam os traços de um psicopata e de como proteger esses supertraços, evitando que eles se tornem alvos.

Autocuidado: O foco no outro e o início do TEPT suprimiram o autocuidado da mulher. Para reconstruir sua vida, ela também precisa restabelecer uma rotina de atividades de recuperação diárias e semanais que a conduzam de volta ao seu nível de funcionamento anterior. Não raro, as mulheres se distraem tanto com pensamentos intrusivos que não se lembram de cuidar de si mesmas. Provavelmente há muito tempo elas não fazem isso.

Pensamentos Intrusivos/Gerenciamento dos Sintomas de Dissonância Cognitiva: Os principais sintomas que estão perturbando a capacidade da mulher de funcionar de maneira adequada são, de longe, esses dois itens. Esses são os sintomas dos quais as mulheres mais se queixam e para os quais mais precisam de ajuda. É provável que elas estejam desorientadas, porque no passado eram capazes de ter uma boa concentração e gerenciar seus padrões de pensamento. Esses são motivos pelos quais esses sintomas se tornaram de tal maneira arraigados que iremos examiná-los à parte em uma seção mais adiante.

Prevenção da Recaída: As mulheres nunca planejam voltar para o psicopata ou escolher outra pessoa exatamente como ele. Ela não percebeu que estava assinando um contrato vitalício com o demônio quando saiu com o psicopata pela primeira vez e, por certo, não procuraria de novo andar de braços dados com o mal. Mas é exatamente isso que pode acontecer. Os fatores de risco da mulher exigem alguma intervenção e prevenção para seus futuros padrões de seleção.

AJUDANDO-A A TER SUCESSO CONQUISTANDO A MENTE DELA

As mulheres não sentem que atingiram a recuperação enquanto não conseguem gerenciar seus sintomas mais aflitivos de pensamentos intrusivos (chamados de P.I.) e a dissonância cognitiva (chamada de D.C.). Esses dois conjuntos de sintomas estão relacionados com o TEPT, que é um distúrbio de ansiedade e representa algumas das reações mais fortes de ansiedade.

Pensamentos Intrusivos

Os pensamentos intrusivos são imagens ou pensamentos involuntários indesejáveis que parecem obsessivos quando a pessoa não consegue interrompê-los ou gerenciá-los. É por esse motivo que muitas das mulheres são rotuladas de viciadas em relacionamentos ou em sexo – porque seus P.I. parecem obsessivos. Outros acham que se trata de um vício, quando na realidade é uma reação de ansiedade. Os P.I. estão relacionados com um foco no passado e no futuro. Quando a mulher volta no tempo e rememora o que aconteceu antes no seu relacionamento, seus P.I. estão orientados para o passado e podem aumentar a depressão. Quando ela está preocupada com o que o psicopata está fazendo, com o que irá acontecer no futuro, ela está se concentrando no futuro e aumentando sua ansiedade.

A psicologia associa os P.I. principalmente a pensamentos traumáticos, como a simulação de um estupro sofrido. No entanto, no caso dessas mulheres, quase todos os seus P.I. são imagens e pensamentos positivos do psicopata ou do relacionamento. Esta é uma das maneiras em que os sintomas das mulheres são diferentes dos das vítimas de outros grupos.

Os pensamentos intrusivos podem ativar a liberação da adrenalina no TEPT, que então parece alimentar um ciclo de P.I. → adrenalina → P.I. → adrenalina. Os P.I. começam a fazer com que a mulher pareça estar mentalmente doente, afetam sua capacidade de focalizar, prejudicando sua carreira, a criação dos filhos, educação etc. Embora isso pareça contradizer a lógica, os P.I. parecem ter sua base na *resistência* emocional da mulher para aceitar "alguma coisa" – ou o que eu chamo de "o que é". Embora se concentrar no que sua resistência efetivamente é, na verdade, possa em teoria aumentar seus P.I. e acionar o ciclo de adrenalina, no entanto, é a repressão de enfrentar aquilo a que ela está resistindo que faz com que o ciclo de P.I. e adrenalina continue a ocorrer. Para interromper os pensamentos intrusivos, a mulher precisa enfrentar o que está no âmago da sua resistência. Existem algumas resistências básicas previsíveis:

"Se eu de fato aceitar que ele é patológico/psicopático, tudo está acabado. Não há esperança."

"Se acabar, vou ficar sozinha. Estou tão ferida; será que algum dia terei outro relacionamento?"

"Não mereço ser amada?"

"O que esse distúrbio diz a meu respeito? Eu o escolhi!"

"Será que ele vai ser feliz com outra pessoa?"

Os P.I. são criados, em parte, pelo fato de a mulher tentar permanecer afastada das informações ou sentimentos com os quais não deseja lidar. Quanto mais ela demora a lidar com eles, mais tempo passa com os P.I.

"Qualquer coisa que verdadeiramente aceitamos nos modifica."[83]

---

[83] Eckhardt Tolle.

Com o tempo, os P.I. afetam a disposição de ânimo, causando ou aumentando a depressão e a ansiedade, de modo que se os sintomas que afetam a disposição de ânimo são problemáticos, ela precisa gerenciar seus P.I. A única solução para os P.I., bem como para a ansiedade e a depressão, reside na atenção plena. O único lugar no qual a depressão e a ansiedade não existem é no momento presente. Como a ansiedade é, em grande medida, uma dispersão, ela alimenta a resistência da mulher, que permanece afastada do que ela não deseja enfrentar. No entanto, na atenção plena, que é "experimentar este momento presente", não há nem depressão nem ansiedade. O sofrimento emocional da mulher é criado a partir do momento em que ela resiste à verdade de alguma coisa – do psicopata, dela, do relacionamento, do que o psicopata é de fato, do que ele está fazendo, da incapacidade dele de sustentar a mudança ou do fim do relacionamento fantasioso.

Dissonância Cognitiva

As mulheres também têm uma versão singularmente forte da Dissonância Cognitiva (D.C.), que muitas vezes é mal compreendida pelas outras pessoas e pelos terapeutas. A D.C. envolve dois sistemas de crenças diferentes ao mesmo tempo. Isso define perfeitamente o Relacionamento Patológico porque a mulher tinha dois sistemas de crenças diferentes a respeito do psicopata dicotômico bom/mau. Na verdade, foi o fato de ela ter dois sistemas de crenças diferentes a respeito do psicopata (ele é bom, ele é mau) que criou a divisão inicial nela, causando a D.C. O motivo pelo qual a D.C. é tão forte nos relacionamentos com pouca/nenhuma consciência é o fato de os parceiros precisarem se dividir para permanecer nele. Na realidade, a mulher teve dois diferentes RELACIONAMENTOS com o psicopata dicotômico bom/mau! Cada um desses relacionamentos exigiu um sistema de crenças diferente para que a mulher permanecesse nele. Esses sistemas de crenças começam a entrar em conflito um com o outro, aumentando os pensamentos intrusivos que, por sua vez, aumentam a dissonância cognitiva, com um alimentando o outro.

Para reduzir o conflito que está vivendo devido à D.C., a mulher precisa mudar sua atitude, sua convicção ou seus comportamentos para poder permanecer no relacionamento. Ela geralmente faz isso justificando e racionalizando o comportamento do psicopata, e também justificando e racionalizando sua própria decisão de continuar nessa relação doentia.

A D.C. também é aumentada e fortalecida por vários fatores:

1. A permanência no relacionamento contra seu sistema de crenças, que lhe diz que ela deve ir embora. Isso é criado quando a pessoa percebe uma contradição lógica no próprio pensamento ou no sistema de crenças, o que sem dúvida acontece quando a máscara cai e a mulher enxerga o lado sombrio do psicopata. A dissonância acontece quando uma ideia (ele é bom) indica o oposto de outra (ele é mau). Como a dinâmica do relacionamento envolve, em grande medida, a representação do comportamento dicotômico do psicopata, não há outra maneira de ela perceber esse relacionamento exceto por meio da dissonância cognitiva. O fato de a mulher notar seu próprio comportamento contraditório (ela acredita que o parceiro seja mau, mas faz o contrário do que deveria, ou seja, ela fica) resulta em ansiedade, culpa, vergonha, raiva, constrangimento e estresse – todos relacionados com os sintomas posteriores dela. Um exemplo do que consideramos o oposto da D.C. ocorre quando nossas ideias são coerentes e nossas ações são compatíveis com nosso discurso – chamamos isso de harmonia, paz interior, congruência psicológica. Antes do psicopata, muitas mulheres eram bastante congruentes do ponto de vista psicológico. Esta é outra razão pela qual a experiência da D.C. abala tanto a vida.

2. O pensamento e a contradição comportamental também aumentam a dissonância cognitiva. A incapacidade da mulher de ter pensamentos harmoniosos com relação a "quem" o psicopata é, e ter uma opinião homogênea a respeito dele aumentam o efeito "pingue-pongue" na sua mente. Assim que a mulher tenta pensar que "ele é mau para mim", surge um pensamento intrusivo positivo de uma ocasião em que ela o percebe como "bom". Quando ela tenta se realinhar para pensar que "ele é bom para mim", surge a pressão emocional de descobrir que ele a estava traindo. A mulher nunca tem sistematicamente

a mesma opinião a respeito dele, de modo que nunca termina de fato um pensamento e nunca toma uma decisão firme sobre como lidar com esse relacionamento. Em vez disso, ela é jogada de um lado para o outro pelo efeito "pingue-pongue" sem jamais resolver um único pensamento conflitante. Nada muda porque ela nunca completa um pensamento sem ser jogada para a convicção dicotômica oposta que acaba de ter.

A contradição comportamental também existe. É provável que a mulher esteja em desacordo consigo mesma em virtude dos próprios comportamentos conflitantes dentro de si. Isso aumenta quando ela faz alguma coisa que contraria seu sistema de crenças moral ou comportamental – o que ocorre muitas vezes com um psicopata! Essas contradições comportamentais poderiam ser:

- ❖ dizer que não vai vê-lo e depois vê-lo
- ❖ romper o relacionamento e depois reatá-lo
- ❖ dizer que nunca mais vai emprestar dinheiro para ele e depois emprestar
- ❖ dizer que não vai participar de certas situações sexuais e depois participar

Em decorrência dessa contradição comportamental, a mente da mulher tenta sempre processar essas emoções opostas. Ela também tenta processar os comportamentos opostos e dicotômicos do psicopata, procurando encontrar algum significado neles que a ajude a compreendê-los e as reações que ela mesma tem em relação ao parceiro. Mas não chega a nenhuma conclusão.

Como ela estava tendo um relacionamento com o Médico e o Monstro, a D.C. faz muito sentido. Essa dissonância foi ainda mais fortalecida pela constante dinâmica requerida para que a mulher mantivesse um relacionamento com uma pessoa que tinha comportamentos tão antagônicos. Esses comportamentos antagônicos do psicopata exigiam que ela também fosse antagônica nos seus comportamentos. Ela precisava ter, igualmente, habilidades para lidar com o lado bom e o lado mau dele.

Fantasia

No entanto, lidar com a D.C. não é a única coisa que ajudará a mulher a alcançar a estabilidade mental. Ela também precisa lidar com as memórias positivas de que o relacionamento daria certo se as fantasias que ela tem de "*Se ao menos ele...*" ou "*Se eu pudesse...*" se concretizassem. Como as mulheres tendem a ter pensamentos intrusivos positivos (mais do que negativos), rever mentalmente esses pensamentos a conecta com as emoções que foram criadas durante a formação das memórias com o psicopata. (Esse é o processo do aprendizado dependente do estado que discutimos no capítulo sobre hipnose.)

Rever a gravação de uma memória positiva apenas traz à baila os bons sentimentos e gera mais pensamentos intrusivos, o que faz então com que a dissonância cognitiva tenha início – porque o psicopata NÃO É bom por completo! Quanto mais a mulher mantém essas imagens positivas dentro de si, mais forte a memória sentimental se torna. Quanto mais forte a emoção, maior o risco de ela pegar o telefone e ligar para ele.

No entanto, as memórias positivas (e as emoções correspondentes) que ela tem são em sua maioria fantasiosas. Essa lembrança afetuosa de um homem acima de tudo amável não reflete quem o psicopata é de verdade. Ele está longe de ser amável. Os pensamentos dela não se conectam com o que é racional porque, interiormente, as emoções e a memória se transformam em um coquetel químico nebuloso que a inunda de oxitocina e aumenta a intensidade do que ela sente.

A mulher precisa aprender o processo irônico de reformular as imagens fantasiosas que tem do psicopata. Chamado de *Terapia Provocativa* – esse processo desafia sua lealdade insana, seu pensamento fantasioso e o comportamento dicotômico incomum do psicopata que ela tornou aceitável. O processo utiliza o exagero, a ironia e a ajuda a autodepreciar sua confiança irrealista e as suposições absurdas a respeito das verdadeiras motivações de um psicopata! Até mesmo o humor é inserido para torná-la sensível aos próprios contrassensos quando se trata de confiar no inconfiável, amar o demônio ou acreditar em um mentiroso patológico.

"Você sente saudades do seu relacionamento com um psicopata?"

"Quando você era pequena, você sempre teve esperança de que iria se casar com um psicopata quando crescesse, certo?"

"Você torcia para que seus filhos fossem criados por um psicopata viciado em sexo?"

"Você sente falta do sexo degradante que tinha com um psicopata?"

"Você gostaria de poder dar ao psicopata mais dez mil dólares do seu dinheiro, não é mesmo?"

A resposta da mulher a todas essas perguntas é um enfático "Não!". Essa reformulação provocativa joga um balde de água fria em uma fantasia irracional movida a oxitocina. As mulheres disseram que conseguem sentir uma mudança imediata quando esses desafios verbais lhes são apresentados. Elas conseguem "sentir uma diferença", muitas vezes chamada de mudança de paradigma, no cerne onde vivenciam essas emoções. A capacidade que a mulher tem de reformular o próprio raciocínio a ajudará a remover as reflexões fantasiosas, a inundação de memórias positivas e os pensamentos intrusivos, bem como a desafiar a dissonância cognitiva – tudo o que a impede de alcançar a recuperação.

CONCLUSÃO

Analisamos os estragos causados pelo dano inevitável do qual as mulheres precisam se recuperar. Este capítulo ajudou a examinar alguns dos elementos que as auxiliam a iniciar o processo de cura. Não raro, fico impressionada com duas coisas a respeito das mulheres:

- ❖ como elas de fato estão prejudicadas em um nível profundo e essencial, porque é isso que a patologia "causa"
- ❖ e como as mulheres são surpreendentemente resilientes, tendo em vista o profundo dano

No entanto, isso não significa que a recuperação não seja longa. Ser prejudicada pela pessoa mais perturbada do planeta traz consequências dispendiosas, umas delas é a demora no tratamento. A boa notícia é que *o que* está sintomaticamente errado com a mulher tem grandes possibilidades de ser tratado, e *ela* é bastante tratável e resiliente. Afinal de contas, essa é a mulher que possui todos esses supertraços para a tarefa da cura. Ela tem a excelente estrutura interna de um temperamento forte que contribuirá muito para a própria cura.

Entretanto, ela também precisa de profissionais e paraprofissionais capacitados e disponíveis que possam ajudá-la a alcançar suas metas de recuperação. Com 100 milhões de pessoas negativamente afetadas pela patologia de outra pessoa, não temos nem de longe opções de tratamento e provedores de cuidados suficientes para as vítimas que os psicopatas fazem todos os dias. Precisamos de mais pessoas capacitadas:

- *coaches* de vida e de relacionamento que possam oferecer apoio
- grupos de apoio facilitados por iguais em comunidades em todo o país
- profissionais de saúde mental credenciados e capacitados que tenham estudado a patologia na pós-graduação
- programas intensivos de tratamento de pacientes ambulatoriais, pacientes internados e residenciais

O Instituto oferece treinamento para terapeutas, *coaches*, facilitadoras que passaram anteriormente pelo mesmo problema, organizações e entidades de mulheres, e centros de tratamento. Acolhemos a oportunidade de adicionar mais opções de recuperação para as mulheres em todo o mundo.

No entanto, quem é mais importante do que as crianças, que são tão afetadas pelo transtorno patológico de um pai psicopata? Vamos ver o que acontece com elas.

15

COMO FICA O DANO INEVITÁVEL ÀS CRIANÇAS?

"Quem faz perguntas sobre a nossa infância quer saber alguma coisa a respeito da nossa alma."

– Erika Burkhart

As crianças são expostas a um dano inevitável igual, ou até mesmo pior, o que significa que elas também precisam de tratamento para ficar curadas. As mulheres podem reconhecer a flagrante desagregação de si mesmas no relacionamento com o psicopata, mas às vezes pensam que ele *pode* ser um bom pai para os filhos. Por mais difícil que seja para a mulher aceitar que a patologia é permanente, é ainda mais difícil para ela acreditar que a patologia dele seja tão perversa que o levaria a prejudicar os próprios filhos – aberta ou secretamente. Os psicopatas, com sua tendência para perturbações mentais, comunicação distorcida, distúrbios do controle de impulsos, vícios e outros problemas de saúde mental são tão ruins como pais quanto como parceiros (ou até mesmo piores). É vergonhoso que essa não seja a opinião dos nossos tribunais.

O que um psicopata pode oferecer a uma criança? Esta é a lógica insana que a sociedade compartilha com as mulheres – "Todas as crianças precisam do pai". Vou ser bem clara: nenhuma criança precisa, ou merece, um psicopata. Não está convencido? Então vamos observar os tipos de características patológicas que eles trazem à criação dos filhos quando examinamos os antissociais, os narcisistas e os psicopatas.

Marque mentalmente *qualquer uma* das seguintes qualidades que represente o que uma mãe DESEJARIA em um pai que tenha acesso aos seus filhos.

___ Impulsividade
___ Falta de coerência interna
___ Baixo sentimentalismo
___ Apego superficial
___ Desorganização e falta de rotina
___ Nenhuma empatia
___ Baixo comportamento prestimoso com relação aos outros
___ Nenhuma compaixão
___ Nenhuma tolerância
___ Baixa responsabilidade
___ Incapacidade de obedecer às normas e leis sociais
___ Enganoso, irritável e agressivo
___ Desconsideração descuidada pela segurança dos outros
___ Sentimento grandioso da própria importância
___ Envolvido com fantasias de poder
___ Toma a si mesmo como ponto de referência para sua singularidade
___ Requer um excesso de admiração
___ Considera-se privilegiado
___ Explorador interpessoal
___ Arrogante
___ Mentiroso patológico
___ Falta de remorso ou culpa
___ Sexualmente promíscuo
___ Falta de metas realistas de longo prazo
___ Incapacidade de aceitar a responsabilidade pelas próprias ações
___ Muitos relacionamentos conjugais de curto prazo
___ Revogação de liberdade condicional
___ Versatilidade criminosa

Como a patologia é marcada pela incapacidade de sustentar uma mudança positiva, crescer em qualquer profundidade emocional ou desenvolver compreensão a respeito de como seu comportamento afeta negativamente os outros, as aulas compulsórias sobre a criação dos filhos, o gerenciamento da raiva, os programas de intervenção para agressores, a visitação supervisionada e todas as outras ferramentas ilusórias e ineficazes de gerenciamento que utilizamos apenas expõem de uma maneira ainda mais penosa as crianças a pessoas com pouca ou nenhuma consciência. Causa surpresa o tipo de ações que as pessoas portadoras de patologias praticam contra seus filhos?

Segundo o dr. Kirkman, as mulheres relataram que os homens psicopáticos cometeram abuso psicológico contra seus filhos:[84]

1. Mentindo para eles
2. Não dando atenção a eles
3. Deixando de prover a subsistência deles
4. Praticando *bullying* e aterrorizando-os
5. Deixando de cumprir promessas que fizeram a eles
6. Destruindo os brinquedos deles

Isso é apenas a ponta do iceberg. **Por que achamos que uma pessoa que é suficientemente patológica para fazer mal a adultos não terá uma patologia que prejudicará ainda mais as crianças?** Esses distúrbios patológicos são, na verdade, o abuso do poder sobre os outros. Quem é mais impotente do que uma criança?

> *"Quando pais antissociais ao extremo residem com a família, os filhos correm o risco duplo de ser alvo de um comportamento antissocial. Eles correm um risco genético porque o comportamento antissocial é fortemente hereditário. Além disso, os mesmos pais que transmitem os genes*

---

[84] Kirkman, C. A. From Soap Opera to Science: Towards Gaining Access to the Psychopaths Who Live Amongst Us [Dos Seriados à Ciência: Rumo a Conseguir Acesso aos Psicopatas que Vivem Entre Nós]. *Psychology and Psychotherapy: Theory, Research and Practice,* pp. 78, 379-96, 2005.

também propiciam o ambiente em que a criança é criada. Descobrimos que o comportamento antissocial do pai era responsável pelos problemas de comportamento dos seus filhos independentemente de qualquer risco genético que ele possa ter transmitido, sobretudo quando ele residia com a família e passava tempo cuidando dos filhos." – Sara R. Jaffee, Ph.D., King's College, Londres.

Os pais patológicos influenciam de uma maneira trágica o comportamento dos filhos. As crianças passam a imitar o que veem enquanto estão com o pai (ou com a mãe). Na melhor das hipóteses, a supervisão é escassa, e os pais esperam que a criança seja seu próprio adulto. Como quase todos os portadores de patologias não têm emocionalmente mais do que 10 a 14 anos, trata-se de jovens liderando jovens. Os pais patológicos escolhem ser um colega em vez de um pai ou uma mãe e, com frequência, tratarão até mesmo crianças pequenas como se fossem seus "amigos". A impulsividade do rito de passagem do pai é comum, no qual os meninos recebem cerveja, pornografia, prostitutas e as chaves do carro, ou são tratados como um "companheiro de fraternidade".

As meninas são usadas como empregadas – forçadas a limpar a casa, cozinhar para o pai ou mãe adulto, mas que na verdade ainda é uma criança. A sexualização do corpo emergente das meninas é comum. Sem dúvida, o abuso sexual tanto de meninos quanto de meninas também é comum. Tendo em vista que muitos psicopatas andam na companhia de outros psicopatas, não é raro que as crianças sofram abuso dos amigos dele durante a sua supervisão relaxada. Elas também são expostas a batidas policiais, brigas, à prisão do pai, sexo acontecendo no quarto vizinho, são conduzidas em carros a alta velocidade sem a cadeirinha, são deixadas com pessoas que não conhecem, comem *junk food* durante dias seguidos e não têm hora certa para dormir. As crianças chegam em casa devastadas pelo excesso de exposição patológica em um fim de semana conturbado. Meses ou anos se passam enquanto as crianças são regularmente expostas a um comportamento anormal e à criminalidade. Os sintomas da própria criança no que diz respeito a problemas de controle dos impulsos, raiva, *gaslighting*, mentiras, agressão, roubos e desafios têm início e as mães se perguntam "por que" o filho ou a filha dela está mudando.

No entanto, os portadores de patologias tendem tanto a ser permissivos quanto a deixar de cuidar dos filhos de forma adequada. Quando os portadores de patologias possuem níveis mais elevados de narcisismo, muitas vezes expõem os filhos a excessos. Certo narcisista comprou uma casa de quase 400 m^2 ao lado da sua para que a filha de 2 anos pudesse ter uma casa de brinquedo de tamanho adequado e mobiliou-a com todas as coisas imagináveis, contratou inclusive uma equipe de funcionários. Com essa idade, ele determinou que a menina não precisava tirar uma soneca, andar no *shopping* acompanhada ou ficar no carrinho apenas porque "ela não gosta". Na medida em que os filhos dos narcisistas são inteligentes, atraentes, talentosos e se saem bem na escola ou nos esportes, eles com certeza serão muito mimados. As crianças que são "academicamente deficientes", não estão interessadas em esportes, são *nerds* ou sem atrativos serão, ao que tudo indica, desprezadas ou sofrerão abuso por parte do narcisista, o qual poderá inclusive deixar de sustentá-las. O grau de investimento do narcisista na criança é proporcional à maneira positiva que ela "reflete" o narcisista. Os portadores dos transtornos da personalidade antissocial e da personalidade *borderline*, bem como os psicopatas, são mais propensos a fazer a criança agir como pai ou mãe e levá-la a cuidar emocionalmente deles. Certo psicopata disse o seguinte para sua filha de 13 anos:

"Vá pegar uma cerveja para mim! Leve sua bunda de piranha para a cozinha e prepare alguma coisa para eu comer. Das 17h de sexta-feira até as 17h de domingo, eu sou a SUA ocupação."

Os tribunais agem como se não tivéssemos nenhuma referência clínica para o que acontece às crianças que são criadas por pessoas portadoras de distúrbios com pouca ou nenhuma consciência. Sabemos muito bem o que acontece com elas. Por que temos grupos de Filhos Adultos de Pais Narcisistas, tratamentos, livros e listas de verificação de sintomas de adultos? Se não sabemos no que se transformam as crianças que são criadas por narcisistas, por que temos listas de verificação de sintomas de adultos? O mesmo ocorre com relação aos portadores dos transtornos da personalidade *borderline* e da personalidade antissocial, bem como aos sociopatas e psicopatas. Em todo o nosso "sistema de proteção politicamente correto", queremos fingir que todos os pais são criados da mesma maneira e apresentam os mesmos traços e habilidades na criação dos filhos. No entanto, os portadores de patologia não têm essas habilidades. Eles apresentam as habilidades tóxicas relacionadas anteriormente – comportamentos que prejudicam as crianças e contribuem para a inclinação destas para desenvolver a mesma patologia do pai ou da mãe. Se há uma afirmação que este livro deixou bem clara é que não precisamos de mais patologia neste mundo.

Sabemos o que a exposição a pais patológicos (de ambos os sexos) causa aos filhos, quer o tribunal reconheça isso ou não. Existem livros que destacam o dano profundo provocado por essa exposição. Eis alguns títulos:

- *Surviving a Borderline Parent: How to Heal Your Childhood Wounds and Build Trust, Boundaries and Self Esteem*
- *Toxic Parents: Overcoming Their Hurtful Legacy and Reclaiming Your Life*
- *Children of the Self Absorbed: A Grown Ups Guide to Getting Over Narcissistic Parents*
- *The Batterer as Parent*
- *The Wizard of Oz & Other Narcissists: Coping With the One-Way Relationship in Work, Love & Family*
- *Working with Monsters: How to Identify and Protect Yourself from Workplace Psychopaths*
- *The Narcissistic Family*
- *Understanding the Borderline Mother: Helping Her Children Transcend the Intense, Unpredictable and Volatile Relationship*
- *Adult Children of Narcissistic Personality Disorder*
- *The Psychopathy of Everyday Life: How Antisocial Personality Disorder Affects All of Us*

Que distúrbios nós *achamos* que as pessoas e as famílias têm nos programas de debates da televisão? É um retrato da patologia. Assistimos aos programas da televisão boquiabertos diante das atrocidades de comportamento, da doença mental e do abuso psicológico de pais patológicos e das pobres crianças criadas por eles. Lamentavelmente, a patologia se tornou um entretenimento quando acreditamos que "ninguém é de verdade tão perturbado!". Mas eles são, e os tribunais permitem que esses pais pratiquem abuso contra os filhos através do ato de "cuidar deles".

"No início do relacionamento, (ele) se saiu bem, parecia ter laços emocionais com meus filhos e brincava bastante com eles. À medida que o relacionamento progrediu, ele começou a rejeitá-los, começou a me dizer que odiava os cachorros e não dava mais atenção ao meu filho. No final, ele me disse que queria dar um tiro nos cachorros e tinha lutado fisicamente com meu filho, que na ocasião tinha 15 anos. Ele continuou a se dar bem com a minha filha, até que ela o rejeitou depois que ele bateu em mim e me ameaçou com uma arma."

"Ele agia como o 'pai do ano' com o bebê em público, mas no instante em que chegávamos em casa, ele atirava o bebê na cadeirinha do carro que estava sobre a mesa e começava a jogar video games.*"*

"As crianças eram como empregados para ele, e tinham que se comportar e fazer as coisas com perfeição, senão... Ele controlava cada aspecto da vida delas. Elas nunca eram boas o bastante, ele nunca as elogiava. Ele usava o medo para controlá-las."

CONFUNDIDO NOS TRIBUNAIS

Naturalmente, muitas mulheres reconheceram que a patologia não deveria fazer parte da criação dos filhos — mas o tribunal encara isso de uma maneira diferente. Com a mesma frequência com que a mulher apresentou evidências do comportamento negligente do psicopata com as crianças, e até mesmo abusivo e traumático, os tribunais decidem que as habilidades que ele usa para lidar com as crianças são efetivamente utilizadas para criar os filhos e não apenas habilidades criminosas. Os tribunais aplicam abordagens formulistas, como se todos os pais tivessem as mesmas inclinações ou problemas. Os psicopatas são misturados no sistema como um pai normal que está presente na vida do filho, tratado como se desse o mesmo amor e saúde mental à criança que um pai normal dá.

Para sanar sua criminalidade crônica, ele é guiado através de um programa ilusório de tratamento que consiste de prestadores de serviço que não reconhecem a psicopatia. Desse modo, ele é colocado em programas de gerenciamento da raiva, orientação psicológica, terapia de grupo, intervenção para agressores, tratamento de drogas ou mediação para casos de conflito elevado. São dezenas de tentativas e anos de tratamento que não surtem efeito enquanto o psicopata continua a receber oportunidades, nesse meio-tempo, para destruir os próprios filhos. Pessoas não qualificadas e não treinadas redigem relatórios a respeito dos "progressos" dele no tratamento, o que é um exemplo das suas habilidades de manipulação psicológica de pessoas aparentemente especializadas que deveriam ter conhecimento sobre sua patologia.

A mãe protetora é rotulada de alienadora parental por tentar poupar seu filho da exposição ao mal. Ela é rotulada de neurótica, egoísta e não cooperativa. Ela é encaminhada para fazer testes psicológicos, mas o psicopata não (ou, quando é, os psicólogos usam o instrumento de teste errado e ele parece normal). Quando o psicopata apronta de novo, suas visitas passam a ser supervisionadas, até que o supervisor remunerado também fica encantado com a atenção que ele dispensa aos filhos. Com todo o tratamento e apoio da assistência social a que foi submetido, ele emerge parecendo mais perspicaz do que um aluno de pós-graduação. Com seu TEPT, pensamentos intrusivos e elevada evitação de danos – a mulher parece estar confusa e neurótica, enquanto o psicopata está calmo, sereno, embora totalmente perturbado.

Organizações como Protective Mothers Alliance e Parents Without Custody enfatizam nossa incapacidade social e judicial de reconhecer e acreditar no que a patologia faz às crianças. Quando o pai ou a mãe não patológico é despojado dos seus direitos ou habilidades de criar os filhos, porque o psicopata é extremamente convincente nos tribunais, e estes permanecem sem tomar conhecimento real sobre a questão, temos outra geração de dano inevitável com números crescentes de novos casos de patologia surgindo na nossa já florescente sociedade doentia.

> *"Ele usava os filhos como joguetes e os incentivava a odiar o padrasto e a encarar a mãe como aquela que estava errada. Ele se retratava como uma grande vítima das atitudes e regras injustas da ex-mulher, e encorajava os filhos a também vê-la assim. Mas ele sempre encerrava desta forma a crítica que estava fazendo: 'Mas não estou dizendo que ela seja uma mãe ruim'. Até parece..."*

> *"Ele denuncia alienação parental, mas é ele quem faz isso. Ele denuncia negligência, mas negligencia. Ele faz tudo o que me acusa de estar fazendo. Estou desamparada, porque o tribunal nunca enxerga a situação como ela é."*

ESTAMOS SURPRESOS?

As crianças desenvolvem seu próprio conjunto de comportamentos patológicos, imitando a visão de mundo patológica do psicopata. Esses distúrbios nas crianças, que são com frequência precursores da psicopatia adulta ou de outros transtornos de pouca consciência, incluem o Transtorno de Oposição Desafiante, Transtorno da Conduta Infantil e o Transtorno de Apego Reativo. Eis alguns dos sintomas nas crianças que reproduzem os sintomas da mãe ou pai patológico:[85]

Transtorno de Oposição Desafiante

A criança perde a calma com frequência, discute com os adultos, desafia ativamente ou se recusa a respeitar as regras dos adultos, irrita as pessoas de modo deliberado, culpa os outros por um mau comportamento, é melindrosa e fica irritada, zangada e se ofende com facilidade, é maldosa ou vingativa.

---

[85] American Psychiatric Association. *Diagnostic and Statistical Manual of Mental Disorders*. 4ª edição. Washington, D.C.: American Psychiatric Association, 1994.

Em casos mais extremos (ou à medida que a criança vai ficando mais velha):

Transtorno da Conduta Infantil

A criança pratica *bullying* com frequência, faz ameaças, intimida os outros, inicia brigas físicas, já usou uma arma para agredir os outros (tijolo, garrafa quebrada etc.), já foi fisicamente cruel com pessoas ou animais, roubou enquanto confrontava uma vítima, obrigou alguém a praticar uma atividade sexual, ateou fogo de modo intencional em algum lugar, destruiu de propósito a propriedade de outra pessoa, arrombou casas, mentiu para conseguir coisas ou favores, já roubou objetos de valor significativo, passou noites fora apesar da proibição dos pais, fugiu deles, matou aula.

Transtorno de Apego Reativo

A criança é excessivamente inibida, hipervigilante ou ambivalente e tem reações contraditórias às pessoas que cuidam dela. Não tem os afetos apropriados (exibindo, por exemplo, uma familiaridade excessiva com desconhecidos ou uma falta de seletividade de escolha das figuras de afeto). O *cuidado patogênico* (essa palavra por si só encerra uma pista!) é evidenciado por uma das seguintes atitudes: desprezo persistente pelas necessidades emocionais básicas da criança de conforto, estímulo e afeto; desprezo persistente pelas necessidades físicas da criança, substituições constantes da principal pessoa que cuida da criança, o que a impede de formar laços afetivos estáveis.

Isso faz lembrar alguém? Esses sintomas são muito semelhantes aos da pessoa com pouca ou nenhuma consciência. Por que acreditamos que as crianças não são influenciadas pela exposição à patologia? Vimos os profundos comportamentos semelhantes a síndromes, entre eles o TEPT, com os quais as mulheres emergem do relacionamento com o pai da criança. No entanto, como é possível que os tribunais acreditem que as crianças, com uma personalidade meiga e susceptível em desenvolvimento, não serão negativamente afetadas embora a mãe delas tenha sido? Não é de causar surpresa que as crianças também revelem um TEPT significativo que se manifesta ou em uma *persona* de vítima ou em comportamentos do tipo antissociais pré-patológicos nos Transtornos da Conduta Infantil e de Oposição Desafiante.

Acordem, tribunais! A sociopatia é criada a partir dos ambientes tóxicos do início da infância. Essa toxicidade é, em grande medida, a exposição de uma criança a como a pessoa com pouca ou nenhuma consciência pensa, sente, se relaciona e se comporta durante a criação dos filhos. Quer dizer, a sociopatia pode ser formada nas crianças a partir da exposição a outros sociopatas e psicopatas. Como o comportamento do psicopata está repleto de ações e sistemas de crenças antissociais, não deveríamos ficar chocados ao encontrar crianças absorvendo ideias e atitudes que ele tem, como racismo, sexismo, exposição ao vício/perversão sexual, o uso aberto de drogas e álcool, raiva incontrolada ou outros problemas de impulso, como dirigir em alta velocidade, gastar em excesso e seduzir as mulheres.

À medida que as crianças são criadas por pessoas com pouca ou nenhuma consciência, nossa sociedade continua a produzir cada vez mais patologia por meio da exposição.

- ❖ As mulheres continuam a ter filhos com psicopatas que têm fatores de risco genéticos para transmitir a patologia aos filhos.
- ❖ As crianças são criadas por psicopatas e por pessoas com pouca ou nenhuma consciência, o que produz fatores de risco sociais pela aquisição da patologia a partir da exposição à visão de mundo patológica deles e a estilos psicopáticos de criação dos filhos.

De alguma forma, essa insanidade precisa parar!

CONCLUSÃO

O futuro da educação focada na psicopatia

Mas ela só vai parar quando houver uma completa conscientização frontal pública sobre o mal que se dissemina no mundo geração após geração. As mulheres não são capazes de evitar o que não entendem. Os psicoterapeutas não são capazes de diagnosticar o que não conhecem. Os tribunais não podem decidir de uma maneira diferente enquanto não compreenderem (e acreditarem!) a permanência da patologia. Os adolescentes não podem escolher melhor os parceiros se não souberem como reconhecer o distúrbio. As vítimas não podem se recuperar se não conseguirem encontrar ajuda bem-informada.

O Instituto acredita que precisa haver um maior investimento em:

- Pesquisa de Vítimas e treinamento das melhores abordagens para outros profissionais.
- Uma Campanha Publicitária Nacional sobre Psicopatia, para que as pessoas possam aprender a reconhecer, evitar ou romper com aqueles que irão infligir um dano inevitável.
- Treinamento Legal e Judiciário, para que os tribunais cooperem com o que é um comportamento realista para os psicopatas e ativamente protetivo para suas vítimas e filhos.
- Treinamento de Identificação da Patologia para o gerenciamento da raiva, intervenção para agressores e outros serviços nos quais os psicopatas tendem a conseguir passar despercebidos.
- Melhores abordagens da Patologia ao considerar a custódia das crianças e a exposição deliberada à patologia de um dos pais.

O Instituto tem grande esperança de que se desenvolvam campanhas para proporcionar a educação de que todos precisam para evitar ou se curar do dano inevitável. As mulheres e as crianças merecem isso. Se quisermos ver a patologia diminuir, precisamos abordar os problemas que a patologia cria.

"Todo início é uma consequência. Todo início termina em alguma coisa." – Paul Valery

AS HISTÓRIAS DAS MULHERES

"Existem anos que fazem perguntas e anos que respondem."
– Zora Neale Hurston

A HISTÓRIA DE REBECCA

Meu marido, com quem eu era casada havia 24 anos, morreu fortuitamente quando ambos tínhamos apenas 49 anos. Meus filhos estavam crescidos e já tinham saído de casa. Eu me mudei para outro lugar onde não conhecia ninguém e tinha muito pouco apoio de outras pessoas. Eu estava solitária e sofria muito, e uma amiga sugeriu que eu usasse um serviço de namoro *on--line*. Eu era muito ingênua e forneci informações em excesso a respeito de ser viúva, uma profissional de nível superior e solitária. Recebi uma mensagem sem foto de um homem que disse residir na mesma região, mas que viajava grande parte do tempo a negócios. Ele me deu seu número de telefone e eu liguei para ele. Conversamos durante horas na primeira noite, e eu achei que tinha encontrado minha alma gêmea.

Eu estava prestes a partir em um cruzeiro. Conversamos antes de eu viajar e passei grande parte do tempo no navio enviando e-mails para ele. Depois do cruzeiro, ele me levou para dar uma olhada em algumas casas de um milhão de dólares que estavam à venda (imagino que ele estava pretendendo me impressionar), dizendo que tinha acabado de vender sua casa e ainda não havia comprado outra. Uma semana depois, sem discutir o assunto comigo, ele tinha se mudado para minha casa e me pediu uma "prova de confiança" no nosso relacionamento. Eu não tinha muita certeza do que isso significava, mas fiz um cheque para ele de 70 mil dólares que ele disse que guardaria na carteira e não descontaria.

Eu tinha dois carros que estavam pagos, e ele achou que não era seguro dirigi-los e que eu deveria comprar algo melhor. Ele disse que para maximizar o retorno dos meus dois carros eu deveria trocá-los por um veículo mais sofisticado, de modo que ele negociou uma transação na qual eu entreguei meu SUV e um Corvette, entrei com mais 40 mil dólares, e recebi um BMW 645 novo. Para que ele pudesse vendê-lo para mim, tive que colocar o carro no nome dele. Dois anos e meio depois, ele ainda está dirigindo o carro. Ele nunca teve a intenção de vendê-lo. Tenho agora um veículo arrendado pelo qual eu pago prestações mensais e ele dirige o carro pelo qual eu paguei.

Sou uma mulher muito inteligente. Sou contadora pública registrada e tenho mestrado em tributação. Eu deveria saber das coisas, mas me sentia impotente para dizer "não" a esse homem. Esses dois episódios foram o começo de muito dinheiro que dei a ele. Ao longo de dois anos e meio, coloquei mais de 500 mil dólares na mão dele. Na ocasião, o mercado imobiliário estava bom na Flórida e eu tinha três propriedades que estavam valorizando, de modo que consegui tomar empréstimos imobiliários quando meu dinheiro acabou. Ele estava sempre pedindo dinheiro emprestado e dizia que ia me pagar depois. Ele me convenceu a colocar seu nome como coproprietário da propriedade mais cara que eu possuía.

Lidar com ele era caótico e exaustivo. Ele podia ser o homem mais doce do mundo, me fazer rir e me fazer sentir feliz e contente. Ele saía de casa e dizia "daqui a pouco eu volto" e eu não o via durante dias, ou até mesmo durante duas ou três semanas.

Ele aparecia sábado à noite, saíamos para jantar fora (eu pagava), voltávamos para casa, ele se arrumava todo, saía e depois voltava para casa às duas da manhã. Ele nunca me dizia onde gastava o dinheiro ou onde estivera. Ele me fez acreditar que trabalhava para a CIA ou outras operações altamente secretas do governo. Ele também pregava muito cristianismo para mim e me dizia várias vezes que eu era uma pessoa muito negativa (em geral por confrontá-lo a respeito do dinheiro, das mentiras dele ou de onde ele estivera) e que eu deveria ter "pensamentos mais positivos".

O caos da minha vida com ele afetava meu trabalho. Ele me telefonava durante o expediente para me pedir dinheiro ou porque queria conversar. Perdi meu emprego em uma empresa contábil nacional onde eu tinha excelentes benefícios e acabei indo trabalhar em uma firma local menor porque perdi a capacidade de me concentrar e tomar decisões. Minha confiança e autoestima foram destruídas! Ele me fazia questionar tudo o que eu realizava e, geralmente, qualquer decisão que eu tomasse era a decisão errada. Sendo assim, não consegui mais tomar decisões. Fiquei paralisada.

Meu estresse continuou a aumentar. Ele não me ajudava nas tarefas domésticas e depois desaparecia durante semanas. Eu me acostumava a ficar sozinha de novo, mas ele reaparecia e todo o ciclo recomeçava. Acho que ele fazia isso para me manter desequilibrada.

Durante esse período, fui diagnosticada com câncer de mama, e acredito que o estresse de lidar com ele, aliado aos problemas de dinheiro, contribuiu para o câncer. Durante meus tratamentos, ele dizia que "estava do meu lado", mas pegava meu cartão do banco e tirava dinheiro da minha conta no caixa eletrônico sem que eu soubesse. Ele me levava de carro até o hospital quando eu ia fazer um procedimento, me deixava na porta da frente, voltava para casa e se deitava de novo para dormir.

Durante minhas sessões de tratamento do câncer, enquanto eu não podia trabalhar, tive que sacar 80 mil dólares para fazer todos os pagamentos da hipoteca, o que resultou em um grande saldo devedor com a Receita Federal por eu ter sacado dinheiro do meu 401k. Eu queria vender a propriedade para ter fluxo de caixa, mas ele sempre ficava contrariado e dizia que eu não deveria vender naquela ocasião.

Hoje, entrei com um pedido de falência. Perdi cerca de um milhão de dólares em propriedades porque não pude pagar as hipotecas e contas mensais. Meu crédito está arruinado. Tive que pedir dinheiro emprestado a uma das minhas irmãs para poder me mudar para outro estado. Essa é uma grande mudança para uma pessoa que tinha 400 mil dólares em uma poupança como eu costumava ter, além de dois carros e uma casa pagos.

Apesar de tudo isso, me mudar daquela região foi a decisão mais difícil que eu já tomei. Eu sabia que era a melhor coisa que eu podia fazer para minha saúde emocional, mas doeu muito saber que eu não o veria de novo. Eu amava aquele homem, ou o homem que eu achava que ele era. Mas minha vida decididamente mudou de forma drástica por eu tê-lo conhecido e amado.

Eu não teria conseguido me libertar dele sem me mudar para o outro lado do país. Ele tem alguma coisa que não sei explicar e eu me sinto como se estivesse viciada nele. Houve o abuso financeiro, mas também esse vício emocional que tenho por ele. Todas as vezes que ele pedia dinheiro, embora eu soubesse que não queria dá-lo a ele, eu dava mesmo assim e isso criava um conflito interior em mim.

Hoje, confio muito menos nas pessoas. Não quero mais me relacionar com ninguém. Estou fazendo terapia para tentar compreender por que deixei que isso continuasse. Consigo perceber que ele entrou na minha vida em uma época em que eu estava muito solitária e ele satisfez essa necessidade durante parte do tempo. Acredito que estou ficando curada e tenho esperança para o futuro.

A HISTÓRIA DE CHRISTINE

Nós nos conhecemos *on-line* em um site cristão. Ele foi casado uma vez e teve duas filhas com a primeira esposa. Eles foram namorados no ensino médio e ele afirmava que nunca a amara e que só se casara com ela por se sentir pressionado. Depois de sairmos durante duas semanas, ele quis que começássemos a namorar, mas eu não me senti realmente à vontade com essa ideia. Ele disse que o relacionamento teria que terminar caso não namorássemos. Ele disse que se importava demais comigo para me ver saindo com outras pessoas. Namoramos durante duas semanas e as coisas foram intensas desde o início. Ele morava em um estado vizinho e dirigia por uma hora para me ver todos os fins de semana. Às vezes, ele simplesmente aparecia e "me fazia uma surpresa" durante a semana. Eu me sentia especial e aguardava ansiosa pelos dias que passaria com ele. Ele foi muito romântico nesse período.

Ele me falou de sua infância, e senti pena dele. Eu achava que seria a pessoa que o ajudaria a tornar o resto da sua vida melhor. Ele me disse que sua ex-mulher o fazia se sentir excluído e que ela dava muita atenção às filhas. Ficamos noivos após apenas seis meses de namoro. Ele começou a dizer coisas muito cruéis para mim, mas quando não estávamos juntos eu sentia a ansiedade da separação; eu simplesmente "tinha" que vê-lo. Era doloroso e às vezes eu chorava muito. Nunca me ocorreu que aquilo não era normal.

Vi como ele era cruel com a irmã e descobri que ele costumava bater na antiga namorada. Ele me disse que isso tinha acontecido havia muito tempo, que "tinha encontrado Deus" e que as coisas agora eram diferentes. Também disse que a ex-namorada tinha sido violenta com ele e que ele fizera aquilo para se proteger. Minha amiga marcou um almoço com a ex-mulher dele para que eu pudesse ouvir de primeira mão como era ser casada com ele. Não acreditei no que ela disse e achei que estava sendo tendenciosa. Senti que deveríamos diminuir o ritmo do relacionamento, mas ele disse que não poderia esperar tanto tempo para estar comigo, que sentia muito a minha falta quando estávamos longe um do outro. Lembro-me de como fui infeliz durante o noivado; as coisas não eram nem um pouco como eu achava que deveriam ser. Depois de apenas um mês de noivado, nós nos casamos.

Nossa lua de mel foi em Las Vegas, para onde eu disse que não queria ir. Fiquei esperando no carro durante uma hora enquanto ele jogava para ganhar dinheiro e pagar nosso quarto de hotel.

Quando nosso relacionamento começou a degringolar, procuramos orientação psicológica e começamos um estudo diário da Bíblia, mas isso durou apenas pouco tempo. Foi então que fiquei grávida. Depois que o bebê nasceu, ele passou a ter acessos de raiva sem motivo e a desaparecer durante dias. Em seguida, nós nos separamos.

Depois, descobri que ele estava assistindo à pornografia adolescente. Ele me procurava e pedia para eu deixá-lo levar nossa filha de um ano "para dar uma volta". Pedi ao tribunal para ele ter visitação assistida, o que consegui obter durante cerca de cinco meses. Depois, o Estado ficou sem recursos para o programa e, agora, ele pediu e conseguiu uma visita de pernoite com ela e uma visita de quatro horas em outro dia. Isso é um pesadelo terrível. Eu me sinto muito culpada porque se trata da minha filha e eu não sou capaz de protegê-la. Eu me separei para poder protegê-la, mas sinto que fracassei porque não consigo mais protegê-la por meio dos tribunais.

Ele até mesmo fez com que eu fosse presa. Apareceu certo dia bem tarde para entregá-la. Ele tinha desligado o celular para que eu não conseguisse entrar em contato com ele, com certeza apenas para me deixar louca de preocupação. Quando apareceu, eu estava muito preocupada e ele completamente indiferente ao que tinha feito. Toquei no braço dele quando ele estava indo embora, implorando para que ele deixasse o celular ligado quando saísse com nossa filha. Ele prestou queixa porque eu tocara no seu braço e acabaram me prendendo.

Tem sido difícil, e rezo para ter a força que vou precisar para suportar esse problema da custódia com ele. A última coisa que ele me disse foi o seguinte: "Se você acha que está difícil agora, espere porque as coisas vão ficar muito piores para você…"

A HISTÓRIA DE LISA

Eu o conheci por intermédio do meu trabalho. Ele disse que estava havia muito tempo em um relacionamento infeliz e que tinha tido outro relacionamento anos antes. Ele é muito inteligente, carismático, instruído, sexualmente intenso e um excelente companheiro sexual – mas também tem muitos traços narcisistas.

Quando estávamos sozinhos, ele dava voltas ao meu redor como se eu fosse uma presa. Eu achava aquela atitude esquisita na época, mas apenas a atribuí à "intensidade". Ele fingia ser muito inseguro e dizia que meu calor e meu amor o mantinham sadio. "Você é a única pessoa com quem jamais fui totalmente sincero", disse ele quando descobri que ele tinha mantido o relacionamento com sua namorada durante todo o tempo em que estávamos juntos.

Nosso relacionamento era instável e intermitente, porque ele não se comprometia. Havia decididamente um sentimento de intenso apego com ele, como se eu não conseguisse viver sem ele. Eu nunca sentira antes esse nível de apego intenso e incontrolado, o que deveria ter sido um sinal de alerta para mim.

A namorada dele recebeu uma proposta de emprego em Singapura, e ele decidiu ir com ela, mas ela foi primeiro. Ela partiu no sábado e ele estava na minha cama no domingo falando com intimidade com ela no celular, pouco depois de fazer sexo comigo!

Ele se mudou para Singapura, e eu fiquei arrasada! Assim que chegou lá, ele começou a me enviar e-mails dizendo que lamentava ter tomado aquela decisão, mas que estava "impotente" para mudar qualquer coisa. Ele ia voltar daí a alguns meses para ir ao casamento de alguém e estava vivendo para o dia em que iria me ver novamente. Ele me enviava cartas de amor por e-mail todos os dias e afirmava ter dito à namorada que desejava romper o relacionamento. Ela descobriu a nosso respeito, e ele então decidiu que queria assumir um relacionamento comigo.

Ele veio me ver e passamos onze dias maravilhosos. Falamos sobre casamento. Ele queria conhecer minha filha e conversar com ela a respeito de formarmos uma família. Ele queria comprar uma passagem aérea para Singapura para mim, para que eu fosse passar o Natal lá. Sua namorada chegou para ir ao mesmo casamento que ele, e ele insistiu em ir buscá-la no aeroporto. Fiquei nervosa por causa disso, mas ele passou o dia inteiro me enviando mensagens de texto dizendo que me amava.

Ele me telefonou no dia seguinte e disse que sua namorada estava ao lado dele. Ele terminou o relacionamento comigo por telefone. Fiquei atordoada! Eu me senti como se tivesse sido emocionalmente violentada! Ele voltou para Singapura com ela. Ele começou a enviar *spyware* para meu endereço de e-mail pessoal. Entrou na minha conta de e-mail e deletou-a. Apresentei uma queixa formal à empresa onde eu tinha a conta de e-mail; eles examinaram o ocorrido e constataram que, de fato, ela tinha sido invadida. Ele é engenheiro de T.I., de modo que não foi difícil para ele fazer isso.

Ele passou a deixar mensagens nos meus e-mails. Eu deletava um e-mail e este era substituído na minha caixa de entrada por mais uma mensagem dele. Eu achei que estava ficando louca! Formatei seis vezes meu computador, e todas as vezes verificaram que ele estava repleto de *spyware*.

Ele me enviou um e-mail apavorante no Dia dos Namorados que afirmava seu "verdadeiro amor" por mim. Ele bombardeou meu computador com *spyware* e enviou cartões declarando o amor que sente por mim! Respondi com uma mensagem de texto dizendo que eu iria à polícia se ele continuasse a me procurar.

Depois sua raiva começou. Ele passou a me enviar pornografia durante oito meses. Ele foi investigado e ficou provado que era ele (ou ele com a namorada) que tinha enviado aqueles e-mails e invadido meu computador. Fiquei tão desestabilizada que fui parar em um hospital psiquiátrico. Fui diagnosticada com Transtorno de Estresse Pós-Traumático. Já passei por dois anos e meio de tratamento até agora, e ainda me pergunto se algum dia serei a mesma mulher que eu era antes de conhecê-lo.

A HISTÓRIA DE SUSAN

Sou uma executiva de marketing no nível de diretoria. Eu estava separada do meu marido, com quem eu tive quatro filhos, com idade entre 3 e 14 anos. Eu viajava muito a serviço e conheci um homem em um dos voos. Ele trajava um uniforme coberto de medalhas. Ambos estávamos esperando uma conexão, de modo que tomamos um drinque no bar.

Ele era coronel em uma das divisões das forças armadas. Estava em boa condição física, era forte e agressivo, e tinha um foco determinado. Tive certeza de que fora isso que o fizera chegar à patente de coronel. Ele pediu o número do meu telefone, e eu disse que não daria, mas peguei o dele. Várias semanas depois, achei que talvez eu quisesse conhecê-lo melhor. Ele não morava na minha cidade; na verdade, morava em um estado mais ou menos distante, mas pegou um avião na hora e veio me ver.

Ele era intensamente agressivo do ponto de vista sexual e tinha partido do princípio de que eu iria fazer sexo com ele. Eu não estava de modo algum pronta para isso, mas estava ficando assustada com a agressividade dele. Ele era voraz e animalesco durante o sexo. Para ser sincera, eu nunca tinha vivenciado algo assim.

Passamos vários dias juntos. Quando não estávamos na cama, ele escutava minhas histórias a respeito da minha separação e começou de modo combativo a organizar minha vida, meus filhos e meu emprego. Ele estava sendo invasivo na minha vida; afinal de contas, eu era uma executiva e sabia muito bem como organizar pessoas! Ele também estava sem dúvida com ciúme daquele que logo se tornaria meu ex-marido. Ele também falava muito a respeito de si mesmo – basicamente uma história resplandecente nas forças armadas e como subira de posto em tempo recorde, "esmagando" os que estavam abaixo dele para chegar no lugar onde estava.

Depois daquele período que passamos juntos, ele passou a me telefonar com frequência. Ocupo uma posição executiva no meu emprego e preciso permanecer focada. Trabalho arduamente – mais de 50 horas por semana. Ele era uma constante distração. Eu me perguntava por que os militares "permitiam" que ele nunca trabalhasse! Será que ele não tinha um trabalho ou alguma coisa para fazer?

Soube que alguma coisa estava acontecendo quando ele me enviou fones de ouvido pelo correio. A caixa também continha um vídeo de pornografia. Ele disse que tinha o mesmo vídeo e que íamos fazer sexo por telefone. Eu nunca tinha nem mesmo assistido a vídeos pornográficos e tampouco estava interessada. Eu me recusei a fazer o que ele queria, mas ele insistiu. Ele voava para me ver praticamente todos os fins de semana. Ou nós nos encontrávamos enquanto eu estava fazendo conexões nos aeroportos, alugávamos um quarto e fazíamos "sexo animalesco". Ele começou a trazer vídeos pornográficos quando vinha me ver.

Em poucos meses, o sexo por telefone e a pornografia passaram a ser minha experiência diária. À noite, ele me telefonava, assistíamos ao novo vídeo que ele tinha enviado e ficávamos horas a fio no telefone fazendo sexo. Ele até mesmo comprou vibradores e outros itens quando me queixei de que minha vagina estava dolorida e eu não queria continuar com aquilo. Ele achou que esses itens seriam mais "suaves" para mim. Mas o sexo por telefone estava aumentando em intensidade e ele estava ficando verbalmente muito descritivo a respeito do que queria fazer comigo, com outras mulheres e depois com animais.

Houve um fim de semana em que ele quis experimentar fazer uma maratona de sexo, e eu fiquei com os fones de ouvido durante 36 horas seguidas. Ele passou a pedir sexo grupal, uma pornografia mais forte e comecei a me preocupar a respeito do que mais ele estaria fazendo quando eu não estava por perto. Eu soube instintivamente que não deveria permitir que ele se aproximasse dos meus filhos.

Meu desempenho no trabalho despencou. Pela primeira vez em toda a minha carreira recebi uma avaliação negativa, perdi minha promoção e a bonificação. Eu estava exausta. E quando me olhava no espelho, eu via uma mulher que parecia viciada em drogas – fisicamente debilitada por um sexo idiota e privação de sono. Eu estava passando cada vez menos tempo com meus filhos.

Eu levava meu fone de ouvido comigo para o carro na hora do almoço, para o banheiro e para casa. Comecei a pesquisar o vício em sexo, me perguntando se eu me tornara uma viciada. Eu sabia que ele era.

Eu rompia com ele, mas não podia trocar o número do meu telefone no trabalho, porque era um número corporativo. Mas bloqueei as ligações dele. Ele continuou a enviar cartas, a ligar para o telefone da minha casa, a enviar pacotes com vídeos etc. Quando parei de responder, certo dia, ao voltar para casa, percebi que estava sendo seguida. Era ele. Ele pegara um avião na base militar e alugara um carro, e agora estava me perseguindo. Telefonei para a polícia e, é claro, como ele estava vestindo farda, eles apenas pediram com educação "que o coronel se retirasse da propriedade".

Tentei me livrar dele, intermitentemente, durante dois anos e fui perseguida, assediada, meu telefone foi grampeado (imagino). Também acredito que ele tenha enviado outras pessoas para me seguir. Ele enviava pornografia para meu celular corporativo e ameaçou continuar a fazer isso até que eu respondesse aos seus telefonemas. Eu já conhecia seu nível de agressividade e agora o temia fisicamente.

Comecei a "fingir" o sexo por telefone. Eu sentia repulsa por ele. E quando eu de fato parei, me distanciei um pouco e passei apenas a escutar o que ele dizia, tive certeza de que ele era um psicopata. Era horrível ouvi-lo arfando no telefone, dizendo coisas pervertidas como "Eu faria qualquer coisa por você [...] eu mataria um animal para mostrar minha devoção por você".

Dizem que há um momento de epifania na nossa vida – um ponto em que tudo fica absolutamente claro e dobramos a esquina. Meu psicoterapeuta chamava isso de "mudança de paradigma". Quando dobrei aquela esquina e passei a ouvi-lo de uma nova maneira, eu não sabia como iria conseguir escapar daquela situação, mas eu sabia que precisava sair dela. Encontrei o The Dangerous Relationship Institute [Instituto de Relacionamentos Perigosos] *on-line* e comecei a trabalhar com eles para sair do relacionamento.

Recebi tratamento para o vício sexual que eu tinha, de fato, desenvolvido. Era triste ver onde uma mulher normal foi parar nessa jornada com um psicopata muito poderoso. Durante o tratamento para o vício sexual, eles me ajudaram a desenvolver uma estratégia de saída. Foi humilhante pedir ajuda ao meu ex-marido para me livrar desse cara, ter que contar à minha empresa que eu precisava de tratamento para o vício sexual, que eu precisava fazer uma cirurgia na vagina para corrigir minhas lesões. Trabalhar todos os passos do tratamento e ter que de fato analisar a maneira como eu negligenciara meus filhos foi de partir o coração.

Hoje, estou fazendo tratamento para o Transtorno de Estresse Pós-Traumático. Eu ainda tenho medo desse homem; tenho *flashbacks* daquela perversão e vida sexual horrível. Sempre receio que ele possa estar me seguindo ou mandando alguém me seguir. Tenho problemas para me concentrar e não consegui voltar a ter um desempenho completamente normal no meu trabalho. Meu entendimento do TEPT é que eu talvez sempre vá ter alguns efeitos residuais de tudo isso. Esse militar condecorado foi decididamente uma emboscada que mudou a minha vida.

APÊNDICE

COMPARAÇÃO DA SOCIOPATIA COM A PSICOPATIA[86]

Veja a seguir uma tabela que mostra uma comparação entre os traços de personalidade usados para diagnosticar a sociopatia (no DSM-5) e aqueles usados para diagnosticar a psicopatia (os critérios da PCL-R – Psychopathy Checklist-Revised – que é a Escala Hare de Psicopatia concebida pelo dr. Robert Hare).

Critérios de TPAS/Sociopatia	Critérios de Psicopatia da PCL-R
"Um padrão difuso de desconsideração e violação dos direitos das outras pessoas"	Sentimento grandioso de valor pessoal
Ausência de remorso ou culpa	Insensível/falta de empatia Estilo de vida parasitário
Sintomas presentes antes da idade de 15 anos	Problemas precoces de comportamento Delinquência juvenil
Fracasso em ajustar-se às normas sociais relativas a comportamentos legais, conforme indicado pela repetição de atos que constituem motivos de detenção	Revogação da liberdade condicional Versatilidade criminosa
Falsidade, indicada por repetidas mentiras, uso de cognomes ou logro visando lucro ou prazer pessoal	Mentira patológica Trapaça/manipulação (Fingimento, charme superficial)

---

[86] Contribuição da dra. Liane J. Leedom.

Critérios de TPAS/Sociopatia	Critérios de Psicopatia da PCL-R
Impulsividade ou fracasso em fazer planos para o futuro	Controle comportamental insatisfatório Impulsividade Comportamento sexual promíscuo Ausência de metas realistas em longo prazo
Irritabilidade e agressividade, conforme indicado por repetidas lutas corporais ou agressões físicas	Controle comportamental insatisfatório
Descaso pela segurança de si ou de outros	Controle comportamental insatisfatório Irresponsabilidade
Irresponsabilidade reiterada, conforme indicado por falha repetida em manter uma conduta consistente no trabalho ou honrar obrigações financeiras	Ausência de metas realistas em longo prazo Irresponsabilidade Incapacidade de aceitar responsabilidade pelas ações Muitas relações conjugais de curto prazo
Ausência de remorso, conforme indicado pela indiferença ou racionalização em relação a ter ferido, maltratado ou roubado outras pessoas	Ausência de remorso ou culpa Insensibilidade/falta de empatia
NENHUM	Efeito superficial

Este quadro nos ajuda a perceber como o transtorno da personalidade antissocial/sociopatia e a psicopatia são semelhantes, e que traços semelhantes formam as definições de ambos.

INFORMAÇÕES E RECURSOS

The Institute for Relational Harm Reduction & Public Pathology Education [Instituto para Redução de Danos Relacionais e Educação Pública em Patologia]

Oferece formação profissional e serviços de apoio às vítimas para as pessoas que deixam relacionamentos do Eixo II/Grupo B e parceiros psicopáticos.

Serviços para as vítimas

- ❖ Seminários e Palestras Comunitários
- ❖ Livros, Cadernos de Exercícios, E-books, CDs, DVDs
- ❖ *Coaching* e Orientação Psicológica por Telefone
- ❖ Indicações para Terapeutas e Orientadores Psicológicos
- ❖ Grupos de Apoio
- ❖ Retiros
- ❖ Sessões de Apoio Intensivo Particulares
- ❖ Programas de Tratamento Intensivo Ambulatorial, Internação e Residencial

Serviços de Formação Profissional

- ❖ Livros, Cadernos de Exercícios, E-books, CDs, DVDs
- ❖ Formação de Terapeutas e Programa de Credenciamento
- ❖ Formação de *Coaches* de Vida e de Relacionamentos
- ❖ Treinamento de Pessoas que Passaram pelas Mesmas Situações como Facilitadores de Grupos de Apoio
- ❖ Treinamento do Desenvolvimento de Pessoal da Agência
- ❖ Discursos Programáticos (ou de Abertura)
- ❖ Facilitação de Seminários
- ❖ Desenvolvimento do Centro de Tratamento

www.saferelationshipsmagazine.com

PRÓXIMOS LANÇAMENTOS

Para receber informações sobre os lançamentos da
Editora Cultrix, basta cadastrar-se no site:
www.editoracultrix.com.br

Para enviar seus comentários sobre este livro,
visite o site www.editoracultrix.com.br ou mande
um e-mail para atendimento@editoracultrix.com.br